GIDE ET J. BAUDRY, ÉDITEURS

5, RUE DES PETITS-AUGUSTINS

EXPÉDITION

DU

GÉNÉRAL CAVAIGNAC

DANS

LE SAHARA ALGÉRIEN

EN AVRIL ET MAI 1847

RELATION DU VOYAGE, EXPLORATION SCIENTIFIQUE, SOUVENIRS,
IMPRESSIONS, ETC.,

PAR

LE DOCTEUR FÉLIX JACQUOT

PROSPECTUS

Le récit d'un voyage lointain offre toujours un puissant attrait ; mais, dans les circonstances actuelles, l'exploration de l'Algérie méridionale se recommande à un double titre.

Et d'abord, la curiosité est excitée au plus haut point par tout ce qui concerne l'Afrique centrale, cet impénétrable sanctuaire dont tant de hardis voyageurs ont tenté, au péril de leur vie, de ravir les mystères ; cette contrée fantastique où tout est étrange, les hommes et les choses ; cette mer de sable qui a ses brûlantes tempêtes, ses flottes de caravanes, ses îles de verdure et ses dangereux parages. Nous ajouterons que la région parcourue par la colonne du général Cavaignac n'avait encore été visitée par aucun Européen.

Et ensuite, au moment où le gouvernement s'occupe sérieusement de coloniser l'Algérie, lorsque déjà la charrue d'une foule de nouveaux colons sillonne cette terre si féconde, il est indispensable de leur apprendre toutes les ressources qu'ils peuvent y trouver, en leur faisant connaître les peuplades sahariennes avec lesquelles ils sont appelés à avoir journellement des rapports politiques, et à établir un échange commercial des plus importants.

L'expédition du général Cavaignac ne se présente pas comme une pointe aventureusement poussée dans le but d'aller plus loin que ses devanciers : la politique, de graves intérêts et les exigences de la guerre sont les motifs qui l'ont déterminée. Pour rendre plus profitable sa lointaine excursion, l'habile chef qui la commandait s'est entouré d'hommes amis des sciences et des arts, qui ont recueilli un riche butin, au milieu des fatigues et des dangers de cette intéressante et difficile expédition. Toutes les spécialités, réunies en collaboration, pour ainsi dire, ont ainsi travaillé de concert à l'œuvre commune.

Mais il fallait, comme historien du voyage, un homme auquel la variété de ses connaissances permît de recueillir de nombreuses observations, et que la flexibilité de son talent mît à même de réunir et de coordonner ces éléments divers; il fallait en outre qu'il fût assez indépendant pour raconter sans prévention comme sans flatterie.

Les péripéties, les dangers et les joies d'une expédition semée de mille difficultés et de mille surprises; les émotions qui naissent à chaque pas dans un pays où tout est nouveau et inattendu ; les observations de météorologie et de géographie botanique ; les descriptions du naturaliste, du géologue, de l'ethnographe ; les réflexions du penseur, les brillantes images du paysagiste et les rêveries du poëte ; les scènes romanesques et quelquefois tragiques saisies sur le fait ; les drames de la guerre ; l'étude de la marche des caravanes et de l'avenir commercial de l'Algérie envisagée dans ses rapports avec le Sahara et le Soudan ; les considérations sur la constitution politique de ces peuples ignorés; tout, jusqu'aux vues qui représentent une nature inconnue, tout contribue à faire de l'*Expédition du général Cavaignac dans le Sahara algérien* un livre d'instruction et d'agrément destiné à toutes les classes de lecteurs, et dont le charme et l'attrait sont toujours soutenus, grâce à la variété des tableaux qui se succèdent et se déroulent, grâce à l'originalité des paysages et des peuples qui passent incessamment sous les yeux.

L'ouvrage forme un volume très-grand in-8°, sur beau papier jésus, accompagné d'un Atlas contenant cinq Planches dessinées par M. le docteur Félix Jacquot et lithographiées par M. Le Breton, et une carte gravée d'après les travaux inédits de la commission topographique officielle de l'expédition.

Prix : Texte et Atlas . . . . 14 francs.

On vend séparément le texte seul. . . . 8 francs.

Imprimé par Plon frères, 36, rue de Vaugirard.

EXPÉDITION

DU

GÉNÉRAL CAVAIGNAC

DANS

LE SAHARA ALGÉRIEN,

EN AVRIL ET MAI 1847.

TYPOGRAPHIE DE PLON FRÈRES,

30, RUE DE VAUGIRARD.

EXPÉDITION

DU

GÉNÉRAL CAVAIGNAC

DANS

LE SAHARA ALGÉRIEN

EN AVRIL ET MAI 1847

RELATION DU VOYAGE, EXPLORATION SCIENTIFIQUE, SOUVENIRS, IMPRESSIONS, ETC.,

PAR

LE DOCTEUR FÉLIX JACQUOT

PARIS

GIDE ET J. BAUDRY, LIBRAIRES-ÉDITEURS

5, RUE DES PETITS-AUGUSTINS

1849

PRÉFACE.

Au retour de notre expédition dans le Sahara algérien, un journal du voyage a été publié, sous notre direction, dans l'*Echo d'Oran;* il a pour titre : *Expédition du général Cavaignac dans le Sahara algérien; relation du voyage, souvenirs et impressions.*

Ce journal, quoique peu complet et trop rapidement écrit, fut néanmoins recherché de tout le monde et lu avec avidité.

On s'expliquera ce succès en considérant que les oasis et le désert que nous décrivions n'avaient encore été explorés par aucun Européen, et que, séparés de nos derniers postes par de vastes solitudes bien difficiles à franchir, ils présentaient tout l'attrait, tout le mystère qui s'attachent aux régions les plus inconnues et les plus lointaines.

Quand des communications faciles s'ouvrent tout à coup avec une contrée nouvellement découverte ou récemment explorée, des documents multipliés sont bientôt livrés au public, grâce aux nombreux individus qui y sont attirés, soit par leurs instincts de touriste, soit par l'intérêt commercial, soit enfin par l'amour des sciences. On conçoit que, dans de telles circonstances, une première relation puisse trouver une curiosité peu empressée, par le motif que d'autres relations la suivront de près, plus complètes et plus habilement exposées peut-être.

C'est dans des conditions bien différentes que s'offre notre exploration du Sahara algérien : l'antipathie et la méfiance des tribus sahariennes empêcheront longtemps les voyageurs isolés de revoir les régions que nous avons parcourues, et nos colonnes n'y retourneront probablement pas avant nombreuses années, à moins d'événements imprévus. Notre expérience nous a appris en effet de combien de difficultés est hérissé un pareil voyage, et nous a convaincus que ce n'est pas la force des armes qui nous soumettra ces peuples d'une manière durable; que ce n'est point par de nouvelles hostilités que nous parviendrons à les utiliser comme intermédiaires pacifiques et bienveillants, pour l'écoulement de nos produits ou pour l'importation des denrées du Sahara et du Soudan.

Notre relation se présente donc sous de tels auspices, qu'elle doit être considérée non-seulement comme le seul document actuel, mais aussi comme le seul qui existera pendant longtemps.

Pensant que notre livre pourra servir de guide aux colonnes et aux différents groupes qui visiteront plus tard le Sahara algérien oranais, nous avons fait tous nos efforts pour qu'il contînt les indications topographiques les plus utiles, et les détails les plus exacts sur les ressources qu'offrent la végétation et les pâturages; nous avons aussi spécifié avec un soin tout particulier les distances qui séparent les stations, et nous avons insisté sur le gisement, la quantité et la qualité des eaux.

L'ensemble des travaux qui résultent de l'exploration

d'un pays quelconque, est constitué par des monographies sur les diverses sciences et par ce qu'on appelle la *relation du voyage*. Celle-ci a pour but de présenter une vue générale sans épuiser à fond aucune partie. Destinée à tous les genres de lecteurs, elle doit se parer de quelques fleurs et s'animer par le récit de quelques épisodes.

Notre livre est la *relation du voyage*, mais il n'est point scrupuleusement conforme aux règles qui régissent la matière : on trouvera, en effet, nos observations thermométriques jour par jour, des développements étendus sur la géographie botanique, etc. C'est que, ayant étudié spécialement ces parties et ne devant pas faire de mémoire spécial sur chacune d'elles, nous avons dû leur donner place ici, sous peine d'en laisser perdre entièrement les fruits. L'aridité de quelques-unes de nos descriptions et la sécheresse de certaines observations scientifiques peuvent former, nous ne nous le dissimulons pas, un contraste un peu choquant avec nos impressions et nos rêveries, auxquelles nous abandonnons quelquefois les rênes, et que nous laissons errer peut-être trop à l'aise dans le domaine du poétique ou du sentimental. L'on pourra s'étonner de trouver quelques strophes égarées entre une dissertation de géologie et des considérations météorologiques ; mais nous espérons qu'on aura de l'indulgence pour ces défauts et cette hétérogénéité à peu près inséparables du genre de composition que nous nous sommes imposé.

EXPÉDITION

DU

GÉNÉRAL CAVAIGNAC

DANS

LE SAHARA ALGÉRIEN,

EN AVRIL ET MAI 1847.

CHAPITRE I.

LE TELL. — DE TLEMCEN A DAYA.

But de l'expédition. — Composition de la colonne. — Aperçu des zones de végétation qui se succèdent de la mer au Sahara. — Thyzy. — Oued-Chouli. — Ruines romaines de Hadjar-Roum. — Aïn-Tellout et les Beni-Amers. — Sidi-Hamet-Erradja. — Incendie des forêts et des plaines. — La Mekerra.

L'expédition du général Cavaignac dans le Sahara algérien, fera époque dans les fastes de la conquête, à cause de son importance, de ses difficultés sans nombre vaincues avec une bien rare habileté, et des résultats qu'elle a en partie produits immédiatement, mais surtout préparés pour un avenir prochain. En attendant que l'histoire l'enregistre pour la transmettre à nos descendants, elle est gravée en traits ineffaçables dans la mémoire de tous ceux qui en ont fait partie : c'est, en effet, une de ces pérégrinations lointaines qu'on rêve dans ses jours d'enfance, mais que les exigences de sa position empêchent d'effectuer quand on devient homme.

L'ardeur avec laquelle chacun dévore les relations de voyages dans les pays inexplorés, est la mesure des instincts qui nous rendent si avides de connaître les peuples nouveaux et les régions récemment découvertes ; aussi regardons-nous comme une véritable bonne fortune et un rare privilége, d'avoir partagé les travaux, les émotions du voyage, d'avoir en un mot rempli notre petit rôle dans l'expédition. Nous souhaiterions d'être assez habile pour jeter dans nos pages l'action et le mouvement : l'imagination du lecteur se mettrait alors en jeu au point de lui persuader qu'il est acteur à son tour, et lui ferait suivre notre marche avec l'intérêt de la réalité. Mais la fécondité du sujet suppléera à notre inaptitude ; la mine est si féconde que nous ne pouvons manquer d'en tirer quelques richesses pour les étaler sous les yeux de ceux qui voudront bien nous suivre dans notre exploration.

Les pays que nous devons parcourir n'ont jamais été visités par aucun Européen. Les solitudes des Chott, qui font immédiatement suite au Tell [1] et le séparent des oasis, sont elles-mêmes peu connues ; quand une colonne s'y engage pour atteindre l'ennemi fugitif et raser ses tribus, ce n'est qu'avec défiance, je dirais presque avec crainte. Les régions qui s'étendent au sud des Chott, vierges de toute reconnaissance, offrent donc cet attrait puissant qui a poussé dans l'intérieur de l'Afrique tant d'aventureux voyageurs

---

[1] Tell, de *tellus*, terre cultivable. On nomme ainsi la bande fertile qui longe le littoral.

dont peu sont revenus. Les contrées centrales du continent semblent vouloir rester isolées du reste du monde et repoussent de leur sein inhospitalier l'étranger qui tente de ravir leur secret. Le grand désert à proprement parler, le Sahara central ou mieux Falat, est comme le sanctuaire de ce temple impénétrable. Il n'y a que les marchands et les chameliers des caravanes ou les Touareg, ces pirates de la mer de sable, qui traversent ses plages immenses; ses rives seules nous sont aujourd'hui un peu connues. Nous avons des notions sur la partie occidentale : comme elle est voisine de l'Océan, le naufrage y a jeté des Européens qui nous ont conté les mœurs des hordes qui parcourent ces contrées tantôt planes et calmes, tantôt bouleversées par la brûlante rafale. L'accès des côtes méridionales du Falat a été l'objet de bien des tentatives, surtout de la part des Anglais, qui non-seulement ont envoyé des voyageurs isolés, mais ont aussi entrepris de petites expéditions dont la fin a été malheureuse. Malgré tant d'efforts l'on a à peine entrevu la mystérieuse Timbouctou, cette nouvelle Palmyre, centre du commerce de toutes ces contrées. Enfin quelques explorateurs ont tenté de pénétrer par Tunis et les États qui s'étendent au sud de cette régence; c'est de ce côté que les essais ont été le plus fructueux. Devant tant d'exemples la France ne pouvait rester en arrière, d'autant plus que le groupe des oasis du Sahara algérien fait partie du territoire dont l'occupation de 1830 lui a valu la possession légitime.

L'expédition du général Cavaignac n'est pas une pointe aventureusement poussée, dans le but d'aller plus loin que ses devanciers; c'est une reconnaissance complète portant sur tous les objets qui offrent de l'intérêt; une vaine curiosité n'a pas été son mobile, ce sont les exigences commerciales, l'avenir de la colonie et les nécessités de la guerre qui l'ont fait entreprendre. D'autres expéditions, dirigées dans le même but, ont eu lieu parallèlement à la nôtre, soit dans la province d'Alger, soit dans celle d'Oran, de manière à frapper sur tous les points à la fois et à enlever aux habitants attaqués la faculté de se réfugier chez leurs voisins laissés paisibles. Mais il s'est rencontré pour nous des circonstances exceptionnelles qui ont doublé les difficultés : nous avons manœuvré à l'extrémité occidentale de nos possessions, près de la frontière du Maroc, derrière l'inviolabilité de laquelle nos ennemis trouvaient un abri sûr. Le général Renaut, qui battait le désert à peu de distance à l'orient, n'a plus eu à subir ces nécessités ; mais son expédition, pour avoir été plus facile chez les Hamian-Cheragas nos tributaires, n'en a pas moins été habilement conduite et couronnée de moins beaux succès.

Les Hamian-Garabas, puissante tribu qui peut mettre deux mille cavaliers en campagne, plante ses tentes nomades dans la partie du Sahara dont la soumission est le but de nos efforts. Cette tribu ennemie rôde sur les limites du Tell, nous harcelle, nous inquiète, empêche la sécurité de s'établir, recueille les malfaiteurs et les peuplades qui fuient notre colère après nous avoir trahis. Il faut qu'elle reconnaisse nos lois; quand notre puissance n'aura plus de limites, dans le sud, que les sables du Falat, la civilisation se développera sans crainte d'être étouffée au berceau.

Au sud du pays de parcours des Hamian-Garabas, s'étendent des oasis et des ksours [1] qui sont comme autant de ports où se donnent rendez-vous les marchands et les con-

---

[1] *Ksour* est le pluriel du mot arabe *ksar*, qui désigne une agglomération d'habitations dans une oasis. Les habitants des ksours s'appellent ksouria.

ducteurs de chameaux, pour former des caravanes. Ces caravanes nous versaient autrefois les produits du désert et de la Nigritie, recevaient ceux du Tell et de l'Europe, et établissaient ainsi un commerce d'échange profitable aux deux partis. Mais la continuité des guerres dans nos possessions algériennes, entretenues par Abd-el-Kader qui toujours nous échappe et se transporte d'une province dans l'autre, en prenant son chemin dans le Sahara; cet état perpétuel d'hostilité a détourné de nous les caravanes, qui se sont rejetées sur le Maroc, à l'ouest, et sur la régence de Tunis, à l'orient. Il importe d'enlever ces refuges et de couper ces routes à l'émir; il est urgent en outre de reconstituer les caravanes qui, outre le lucre qu'elles nous procurent, ont l'avantage de nous mettre en communication avec les peuplades de l'intérieur, d'amener ainsi la destruction de leurs préjugés de religion et de race, et de les rendre conséquemment plus aptes à recevoir notre civilisation et plus disposées à accepter franchement notre souveraineté.

L'objet de notre expédition est donc bien connu, sous le triple rapport de la guerre, de la civilisation et des intérêts de la colonie et du commerce. Mais le général Cavaignac n'a pas oublié les sciences. Il serait à désirer que tous les généraux comprissent leur mission comme lui. Les intelligences d'élite ne se condamnent pas à une spécialité restreinte; tout en marchant vers le but principal, elles convient autour d'elles tous les hommes amis des arts et des sciences. On recueille toujours, dans les pays neufs, des documents nouveaux qui ajoutent une pierre à l'édifice des connaissances humaines. Il y a gloire et profit pour tous, mais surtout pour l'instituteur de l'œuvre.

Les petites commissions scientifiques improvisées pour

les besoins du moment, travaillant sans prétention, mais non sans zèle et sans talent, aideraient considérablement, si on les favorisait davantage et si on les multipliait, à la commission permanente, qui élabore lentement, accouche rarement, qui d'ailleurs, malgré l'activité de quelques-uns de ses membres, ne peut pas être partout, et laisse ainsi se perdre bien des faits et des documents précieux.

Le noyau de la colonne quitte Tlemcen le 1er avril 1847. Voici sa composition :

Le 1er bataillon du 5e régiment de ligne; commandant Grandchamp (aujourd'hui lieutenant-colonel des zouaves).

Le 10e bataillon de chasseurs à pied ; commandant de l'Abadie d'Aydren.

Le 2e bataillon de zouaves; commandant Tarbouriech (aujourd'hui lieutenant-colonel).

Un bataillon du 41e de ligne; colonel De Mac-Mahon (aujourd'hui général commandant la subdivision de Tlemcen). Le colonel Mac-Mahon commande la colonne jusqu'à Daya. Chef de bataillon : Piétrequin de Prangey.

Détachement d'artillerie avec six obusiers de campagne; capitaine Auger (aujourd'hui chef d'escadron).

Détachement de sapeurs du génie portant divers instruments, des norias, etc.; capitaine Deutville.

État-major : capitaine Anselme (aujourd'hui chef-d'escadron), chef d'état-major.

Intendance : de Saint-Pol, capitaine aux zouaves (aujourd'hui chef de bataillon), faisant fonction d'intendant.

Bureau arabe : commandant Bazaine (aujourd'hui lieutenant-colonel), chef du bureau arabe.

Ambulance : le docteur Lapeyre, chirurgien en chef; M. Jolly, officier d'administration.

Train des équipages, avec 500 mulets portant des cacolets[1] et des tonneaux destinés à contenir de l'eau : sous-lieutenant Sustrac (aujourd'hui lieutenant).

Vivres et subsistances : M. Gallay, adjudant en premier.

Commission topographique, scientifique, etc. Topographie générale; sous la direction de M. Borel, capitaine d'état-major. — Topographie spéciale des ksours et oasis : MM. Nicolas, capitaine au 10ᵉ chasseurs à pied; et Nicolas, lieutenant au 5ᵉ de ligne (aujourd'hui capitaine). — Géologie, météorologie, histoire naturelle[2], etc. : capitaine Auger, le docteur Jacquot, chirurgien aide-major au 5ᵉ de ligne, et le docteur Lapeyre. — Atlas pittoresque : M. Suzzoni, lieutenant d'artillerie, et le docteur Jacquot[3].

Nous serons rejoints, à Daya, par quatre escadrons de cavalerie appartenant aux :

2ᵉ hussards : colonel Gagnon (aujourd'hui général). Chef d'escadron : de Clairambault (aujourd'hui lieutenant-colonel).

Spahis : capitaine Michel.

Nous prendrons deux bataillons de la légion étrangère : colonel Mélinet.

C'est aussi à Daya qu'ont rendez-vous plusieurs centaines de cavaliers indigènes à notre solde (goum), et un grand

---

[1] Cacolet, espèce de fauteuil articulé, en fer, servant de transport pour les malades. Un mulet porte un cacolet sur chaque flanc. Le fauteuil se plie et s'ouvre à volonté.

[2] Obligé de quitter Tlemcen peu de jours après notre arrivée, nous avons dû renoncer à assembler nos notes pour en faire immédiatement un travail suivi. Nous avons eu à peine le temps de classer quelques plantes de notre herbier.

[3] Nous avons rapporté une quarantaine de vues. Parmi les officiers qui ont peuplé leur album des plus jolis croquis, nous devons citer le capitaine Kook, de la légion étrangère.

nombre d'Arabes conduisant les 2,000 chameaux qui doivent porter nos vivres.

La colonne ainsi réunie quittera la terre cultivable pour s'enfoncer dans le désert. Caravane bigarrée d'uniformes européens et de bournous arabes, de chevaux de selle, de mulets de bât et de chameaux, elle campera tous les soirs, avec ses troupeaux, au bord des puits ou au milieu du sable, comme les tribus vagabondes du Sahara.

Mais avant d'arriver à cette partie de notre voyage, la plus intéressante et la plus originale, il faut que nous parcourions la route qui mène de Tlemcen à Daya. Cette route est tout à fait inconnue aux voyageurs européens qui visitent l'Algérie, et les colonnes la suivent bien rarement. A ce motif qui nous engage à donner notre itinéraire, se joint une autre considération : pour bien apprécier les caractères des zones ou bandes de végétation qui se succèdent du littoral au désert, c'est-à-dire pour étudier la géographie botanique, il faut jeter un rapide coup d'œil sur l'espace qui s'étend entre ces deux extrêmes. La luxuriante végétation qui noie Tlemcen dans ses flots de verdure, nous servira de point de départ; le dernier terme de l'appauvrissement successif se trouvera dans les sables du Falat, où l'on ne rencontre plus que trois espèces groupées en touffes maigres et clair-semées.

Il n'est pas bien difficile de déterminer les objets qui concourent à imprimer un cachet spécial aux paysages intertropicaux. La splendide lumière qui inonde le végétal depuis l'embryon jusqu'à sa vétusté, donne à toutes ses parties des teintes plus vives que dans les pays tempérés; partout les tons sont chauds, partout les couleurs hardies et variées, sur la fleur comme sur l'oiseau et sur l'insecte. La nature tout entière semble même partager ce brillant coloris, par l'aspect éblouissant des surfaces éclairées tranchant sur des ombres nettement déterminées. Si l'humidité et la chaleur se joignent à la lumière, les proportions sont aussi gigantesques que les couleurs sont vives et les espèces infiniment variées : on a nommé les forêts vierges. Les palmiers, les dragonniers, les fougères arborescentes ont un port tout à fait différent de celui de nos arbres, et contribuent puissamment à caractériser le paysage.

Dans le Tell, qui sous le rapport de l'isothermie peut être considéré comme faisant partie de la zone tempérée-chaude, ou tempérée près-tropicale, on trouve un mélange des végétaux de la zone torride et de ceux qui appartiennent aux contrées plus froides, et l'on peut apercevoir, à côté d'espaces couverts de pauvre végétation, des échantillons, des diminutifs des forêts primitives.

Le palmier nain (*chamœrops humilis*) est comme le dernier effort de la famille des palmiers dans le Tell ; on sait combien il y est commun. Le bananier est une rareté dans la province d'Oran, tandis qu'on en trouve dans les jardins d'Alger, où leur tige se couronne d'assez beaux régimes. Le cocotier est inconnu, mais on rencontre quelques dattiers dont les fruits ne mûrissent point. Il est à remarquer que ce palmier semble rechercher le voisinage des sources thermales, dont la température lui crée une sorte de serre chaude qui lui permet de mieux résister à ce climat déjà rigoureux pour lui, et d'y prendre un développement plus considérable. Les sources thermales de la Tafna (route de Tlemcen à Lalla-Maghrina) bouillonnent sous un bouquet de dattiers touffus ; à Oued-el-Hammann (route de Sidi-bel-Abbès à Maskara), un beau dattier solitaire réchauffe ses racines dans la terre que pénètrent les chaudes vapeurs de la source. Il n'est guère probable que les hommes aient porté spécialement la semence dans ces lieux, et que ces arbres y aient poussé comme ils l'eussent fait ailleurs; mais que les germes, jetés partout indifféremment par la main de l'homme ou par le hasard, apportés par les vents ou les oiseaux, soient devenus productifs là seulement où ils ont rencontré des conditions propices, voilà une supposition plus acceptable. Quoi qu'il en soit, on ne rencontre guère de dattiers, dans le Tell oranais, qu'au fond des ravins qui avoisinent les villes, parce qu'ils y trouvent des soins, une chaleur concentrée et un abri contre les vents froids; ou encore à côté des marabouts (chapelles sépulcrales) qui blanchissent dans la campagne, parce que là ils partagent le bénéfice de la sollicitude pieuse qui s'attache à tout ce qui entoure le tombeau du saint.

Le cactus gigantesque (*cactus opuntia*) qui donne la figue de Barbarie, et l'agave américain vulgairement appelé aloës, sont certainement au nombre des productions qui frappent le plus souvent la vue dans le Tell; pourtant, on le croira à peine, ces deux végétaux sont exotiques et ont été importés dans l'ancien continent, où ils n'avaient jamais paru avant la découverte de Christophe Colomb. Cela explique pourquoi ils diminuent d'abondance à mesure qu'on s'enfonce dans l'intérieur des terres, et comment on en rencontre peu dans les oasis du Sahara. Nous n'en avons pas trouvé un seul individu dans les contrées sahariennes que nous avons parcourues; mais il paraît qu'il en existe autour de quelques-uns des ksours qui s'étendent au sud de la province d'Alger.

Nous ne devons pas oublier de nommer le laurier-rose

qui borde tous les ruisseaux, le citronnier et l'oranger, le lentisque en arbre et en arbuste, le jujubier sauvage et cultivé, le caroubier, le micocoulier, le tamaris (*tamarix gallica*), les labiées frutescentes (notamment la *salvia algeriensis* de Desfontaines), les vignes gigantesques, etc... Enfin nous signalerons d'autres végétaux qui, pour ne pas être caractéristiques, n'en doivent pas moins être notés à cause de la profusion avec laquelle ils sont répandus dans la province d'Oran : ce sont l'amandier, le figuier et l'olivier; la *ferula vulgaris* avec ses grandes ombelles d'un jaune éclatant; un aconit de haute taille (*aconitum lycoctonum*); diverses scilles dont les fleurs forment de magnifiques panaches blancs; l'asperge sauvage dont les jeunes pousses varient l'alimentation si monotone des expéditions ; enfin les asphodèles au panicule légèrement violacé, et les odorants jasmins qui croissent dans les bois.

Nous avons aussi des diminutifs de forêts vierges. Les fourrés les plus épais de nos bois de France ne peuvent donner une idée de la végétation abondante et variée qui semble se disputer la place dans les ravins parcourus par un ruisseau. De grands arbres, comme le micocoulier, le peuplier d'Italie, le caroubier, forment une voûte serrée dont les intervalles sont comblés par des vignes, qui, semblables aux lianes des forêts du Brésil, jettent d'arbre en arbre leurs branches puissantes et flexueuses d'où s'échappent des rameaux richement feuillés. Sous cette voûte se pressent des espèces plus humbles, le laurier-rose, des buissons de jasmin, de garou, de lentisque et de tamaris. Un tapis de verdure et de fleurs constitue une troisième couche où fourmillent des myriades d'insectes dont les bourdonnements se mêlent au chant des tribus ailées qui voltigent dans les branches. Beaucoup de jardins de Tlemcen présentent ces richesses de végétation, ces forêts sur des forêts, selon la belle expression de Bernardin de Saint-Pierre ; mais c'est surtout dans les lieux peu fréquentés que ces fourrés offrent, en petit, un aspect qui rappelle un peu les forêts vierges, par la variété des espèces et la multiplicité des branches que l'homme n'a pas élaguées, et par le riche terreau qui recouvre le sol, y entretient l'humidité et perpétue la végétation. Quand les eaux se précipitent en cascade dans un vallon, toute l'étendue resserrée entre les montagnes ou les coteaux se trouve rafraîchie par les vapeurs aqueuses que le vent et l'évaporation distraient des ondes dans leur chute; alors la végétation prend une exubérance extrême, les flancs les plus roides des terres éboulées, les plus glissantes parois des roches disparaissent sous le lacis des plantes grimpantes et sous le vert réseau des vignes et des fougères. C'est ce qui arrive à la chute de l'Oued-Tifritt près Saïda, ainsi qu'à la cascade de la Mina, à quelques lieues de Tiaret, et, à un moindre degré, aux deux cascades que forme la Sayfsef, non loin de Tlemcen et de Bou-Médine.

On trouvera peut-être trop ambitieux le rapprochement que nous cherchons à établir, mais nous pensons que notre comparaison est de nature à donner à ceux qui n'ont pas vu, une assez juste idée de la richesse et de la variété des productions végétales qui s'entassent dans les humides vallons. Nous ne nous dissimulons pas qu'il existe une énorme différence entre la grandeur des proportions des forêts primitives et celles des plus épais fourrés du Tell; nous savons aussi que la simultanéité des fruits et des fleurs, en toute saison, sur le même arbre ou sur des arbres voisins, ne se rencontre pas en Algérie comme sur les bords de l'Orénoque ou de l'Amazone. Beaucoup d'arbres de nos provinces africaines perdent leurs feuilles par les pluies et les froids; la verdure, les fleurs et les fruits ne sont donc pas perpétuels. On sait que c'est moins à l'excessive chaleur qui peut régner quelquefois, qu'à la constance d'une température assez élevée, qu'il faut rattacher l'existence des forêts primitives de l'Amérique, et leur éternelle parure; or, en Afrique, cette constance thermométrique fait défaut : si le mercure monte au soleil à 60° centigrades, dans les ardeurs caniculaires, il descend souvent au-dessous de 0, dans les jours les plus froids.

La zone de végétation dont nous venons de peindre l'aspect est aussi caractérisée que possible. Nous verrons, en poursuivant notre itinéraire, comment une autre bande, ayant aussi son type, lui succède sur les rampes et sur le sommet des plateaux qui soutiennent le pays de Goor.

La colonne quitte Tlemcen le 1er avril.

Si pour les uns le désir de se rendre utile, pour le plus grand nombre l'espoir d'un grade ou d'une décoration, si la curiosité pour tous ne venaient en aide comme un utile stimulant, on donnerait sans doute un regret à Tlemcen-la-Sultane, à ses jardins délicieux, au frais ombrage des treilles de ses maisons mauresques, et surtout, faut-il l'avouer? aux magasins bien fournis de ses marchands de comestibles. L'aspect des bêtes de somme portant, pour deux mois, les vivres peu variés que le gouvernement alloue au soldat, n'est pas de nature à faire établir une comparaison qui, sous le rapport du confortable, soit en faveur de l'expédition; les chameaux et les mulets chargés de barils destinés à transporter de l'eau, montrent dans le lointain la menace de la soif; et les voiles de gaze verte qu'on a distribués aux soldats font pressentir le sirocco fouettant les brûlantes poussières du Sahara. Peut-être quelques-uns roulent-ils dans leur esprit les tragiques histoires de ceux qui sont allés et ne sont pas revenus!... Mais l'habileté du chef et les mesures qu'il a prises pour conjurer les accidents ont bientôt éloigné toute appréhension de finir comme Mungo-Park. La première impression est rapidement dominée ; les soldats échangent de gais propos, et leurs chants disent un dernier adieu à la voisine de Tlemcen, à Bou-Médine-la-Sainte, dont le beau minaret, tout incrusté de faïences peintes, ne paraît déjà plus que comme une aiguille sur le penchant de la montagne.

Les chemins sont d'abord difficiles, rocailleux, sillonnés d'anfractuosités et de ravines. Ils deviennent meilleurs quand on a atteint une vallée parcourue par un ruisseau limpide, ombragé de beaux arbres. Nous faisons grande halte à Thyzy, bosquet dans les clairières duquel les Arabes cultivent de petits jardins soigneusement entourés de murs en pierres sèches. Nous nous engageons dans un pays boisé que nous ne devons plus guère quitter que pour la nudité du désert. Des lentisques, des oliviers, des chênes verts, des genévriers, des tuyas, des pins peuplent cette forêt, où les arbres sont clair-semés parmi les buissons qui couvrent la terre. Les genêts et ajoncs épineux étalent leurs fleurs jaunes odorantes ; l'aubépine, au bord des ruisseaux, nous embaume et nous rappelle les haies du pays natal. L'asphodèle, des férules, quelques fenouils, une foule de scilles, des garous, des sauges frutescentes croissent sous nos pas. Mais ce beau pays est presque dépeuplé aujourd'hui ; nous ne rencontrons que quelques pauvres douars (tentes rangées en cercle) habités par huit ou dix familles. Il y a pourtant du bois partout, de l'eau en suffisante quantité et des espaces non boisés, où les troupeaux trouveraient à paître et où les laboureurs pourraient ensemencer.

La première petite rivière que nous rencontrons est l'Oued-Chouli, tributaire de l'Isser, qui lui-même contribue à la formation de la Tafna, artère principale de la province d'Oran. L'Oued-Chouli est encaissé dans un lit profond, et ses eaux disparaissent souvent sous des voûtes d'ombrage. Les Haal-el-Oued habitent sur ses bords. Nous campons sur sa rive droite, près d'une ancienne redoute en terre. Cette fortification, élevée il y a deux ans par nos soldats, était alors abandonnée; elle a été rétablie, en septembre 1847, par une colonne dont nous faisions partie. Sa position est pourtant bien moins importante que Hadjar-Roum, que nous trouverons un peu plus loin, poste qui permettrait la surveillance de la plupart des tribus de la contrée, et leur couperait la route du désert.

Notre journée a été d'un peu plus de cinq lieues; mais, quoique ce ne soit pas là une longue marche, nous sommes arrivés tard au bivouac, à cause de la difficulté des chemins, et surtout des embarras créés à chaque instant par les bêtes de somme. La température n'a pas dépassé 32° au soleil; après le coucher de celui-ci, elle était à 17°. Nous donnerons chaque jour nos observations, selon le thermomètre centigrade. Quand le soleil donne, nos températures sont prises au soleil, mais, autant que possible, à l'abri de la chaleur du sol et de la réverbération. Le maximum à l'ombre est beaucoup moins important à connaître pour nous [1]. En effet, il s'agit de déterminer à quelles influences

---

[1] Nous avons soin d'indiquer que nous observons à l'ombre, quand il nous arrive de prendre ainsi nos maxima pour servir de points de comparaison aux météorologistes.

se trouve soumis le soldat; or, c'est sous les ardeurs du soleil qu'il fait son étape.

2 avril.

Les arbres diminuent de taille, les buissons sont rares; bientôt les palmiers nains les remplacent. Après avoir traversé un bouquet d'oliviers, nous atteignons la rive gauche de l'Isser, non loin d'une vieille construction arabe. De l'autre côté de cette rivière, qu'on passe facilement à l'époque de notre expédition, des ruines romaines couvrent un vaste espace; les indigènes les appellent Hadjar-Roum ou Hadjar-Roumi, les pierres des étrangers, des Romains, des chrétiens (Roumi est un terme qui a toutes ces significations). Aucun bâtiment ne reste debout; mais on découvre aisément la circonscription de quelques maisons ainsi que la place des murs d'enceinte, marquée par une accumulation plus considérable de débris et de pierres de taille formant des arêtes disposées en lignes droites. Ce qui frappe tout d'abord à Hadjar-Roum, c'est une foule de pierres de taille allongées, restant debout parmi les ruines. Elles ont de 1 à 2 mètres et demi de hauteur; leur base est enfouie dans la terre, ce qui explique comment elles sont encore dressées, quand les injures du temps ont abattu tout le reste. Plusieurs groupes de ces pierres, placées deux à deux l'une près de l'autre, comme deux jumelles, sont évidemment des jambages de porte; mais il nous semble que beaucoup d'autres étaient incorporées dans la maçonnerie pleine des murs, sans circonscrire aucune ouverture, et qu'un assez grand nombre enfin formaient l'angle des bâtiments. Nous sommes porté à croire que les Romains dressaient d'espace en espace ces pierres, fichées dans des trous qui leur servaient de fondations, et qu'ils remplissaient ensuite les intervalles avec de la maçonnerie légère, peut-être avec une sorte de pisé, que les intempéries des saisons et les ravages de la guerre auront détruit de bonne heure, à cause de leur peu de résistance. On trouve des pierres semblables en plusieurs autres endroits, notamment à Akbal, à quelques lieues d'Oran. Mais il n'en est pas de même dans les postes romains qui semblent n'avoir été que des blokaus, par exemple, à El-Bright, entre Aïn-Témouchent et l'Isser, sur la route d'Oran à Tlemcen.

Nous avons visité de nouveau et plus en détail Hadjar-Roum en septembre 1847. Cet établissement a été très-considérable, et les Romains avaient parfaitement saisi toute l'importance de cette position, commandant une vallée par laquelle doivent à peu près nécessairement passer les peuplades qui tenteraient de quitter le Tell, pour se réfugier dans l'intérieur. Le mur d'enceinte suit la chute de terrain, brusque mais peu élevée, qui limite le petit plateau sur lequel est assis le camp, et la main de l'homme a très-probablement travaillé à régulariser les bords de ce plateau. C'est bien là, du reste, la disposition topographique que recherchaient les Romains, ainsi que l'attestent les nombreux débris qui jonchent le sol de notre vieille Gaule.

Parmi les habitations ruinées, on en remarque une qui semble avoir été plus spacieuse et plus ornée, ainsi que l'attestent des corniches brisées et quelques grossières sculptures qui paraissaient provenir de frises. C'était, nous dirent les Arabes, la maison du général des Roumis. Nous avons trouvé quelques inscriptions, mais presque entièrement effacées. En tête de l'une d'elles, nous avons cru lire les lettres sacramentelles S. P. Q. R. (Senatus populusque romanus), formule qui était pourtant rarement employée à cette époque en Afrique. L'inscription est en l'honneur d'un consul dont le temps a emporté le nom avec un éclat de pierre. Le monument auquel elle appartenait a été élevé par décret des décurions et à l'aide des deniers publics, ainsi que l'indiquent les quatre lettres DD. PP. que nous avons déchiffrées quoique l'usure de la surface les eût à peu près entièrement fait disparaître.

Le capitaine Maréchal, du 2ᵉ hussards, a aussi découvert une grande inscription bien conservée et complète, et un caveau souterrain contenant des tombeaux. Nous avions résolu de faire pratiquer des fouilles; mais, au lieu de rester quelque temps à Hadjar-Roum, nous n'avons fait que camper un jour à une certaine distance du poste romain, de sorte que l'inscription n'a pas même été recueillie. Il est pourtant d'une haute importance, pour la géographie comparée, de déchiffrer les vieilles pierres romaines qu'on trouve dans les différents postes, parce qu'on y lit souvent le nom du lieu : c'est ainsi qu'on a pu retrouver Julia-Cæsarea dans Cherchell, Cartenna dans Ténès, Icosium dans Alger, etc. Ce n'est guère que par ce moyen qu'on peut arriver à une fixation définitive, malgré les documents précieux qu'on trouve, bien moins dans Strabon, Pline et Ptolémée que dans la *Table peutingérienne* et dans l'*Itinéraire d'Antonin*. Réduit à des conjectures, nous sommes porté à penser que Hadjar-Roum pourrait bien être Tasaccora des Romains. La carte publiée par de l'Isle [1], en 1700, semble aussi nous donner raison : elle place Tasaccora sur une rivière, à peu de distance à l'est de Regiæ (Tlemcen).

---

[1] In notitiam ecclesiasticam Africæ tabula geographica, auctore de l'Isle christianissimi Francorum regis geographo primario. Parisiis, 1700.

Les murs d'enceinte de l'établissement n'allaient pas jusqu'au bord de la rivière; mais une sorte de chemin couvert, terminé par un fortin, permettait de s'y rendre sans danger. Un peu au-dessous de ce petit fort, l'Isser forme une belle cascade, se précipitant de 10 à 15 mètres de hauteur, parmi des rochers circonscrivant un vaste entonnoir qui présente l'aspect le plus sauvage.

Depuis notre sortie de Tlemcen, nous avons presque toujours longé la base des montagnes qui, à partir de cette ville, se dirigent à l'est; nous nous engageons maintenant dans les accidents qui forment leur premier gradin. Des oliviers, des tuyas, des cyprès s'élèvent sur leurs pentes rocheuses; des ruisseaux ou des torrents à peu près à sec séparent les montuosités; leur lit est ombragé par une foule d'herbes et de buissons et par des arbres qui atteignent une belle hauteur. Le chemin est assez bien tracé, mais rempli de pierres. A notre gauche, au-dessous de notre route, s'étend une plaine autrefois couverte de moissons et de troupeaux, aujourd'hui inculte et déserte. Le marabout de Si-Moham-el-Hamiani, flanqué de deux dattiers, blanchit près d'un épais fourré.

Nous faisons grande halte près du limpide ruisseau appelé Aïn-Tellout, non loin d'un village portant le même nom, qui n'est plus qu'un amas de masures en terre entièrement ruinées. Ce village surmonte un petit plateau qui s'entr'ouvre en un profond ravin dans lequel s'engouffrent les eaux écumeuses d'une superbe cascade. A l'époque dont nous parlons, une abondante végétation ombrageait les pentes qui dominent le ruisseau, et faisait de ce lieu l'une des plus délicieuses positions du territoire des Beni-Amers. Cette puissante tribu couvrait autrefois de ses villages et de ses tentes nomades tout le pays qui s'étend depuis Aïn-Témouchent jusqu'au delà de Aïn-Tellout : elle avait de nombreux troupeaux et des silos pleins de provisions et d'objets précieux ; les femmes portaient des bracelets d'argent massif aux bras et aux jambes ; les guerriers lançaient leurs chevaux au galop en brandissant des fusils et des yatagans fastueusement ornés. Mais la peuplade nous a été hostile, et n'a jamais su garder la foi qu'elle nous jurait en recevant son pardon après notre victoire. Nous nous sommes enfin lassés de tant de trahisons, et, pour éviter notre juste colère, les Beni-Amers ont abandonné leur pays et suivi l'émir dans le Maroc ; mais ils n'y ont trouvé que misère et malheur. Quelques mois après notre passage à Aïn-Tellout, et peu de temps avant la capture d'Abd-el-Kader, la tribu a été presque entièrement détruite, sans qu'on paraisse savoir encore positivement si elle a succombé sous les coups des Marocains, qui voulaient en finir avec leur dangereux hôte et ses satellites ; ou si elle doit sa perte à l'émir, dont elle menaçait de déserter la cause pour revenir à nous. Les rares individus qui ont échappé au massacre se sont péniblement traînés jusque dans leur ancienne patrie, mourants de faim et de fatigue. On ne saurait se faire une idée de l'affreux dénûment et de l'excessive misère de ces enfants errant à l'aventure, de ces femmes presque nues, et de ces hommes tout couverts de sang, qu'on rencontrait sur les chemins et dans les bois. Au souvenir de la catastrophe qui avait anéanti leur peuplade, se joignait la crainte pour l'avenir ; car ils ne savaient s'ils trouveraient chez nous une légitime colère, ou un pardon dont ils avaient abusé si souvent. Tant de malheur nous a désarmés. Mais ceux qui retourneront à Aïn-Tellout ne trouveront plus rien qui puisse leur rappeler les jours passés : la guerre et le temps ont détruit leurs habitations; et l'incendie allumé par les malfaiteurs ou par les chercheurs de miel, a consumé leurs bosquets.

Lorsque, six mois après notre premier passage, nous avons revu Aïn-Tellout, nous avons voulu visiter de nouveau ses beaux jardins; mais les halliers, autrefois impénétrables, avaient perdu leur mystère avec leurs feuillages, leurs hautes herbes et leurs buissons détruits par la flamme; nos yeux découvraient à peine quelques branches encore vertes éparses sur quelques arbres noircis, et les rameaux calcinés des vignes cassaient dans notre main, quand nous essayions de nous accrocher à eux en descendant les pentes roides. Cette dévastation dans les lieux où nous comptions retrouver fraîcheur et gaieté, a fait une impression pénible sur nous que le souvenir passager de quelques heures seulement attachait à Aïn-Tellout. Que d'émotions pour les derniers des Beni-Amers!

Nous n'avons rencontré aucun douar pendant notre journée; il existe cependant quelques tentes de Beni-Smiel. Le temps a été variable et le vent généralement froid; un orage a avorté, dans l'atmosphère, en quelques gouttes de pluie qui ont à peine atteint le sol.

La brume couvre, le soir, Sidi-Hamet-Erradja, joli campement, mais qui a le défaut d'être à cinq minutes du ruisseau. Le thermomètre marque 10° à six heures du soir. Nous avons fait six lieues.

3 avril.

Devant nous se dresse un rameau assez élevé qui se détache de la chaîne principale. Nous le traversons en suivant une assez bonne route en lacet, tracée par nos troupes, il y a quelques années. Cette montagne est presque exclusivement boisée de pins; les autres grandes espèces ont disparu. C'est ici le plus brusque saut dans les gradations qui conduisent de la zone de végétation que nous avons décrite, à la zone suivante, dont nous parlerons bientôt. Du sommet on aperçoit un vaste bassin limité de tous côtés par des montagnes, comme la plaine d'Eghris, sous Maskara, et la plaine du Sig, entre Oran et l'Oued-el-Hammam; mais, au lieu d'offrir, comme celles-ci, une surface plane, il est accidenté par des coteaux peu élevés. Une petite branche de monticules un peu plus hauts que ces collines, le sépare en deux parties inégales, dont l'une est traversée par l'Oued-Mekerra; mais cette chaîne s'abaisse et disparaît en allant au N.-E., de sorte que le bassin ressemble assez bien à un ôméga dont la boucle inférieure représenterait la chaîne dont il est question. La plaine qui verdit à nos pieds a bien deux myriamètres de diamètre dans tous les sens; sa surface est boisée de pins d'une assez belle venue, et des touffes de halfa moutonnent le sol sablonneux. Les pluies forment des torrents qui la traversent impétueusement pendant l'hiver; mais, en avril, ils étaient déjà tous à sec, et indiqués seulement par de longs ravins rocailleux aux bords desquels la végétation conservait un peu plus de fraîcheur qu'ailleurs.

Nous avons fait grande halte sans eau, ce dont nous avons un peu souffert, n'ayant pas été avertis de cette circonstance. Il existe, du reste, des puits à peu de distance du lieu de notre repos.

Les herbes et les buissons sont assez rapprochés pour que le feu se communique facilement de proche en proche : c'est là un spectacle que le soldat manque rarement de se donner. La moindre étincelle suffit pour allumer un grand incendie. La flamme entoure d'une ardente spirale le tronc des pins, grimpe sur les branches, serpente parmi les feuilles qui se tordent, pétillent et tombent en cendres qu'emporte le vent; la forêt s'illumine, la terre ressemble à une mer de feu et chaque pin à une pyramide d'artifice. Des fleuves de flamme s'échappent du bois embrasé; poussés par les vents, ils courent rapidement dans la plaine, franchissent les ravins et escaladent les coteaux. Si un espace privé de végétation n'arrête pas leur cours envahissant, ils se propagent à des distances considérables. Dans le lointain, ils ne sont plus indiqués que par une longue traînée de fumée coupée de langues de feu qui ondulent et se courbent comme les épis d'un champ de blé que le vent fait moutonner.

Ces scènes, tout en nous contristant, nous rappelaient les tableaux grandioses d'un roman très-attachant de Fenimore Cooper : nous voulons parler de *la Prairie*. Comme les Peaux-Rouges, les Arabes se servent quelquefois de ces incendies pour expulser leurs ennemis des positions qu'ils occupent; mais nous sommes loin de posséder, contre les flammes qui s'avancent et nous menacent, les ingénieuses ressources des tribus du Nouveau-Monde. Les torrents de feu ont quelquefois forcé à lever le camp avec une précipitation, une terreur, un pêle-mêle et des cris qui ne laisseraient pas d'avoir leur côté risible pour celui qui, du haut d'un monticule qui n'offrît pas d'aliment au feu, contemplerait le spectacle en curieux non intéressé.

Les indigènes incendient souvent les plaines, pendant l'automne, avant la saison du labour, qui coïncide avec les premières pluies, dans le double but de débarrasser les champs des plantes inutiles et des buissons qui l'encombrent, et d'engraisser la terre avec la cendre des végétaux consumés. Malgré leurs précautions, le feu se propage quelquefois plus loin qu'ils ne voudraient et menace le douar ou les maïs et les millets qu'on n'a pas encore récoltés; alors l'alarme se répand dans la tribu, et les cris qui se croisent et se correspondent ont bientôt mis sur pied toute la population : hommes, femmes, enfants, la peuplade entière se précipite sur les limites de l'incendie et s'efforce d'abattre et d'éteindre, à coups de gaules ou de bâtons, les herbes qui commencent à prendre feu. Ce mouvement, ce tumulte, auxquels se mêlent les hurlements d'une foule de chiens effrayés, forment un tableau étrange et sauvage dont nous avons plus d'une fois joui.

Mais le soldat détruit pour détruire, sans autre but que de satisfaire son instinct de dévastation; partout il laisse de tristes traces sur son passage : des monticules entiers, de vastes plaines n'élèvent plus dans les airs que des troncs noircis et des branches dépouillées, au lieu de beaux arbres qui répandaient naguère l'ombre et la fraîcheur; la terre est partout couverte de cendres, et des monceaux de débris indiquent la place où les buissons verdissaient. S'il campe dans une forêt, son plus grand plaisir est de mettre le feu au tronc des arbres : il suit avec avidité les progrès de la combustion; la base est peu à peu rongée, elle cède enfin, et un cri de joie annonce l'instant où l'arbre s'abat avec fracas. Après trois ou quatre exécutions semblables, il entasse à grand'peine les troncs les uns sur les autres, et allume un immense brasier, dont les trop vives ardeurs l'empêchent de s'approcher; de sorte qu'il est obligé de faire, un peu plus loin, un feu plus modeste sur lequel il puisse surveiller la cuisson de ses aliments. Quand le camp est établi dans un pays habité, le soldat coupe les arbres fruitiers et les vignes, il ravage les jardins et foule les moissons ; aussi, dès qu'ils aperçoivent de loin la colonne, les Arabes accourent, s'échelonnent le long de leurs propriétés et tâchent de garantir leurs biens. La hache et le feu ont mené si vite leur besogne destructive, que les environs de plusieurs postes sont entièrement déboisés : comme cela se voit, par exemple, à Lalla-Maghrina, dans la subdivision de Tlemcen. Des ordres sont donnés sans doute pour réprimer la dévastation, mais avec mollesse et sans régularité ; on est sévère un jour, et le lendemain on ferme les yeux sur les délits. Si l'autorité n'y prend garde, cette malheureuse passion causera des maux irréparables ; les arbres disparaîtront peu à peu, et la sécheresse changera en déserts les contrées aujourd'hui cultivables.

Nous avons fait sept lieues dans notre journée. Nous campons dans un charmant endroit, sous de beaux chênes verts, à quelques pas de la rive gauche de l'Oued-Mekerra, qui n'est là qu'un ruisseau qu'on peut franchir d'un saut. Le dis et de bon fourrage croissent sur ses bords ; de grands arbres se mirent dans ses eaux. Nous sommes chez les Ouled-Balaghr ; mais nous n'avons aperçu aucune habitation. Le temps a été variable, la poussière incommode. Notre maximum au soleil a été 25° ; à quatre heures du matin le thermomètre était un peu au-dessous de 0°, et le givre roidissait la toile de ma tente.

4 avril.

Nous ne sommes plus qu'à quelques lieues de Daya. Une route en lacet, taillée dans le flanc d'une pente très-rapide, nous conduit sur un plateau qui se continue, au delà de Daya, avec le pays de Goor et le désert. Ce plateau est la limite orientale de notre grand bassin. Les pins deviennent très-beaux sur la route qui nous mène à la forteresse, à travers une forêt où les chênes verts se mêlent aux cyprès, aux tuyas et aux genévriers. Au sortir du fourré, nous apercevons tout à coup Daya.

CHAPITRE II.

LE TELL. — DE DAYA AU GOOR.

Daya. — Suite de l'aperçu des zones de végétation. — Aïn-Tamlaka. — Esquisse topographique.

Daya existe depuis quelques années seulement; ce poste a été fondé en 1844, si nous ne nous trompons. Ce fut d'abord une mauvaise fortification en terre; mais aujourd'hui des murs en pierre de taille ont remplacé les premiers retranchements. Daya est actuellement une grande redoute carrée, dont chaque angle s'épanouit en bastion. Une pièce d'artillerie sur chaque bastion, des meurtrières percées dans la courtine, et un large fossé, en font un poste imprenable par les Arabes. Sur l'une des faces du carré s'adosse un redan en terre : cet appendice contient quelques maisons décorées du nom de village, et loge la population civile, composée de 20 à 25 habitants. Les colons sont ici, comme presque partout ailleurs, peu cultivateurs : ils préfèrent la fortune plus rapide, mais plus chanceuse aussi, que procure le commerce des vins et des comestibles, au bien-être durable, mais lent à venir, qu'amène la mise en rapport de la terre défrichée. Aussi cette partie de Daya ne présente-t-elle pas l'aspect champêtre d'une colonie agricole avec ses meules, ses charrues, ses fumiers et ses cours encombrées de bestiaux : on dirait plutôt, sauf le luxe et le mouvement, une barrière de Paris ; car chaque maison est un cabaret, un café, une buvette ou un magasin de vins et de comestibles. Quand Daya n'est pas animée par une colonne qui relâche sous ses murs, le village est ordinairement triste et morne, et le marchand n'est appelé à son comptoir que par les rares soldats auxquels leur bourse permet de se fêter avec une sardine sèche, ou avec un morceau de gruyère que la longueur des routes et la chaleur ont doté d'une myriade d'habitants. Le dimanche, pourtant, le perron protégé par l'auvent du cabaret, se peuple de quelques buveurs qui parlent du pays et s'égaient avec quelques chansons. Mais, quand une colonne touche à la redoute pour se ravitailler, les marchands sont obligés de se multiplier afin de répondre à tous les acheteurs ; on se presse, on se foule dans leur étroite boutique, pour faire remplir de vin son petit baril de campagne et pour recompléter sa provision presque épuisée de pâtes d'Italie, d'oignons, de pommes de terre, de pain, de lard, de graisse et de fromage, ces indispensables et classiques éléments de l'art culinaire en expédition.

En entrant dans la redoute, après avoir traversé le village, on trouve une grande place récemment plantée de quatre rangs de pins encore petits et souffrants. Elle est entourée par des bâtiments n'ayant qu'un rez-de-chaussée : ce sont les casernes ; les murs sont en pierre et la toiture en tuiles. Les couvertures en terrasse ne sont pas employées. La terre argileuse des environs de Daya est excellente pour la fabrication des tuiles et des briques ; c'est là un avantage dont ne jouissent pas tous les postes. A Tlemcen, par exemple, la glaise contient des sels qui se vitrifient et se fondent au feu ardent du four, et laissent dans la pâte des pores nombreux à travers lesquels l'eau trouve passage ; aussi les mosquées, les habitations des riches, les portails et même quelques marabouts sont-ils revêtus, là où l'on ne s'est pas servi de la toiture en terrasse, de tuiles soigneusement enduites d'un épais vernis qui a comblé tous les interstices.

A l'extrémité opposée à la porte d'entrée, se groupent les autres établissements : l'hôpital, les magasins, les ateliers et les logements des officiers. Nous avons visité ces logements comme on visite les curiosités d'un pays, sachant que, dans les postes éloignés, chacun emploie ses longues heures de loisir à décorer son habitation d'ornements le plus souvent bizarres et pittoresques. Chez l'un, des batailles, peintes de la plus naïve façon, chamarrent les parois ; chez l'autre, la nudité des murs et les anfractuosités du toit ont disparu sous des nattes de paille artistement tressées ; celui-ci étale les peaux des hyènes, des antilopes et des chacals qu'il a tués le soir à l'affût ; celui-là dispose artistement des trophées d'armes arabes ; il en est enfin, et ce sont les mieux avisés, qui empaillent les oiseaux du pays, rassemblent sa flore et recueillent ses insectes. M. Dours, chirurgien sous-aide-major de l'hôpital, s'était formé une collection des plus curieuses d'objets d'histoire naturelle. Chacun, en un mot, cherche une occupation en rapport avec ses goûts et ses études, dans le double but de charmer sa solitude et d'embellir sa demeure. Quand un ami ou un camarade se trouve dans la colonne qui campe près de la redoute, on fait gracieusement les honneurs de son modeste intérieur, on lui montre en détail toutes ses petites richesses et on le convie amicalement à dîner. Alors le cuisinier, qui veut aussi contribuer par ses efforts à fêter le visiteur, déplore le dénûment absolu de son office; mais, en homme habile, il supplée au peu de variété des mets en vous présentant le même objet sous toutes les formes et à toutes les sauces. Cependant voici le moment du rôti : il vous sert un succulent cuissot de gazelle et vous apporte une bouteille de vin d'extra qu'on sable gaiement, en vantant, aux portes du désert, cette belle France qui produit le bordeaux, le champagne et tant de bonnes choses qu'on regrette toujours, mais dont la perte semble moins pénible quand on en cause dans les douces effusions de l'amitié.

Après dîner, on va au théâtre. Les escabeaux sur lesquels les premiers tragiques grecs déclamaient pour obtenir un bouc, prix des émotions qu'ils jetaient à la foule, et les planches sur lesquelles on représentait les miracles, au moyen âge, devaient avoir, dans leur rusticité primitive, quelque chose du théâtre de Daya. Les décors, peints avec de la céruse et du noir de fumée, ou jaunis avec un peu de terre ocreuse, produisent cependant un certain effet : Daya a son Cicéri, c'est un soldat de la légion étrangère. Les acteurs et les actrices sont également fournis par la légion : ces dames sont choisies parmi les sujets mâles encore imberbes; elles ne minaudent pas trop mal et singent les allures féminines de la plus réjouissante façon. Les vaudevilles les plus fous défraient le répertoire; la gaieté règne partout : on rit sur la scène, on rit sur les bancs de bois du parterre, on rit dans les loges. Car Daya a ses loges : une sorte de poulailler dans lequel on monte par une échelle ! Mais l'aristocratie veut et voudra toujours sa place à part, quand même on y serait plus mal qu'ailleurs.

On ne saurait trop louer les commandants supérieurs qui encouragent le théâtre, ainsi que le général Cavaignac l'a fait avec tant de succès à Tlemcen. Il serait à désirer qu'on instituât en outre, dans les postes éloignés, d'autres amusements, d'autres récréations, pour prévenir ou chasser la nostalgie, l'ennui, les dégoûts, les regrets qui assaillent si souvent le soldat isolé, perdu, presque oublié aux portes du désert. Il est d'une haute importance de l'occuper, non-seulement au physique mais aussi au moral, en parlant à son intelligence, à son imagination et à ses passions. Les sentiments expansifs que font naître le théâtre, la musique et la danse, sont infiniment propres à contre-balancer l'action dépressive qu'exerce la monotonie de la vie dans la solitude. On sait les excellents résultats que les capitaines Ross et Parry ont obtenus des danses et des jeux, pendant leurs tristes hivernages dans les glaces polaires. On le sait; mais on n'applique pas assez le principe de la justesse duquel on est convaincu. Les officiers de Daya l'ont pourtant compris, pour eux, jusqu'à un certain point, en établissant un cercle où ils se réunissent tous les soirs pour causer et pour lire les journaux et les revues.

Daya est située au fond d'un vallon dominé de tous côtés; mais les rampes ou les monticules qui l'entourent sont assez éloignés pour que les projectiles n'arrivent dans l'enceinte qu'après avoir perdu leur force et leur précision. Le Djebel-Naama (montagne de l'autruche), situé presque directement au sud de la redoute, pouvant seul inspirer des craintes, on a couronné son sommet d'une enceinte triangulaire bastionnée; c'est la vigie de Daya. Il n'y a pas d'eau dans le fortin; tous les deux jours des ânes y transportent, dans des tonnelets, la provision nécessaire aux vingt-cinq hommes qui gardent la position. La légion étrangère a ouvert une bonne route qui conduit facilement à la vigie. Sur le sommet on jouit d'une belle vue : le pays est partout boisé aux alentours; quelques clairières tranchent en vert-tendre sur la teinte foncée des forêts, et l'on voit miroiter çà et là, dans la saison des pluies, de petites mares où viennent boire les gazelles et les antilopes qui peuplent ces bois. Le Djebel-Begra-ou-Benita, que sa configuration a fait comparer par les Arabes à une vache avec son veau, élève dans le sud ses deux sommets bizarres. Au delà de ces crêtes, l'horizon se termine par la plaine nue et plane du Goor et des Chott ; mais, quand l'atmosphère est bien transparente, une arête bleue, déchiquetée comme une scie, dessine au fond du tableau le Djebel-Anteur, chaîne située derrière la nappe salée du Chott-el-Chergui.

Le Djebel-Naama abrite Daya contre les vents du sud; aussi le sirocco ne s'y fait-il pas sentir avec une bien grande intensité. Les vents du nord arrivent facilement, ainsi que ceux du nord-ouest; c'est là une des causes des abaissements brusques de température qu'on observe assez fréquemment, et des vents violents qui soufflent en automne, au printemps et surtout pendant l'hiver. Le Djebel-Naama, situé au sud de la redoute, est séparé par une vallée, du Djebel-bou-Lasaff qui s'élève à l'est. Le nom de cette dernière montagne, qui signifie littéralement *montagne du père qui se voile,* ou, traduction libre, *le père des nuages*, est mérité par les brumes que le rayonnement nocturne de la montagne vers les espaces célestes, accumule et condense le matin sur le sommet refroidi.

La Daya, d'où est venu le nom du poste, commence à quelques centaines de pas des fortifications et se prolonge dans la vallée. Par le mot Daya les Arabes semblent entendre un lieu déclive, couvert d'eau pendant les pluies d'hiver et se présentant, dans l'été, sous l'aspect d'une prairie aux herbes marécageuses, conservant de l'humidité, des flaques et quelques filets entretenus par des sources. Le Redir diffère de la Daya, en ce qu'il est privé de fontaines et qu'il est exclusivement formé par les eaux pluviales; aussi se dessèche-t-il complétement par les ardeurs caniculaires. A l'époque de notre voyage la Daya était presque à sec, si ce n'est au centre; la végétation paludéenne recouvrait sa surface, mais les plantes non aquatiques disputaient la place à la flore des marais. Cette dernière domine pourtant assez pour que le foin provenant de la Daya soit regardé comme de qualité inférieure.

Malgré le voisinage de la Daya, les fièvres ne sont néanmoins pas très-nombreuses ni très-graves dans la redoute, ainsi que nous l'a appris notre collègue et ami, le docteur Bolu, médecin en chef de l'hôpital. Deux causes contribuent à cette presque innocuité de la Daya. D'abord elle se dessèche en grande partie de bonne heure, par écoulement, avant les chaleurs qui pourraient faire évaporer les eaux chargées de miasmes dangereux; et la portion qui reste humide est plutôt une prairie arrosée qu'un marécage encombré de détritus produits par la décomposition végéto-animale. En second lieu, les vents du sud, que les montagnes font dévier à droite et à gauche, ne peuvent balayer la Daya et porter les effluves sur le fort, et les vents du nord et de l'ouest engouffrent les émanations délétères le long de la vallée et les dispersent au loin [1].

---

[1] Voyez FÉLIX JACQUOT : *Recherches sur les causes des Fièvres à quinquina en général, et en particulier sur les foyers qui leur donnent naissance en Algérie;* travail présenté à l'Académie nationale de Médecine, in-8°. Paris, 1848, chez V. Masson, place de l'École-de-Médecine.

Entre la Daya et les murs d'enceinte s'étendent des jardins bien entretenus et gardés par un solide blokaus en pierre. Ils sont arrosés par quelques sources qui naissent au pied de la redoute et se rendent dans la Daya. Comme les plantes qui croissent dans ces jardins sont les seuls légumes frais qui soient servis sur la table de la garnison, on comprend de combien de sollicitude on les entoure et avec quel soin on les défend des maraudeurs arabes. Quand le riz, les haricots et les pois secs ont depuis plusieurs mois le monopole exclusif de la table, une verte et coriace salade paraît délicieuse, et lorsqu'un chou est servi dans le pot-au-feu, on hume voluptueusement ses vapeurs avec ses narines largement ouvertes, avant de le mettre en contact avec son palais, afin de jouir du précieux légume par tous les sens. Le roi de Perse, dînant un jour au phalanstère lacédémonien, eut la bonté de déclarer que le noir brouet était une excellente chose. Quoique le monarque, au dire de l'histoire, eût tellement couru au bord de l'Eurotas et manœuvré dans le gymnase, que sa faim dût être considérablement aiguisée, nous avons néanmoins cru longtemps que ce propos n'était qu'une simple formule de politesse; mais depuis que nous avons vu trouver sincèrement tant de délices dans un simple chou, nous sommes porté à croire que la déclaration de Xerxès pouvait bien être autre chose qu'un propos de bienséance.

Les sources qui arrosent les jardins sont assez rapprochées pour que la garnison puisse y aller puiser, même en temps d'attaque. Si elle était serrée de trop près, elle aurait recours à une petite source qui coule dans l'intérieur de la redoute; cette source tarit à la fin de l'été, mais nous pensons que des puits suffisamment profonds donneraient de l'eau en tout temps.

Pour compléter notre exploration autour de Daya, nous nommerons la tuilerie, les trois marabouts de Sidi-Ali-ben-Krarredj, le Redjem-el-Aoud et les ruines d'un caravansérail. Un rien est à noter dans un pays désert.

Les marabouts de Sidi-Ali-ben-Krarredj nous ont offert une particularité de construction que nous n'avons rencontrée que là, mais qui se présente aussi, nous a-t-on assuré, dans quelques pays de montagnes. On sait que les koubba ou marabouts sont ordinairement une pièce carrée, surmontée d'un dôme tout en pierres ou en briques, et que la clef de voûte n'est soutenue par aucun pilier. Ce n'est que par exception qu'on trouve des marabouts dont la coupole principale est flanquée de quatre dômes secondaires, et dont l'intérieur présente un parvis central, entouré d'une galerie supportée par des arcades mauresques. Le marabout de Sidi-bou-el-Nouar, au bord de la Tafna, est construit sur ce plan. Mais on voit très-souvent des marabouts à ciel ouvert composés tout simplement de quatre murs circonscrivant un carré de terre. Quand une tribu, trop pauvre pour faire la dépense d'une coupole, veut honorer les restes d'un saint personnage, elle élève sur sa tombe l'agreste monument dont nous parlons. Les marabouts de Sidi-Ali-ben-Krarredj sont surmontés d'un dôme, mais l'architecte ne paraît pas avoir connu la coupe des pierres qui permet à la voûte de se soutenir sans un appui central. Chaque ligne d'intersection des triangles qui composent la coupole octogonale, est soutenue par une poutrelle, et les interstices que laissent ces poutrelles sont comblés par des bâtons parallèles à la base des triangles, et juxtaposés comme les roseaux qui supportent les terrasses mauresques. Le tout est recouvert de maçonnerie. La clef de voûte, vers laquelle convergent toutes les poutrelles, est soutenue par un fût formé de pierres plates superposées, reposant sur une solive qui traverse le marabout, à l'origine de la coupole, et s'appuie sur deux murs opposés.

Les ruines du caravanserail sont tout à fait insignifiantes. Ce ne fut jamais, sans doute, qu'une mince hôtellerie, s'ouvrant pour d'aventureux voyageurs et non pour les riches et grandes caravanes du Sahara. Quoi qu'il en soit, ces vestiges prouvent qu'à Daya passait l'une des routes de communication du Tell avec le désert : ainsi se trouve justifié le choix de cet emplacement pour fonder un poste militaire et jeter le noyau d'une agglomération future de colonisateurs.

Quand un événement tragique arrive dans les campagnes africaines, les Arabes n'en perpétuent pas le souvenir par l'érection d'un croissant, qui serait l'équivalent des croix que nous plantons au bord des chemins; ils se contentent d'accumuler quelques pierres, et chaque voyageur qui passe augmente le tas en y apportant son tribut. Nous aimions, en passant devant chaque redjem (tas de pierre expiatoire), à nous faire conter par les Arabes qui chevauchaient avec nous, la tragique histoire qui s'était passée dans ces lieux : des récits, pleins de faits étranges et colorés par une brillante imagination, rompaient ainsi la monotonie de nos longues journées de marche.

Un spahis m'a conté la ballade suivante à propos du redjem-el-Aoud (tas de pierres de cheval) qui se trouve près de Daya.

Les Ouled-Balaghr couvraient le pays qui s'étend à l'ouest de Daya; les Thouamas faisaient paître leurs troupeaux à l'orient. Ces bons Thouamas étaient comme ces honnêtes

Sioux, que le chantre du Natchez nous dépeint si pacifiques ; ils ne demandaient qu'à vivre en paix chez eux, les femmes tissant des bournous et des haicks, les enfants conduisant les troupeaux dans les pâturages, et les hommes rêvant toute la journée, accroupis au seuil de la tente ou sur un tertre. Mais, hélas! le cheick féroce des Ouled-Balaghr leur faisait une guerre injuste et acharnée : il aimait à trouver le couscous onctueux tout préparé, et la sauce rouge au piment fumante et servie dans les demeures de ses voisins; il préférait les jaunes rayons de miel remplissant les troncs creusés par les Thouamas, à ceux qu'il aurait pu obtenir avec des soins patients qui n'allaient pas à son effervescent caractère; enfin, faut-il le dire? il avait aussi un faible pour leurs femmes et leurs filles! La position n'était plus tenable. Heureusement que Mohammed vint au secours de ces excellents Thouamas, ainsi qu'on voyait, dans le bon temps, les fées marraines apparaître à leurs filleuls dans les dangers extrêmes. Or, un jour que le terrible cheick franchissait les limites des deux tribus, affamé de couscous, de miel et de jeunes beautés, le saint marabout Sidi-Ali-ben-Krarredj s'avança à sa rencontre, appuyé sur un bâton recourbé. Redressant un instant sa colonne vertébrale fléchie par l'âge, il lui dit : « Il n'y a de Dieu qu'Allah, et Mohammed est son prophète! Eusses-tu les ailes de l'aigle de nos montagnes ou les jambes de l'antilope de la plaine, tu n'iras pas plus loin. Retourne dans ton douar, élève des abeilles, fais broyer par tes femmes l'orge et le blé entre deux pierres, et médite le Koran. Laisse les Thouamas, si tu ne veux périr à cette place même, comme le scorpion qu'écrase le pied ferré de ton cheval. » Mais le coursier du cheick n'était point pusillanime comme l'âne de Balaam; pressé vivement par les chabirs (éperons) de son maître, il passa sur le saint vieillard, secoua sa longue crinière et se lança au galop. Il n'avait pas fait deux pas qu'il s'abattit : le maître et le coursier se brisèrent la tête sur l'angle des rochers du chemin. Le petit Attila devint la pâture des corbeaux et des chacals, tandis qu'on accorda la sépulture au cheval. Chaque Arabe qui passe grossit le redjem en y jetant une pierre, et s'éloigne en disant : C'était écrit!

Nous faisons séjour à Daya jusqu'au 11 avril, pour donner le temps à la colonne de se compléter. La cavalerie est arrivée de Tlemcen, et les deux bataillons de la légion étrangère qui doivent augmenter notre effectif campent à côté de nous; mais nous partons le 11 sans ces deux fractions de notre colonne : elles nous joindront un peu plus tard.

En quittant Daya nous nous dirigeons au S., marchant toujours dans des clairières qui nous permettent de traverser facilement la forêt de chênes verts. Après 8 kilomètres, nous campons à Aïn-Tamlaka, près d'un ruisseau sur les rives duquel l'herbe croît en abondance. Le camp est assis dans une petite plaine entourée de bois.

Nous disions précédemment qu'à la première zone de végétation succède une autre bande ayant des caractères différents, et nous indiquions Sidi-Hamet-Erradja comme le point par lequel passe la ligne intermédiaire à ces deux régions botaniques. Cette seconde bande s'étend jusqu'à la cessation des forêts, à quelques lieues au S. de Sebdou et de Daya. L'abaissement de la température, amené par l'élévation croissante du terrain et l'exposition des pentes en plein nord, sont sans doute une des causes qui empêchent les espèces du Tell, amies de la chaleur, de croître dans ces lieux; mais on doit aussi accuser la moindre fertilité de la terre, qui devient de plus en plus sablonneuse et semble même, en quelques endroits, n'être formée que par la pulvérisation des pierres et des rochers friables qui lui sont mêlés aujourd'hui en si grande abondance. Nous ne retrouvons plus la diversité ni le grandiose du Tell, et les espèces qui peuvent être considérées, jusqu'à un certain point, comme caractéristiques de cette région, disparaissent dans la bande dont nous décrivons la physionomie. Le tuya, le pin, le cyprès, le genévrier, le chêne vert, remplacent le caroubier, l'olivier, le lentisque, etc. ; le dattier n'existe plus ; l'humble chamærops n'étale même plus ses feuilles roides et divergentes, semblables à une main ouverte dont les doigts sont écartés : plus d'étages superposés de verdure ; plus de fourrés de plantes herbacées, d'arbrisseaux et de grands arbres enlacés par des vignes puissantes. La triste pyramide des arbres verts (conifères) s'élève de temps en temps parmi les touffes de halfa, de dis et d'ajoncs. Quelquefois pourtant les arbres se pressent : c'est ce qui arrive un peu avant d'atteindre Daya ; mais les espèces n'en sont pas plus variées. Quelquefois aussi les pelouses s'égaient, comme cela se voit aux environs de cette redoute. Parmi les fleurs qui les émaillaient alors, nous avons remarqué une charmante petite tulipe jaune, une anémone de la même couleur que la tulipe, mais bien inférieure en beauté à la grande anémone bleue des plaines de Tlemcen et d'Ennaya (*anemona pavonina*) ; quelques crucifères, parmi lesquels dominent un *cheiranthus* violet et les têtes blanches et fournies du *lepidium argenteum*, une foule de pâquerettes et d'*anthemis*, l'asphodèle, des férules, des labiées aromatiques, des centaurées, etc. Nous avons plus rarement rencontré l'*aconitum lycocthonum*, l'asphodèle acaule, l'astragalus, etc.

A partir de Daya, on ne trouve plus que des chênes verts et des genévriers; les pins et les tuyas ont disparu, les buissons deviennent très-rares. A Aïn-Tamlaka coule un ruisseau parmi les herbes fourrées, mais son humidité ne produit pas sur ses bords cette puissante végétation qui se presse le long des rives des oued[1] du Tell : les deux côtés du ruisseau présentent le même aspect que le reste de la forêt. Entre les arbres ne s'étendent pas de gais tapis verts, comme dans les clairières de nos bois; le sol est nu, aride, rocailleux et brûlé. Les chênes sont de plus en plus clairsemés et finissent par disparaître entièrement à quelques lieues au sud de Daya : on est dans ces solitudes condamnées à la stérilité par le défaut d'humus dans le sol, par l'éloignement des nappes d'eau et des fleuves considérables, et par l'absence de montagnes boisées, ces vastes alambics où se distillent et se condensent les eaux du ciel et les eaux de la terre.

Ici, sur la limite du Tell et du désert, commence une troisième zone de végétation, dont nous aurons soin de spécifier les caractères. Cette zone comprend le Goor et les Chott, jusqu'à la ligne des oasis qui forme une quatrième bande, dans laquelle la nature est moins ingrate et moins avare en végétation et en eau. L'aridité presque absolue du Sahara central ou Falat, sera le dernier terme de notre progression.

Il nous paraît opportun, avant d'aventurer le lecteur dans les régions inconnues du sud, de lui donner une idée large et générale de la configuration du pays qu'il doit parcourir.

---

[1] *Oued* signifie une rivière, un ruisseau, un torrent, un thalweg, un ravin à sec parcouru par les eaux à certaine époque.

Le Tell cesse là où les arbres disparaissent, et le Sahara commence. De la limite du Tell au Falat les eaux se distribuent dans trois bassins, savoir : 1° le bassin de la Méditerranée, 2° le bassin des Chott, 3° le bassin du Falat.

Une bande étroite borde la lisière des forêts; elle est inclinée de haut en bas et du S. au N.; ses eaux se dirigent conséquemment vers le Tell et la Méditerranée. Nous pensons que cette bande seule doit conserver le nom de Goor.

En quittant le Goor, on atteint une zone beaucoup plus large, qu'on doit appeler désert des Chott. Les eaux qui arrosent ce vaste territoire se rendent dans deux grands bassins, qui sont le Chott-el-Chergui, ou de l'est, et le Chott-el-Garbi, ou de l'ouest. La rive méridionale de ces bassins est bordée d'une petite chaîne de montagnes que nous nommerons chaîne des Chott.

Entre ce système de montagnes et un autre beaucoup plus important, qu'on rencontre après quelques journées de marche vers le sud et qu'on peut considérer comme un noyau central auquel se rattache la chaîne des Chott qui n'en est qu'un rameau, parallèle à la crête principale; entre ces deux systèmes, disons-nous, se déroule un ruban de plaines auquel on ferait bien de restreindre le nom de désert d'Anghad, nom qu'on applique aujourd'hui à une circonscription plus vaste dont les limites sont différemment et arbitrairement fixées par chaque topographe et par chaque indigène. Nous désignerons cette bande sous le nom de désert d'Anghad proprement dit. Les eaux de ce territoire sont, en général, tributaires du Chott.

Le grand système de montagnes qui limite le désert d'Anghad au sud, recèle les oasis dans ses vallées : c'est le Grand-Atlas. Le Grand-Atlas dirige ses eaux au sud vers le bassin central ; elles ne sont donc pas tributaires du Chott, mais du Falat.

La vaste contrée qui s'étend de la lisière du Tell au Falat constitue le Sahara algérien. La longue chaîne qui commence vers Biskara, à l'est, et se termine à Figuig, à l'ouest, chaîne qu'on doit appeler Grand-Atlas, et dont la portion que nous traverserons est connue sous le nom d'Ouled-sidi-Chicks ; cette longue chaîne, sépare le Sahara algérien en deux grandes bandes, la bande septentrionale et la bande méridionale.

Maintenant que le lecteur a la carte sous les yeux, nous pouvons avancer.

CHAPITRE III.

LE GOOR ET LE DÉSERT DES CHOTT. — DE LA LIMITE DU TELL
A LA CHAÎNE DES CHOTT.

Aïn-Sessa. — Aspect et végétation du Goor et des Chott. — Chasse aux lièvres. — Puits d'Ammann. — Meldgat-el-Nouala. — El-Hamra. — Le cheval arabe. — Sounra. — Description du bassin du Chott-el-Chergui. — Géologie. — Les phélipées.

Nous campons le 12 à Aïn-Sessa, dans le Goor, à une lieue et demie seulement de Aïn-Tamlaka. Le thermomètre a marqué 2° à quatre heures du matin, 34° au soleil dans la journée; il tombe à 11° à sept heures du soir. Aïn-Sessa est une flaque occupant le fond d'une petite ravine; elle est alimentée par une si faible source, que l'eau, absorbée par la terre, ne sort pas du réservoir pour former un ruisseau. La flaque a suffi bien juste aux besoins de la colonne, qui s'est augmentée des deux bataillons de la légion étrangère, mais avec laquelle les quatre escadrons de cavalerie n'ont pas encore fait jonction.

13 avril.

Nous quittons Aïn-Sessa à une heure après midi. Température : 4° à cinq heures du matin, 32° à une heure, 11° à neuf heures du soir. Nous ne faisons que trois ou quatre lieues et nous campons en plein désert, sans eau. On distribue un litre et demi d'eau par homme, mais les animaux n'en reçoivent pas.

Nous avons rencontré en route et nous trouvons encore ici un peu de sauge frutescente sur les petits plateaux ; mais cette plante aromatique ne croît plus au delà de notre bivouac. Celui-ci se trouve à peu près sur la ligne de partage des eaux, c'est-à-dire sur l'arête qui sépare le Goor des Chott. Nous pouvons donc jeter un coup d'œil sur ces plaines, pour en déterminer l'aspect général et en caractériser la végétation.

Sur les plateaux intérieurs de tous les continents, il existe de vastes plaines peu accidentées, dans lesquelles règnent le silence et la solitude. Le Brésil a ses Campos, le Paraguay ses Pampas, la Colombie ses Llanos, l'Asie ses Steppes, l'Europe ses Bruyères, l'Algérie les Chott et le Sahara. Mais les déserts africains ne sont pas aussi élevés au-dessus du niveau de la mer, que les plaines centrales de l'Asie et même de beaucoup de points de l'Amérique. Ainsi, Sebdou étant situé à 600 mètres au-dessus de la Méditerranée, j'estime que le fond du bassin des Chott n'a pas 200 mètres de plus, ce qui donnerait moins de 800 mètres d'altitude. Nous verrons plus tard que le Falat est une véritable excavation creusée dans le centre du continent [1].

Dans la saison des pluies, les plaines du Nouveau-Monde se couvrent d'un riche tapis de verdure et de fleurs, qui se fanent et périssent sous les ardeurs de l'été, et laissent à nu un sol poudreux qu'effleure, sur son char attelé de bœufs

[1] Nous avons été réduit à déterminer approximativement l'altitude des différents lieux et points culminants, n'ayant pu nous procurer un baromètre dans tout Tlemcen, et la difficulté des communications avec Oran s'étant opposée à ce que nous en fissions venir un de cette ville. Il en résulte une lacune bien regrettable dans la partie météorologique de notre expédition.

rapides, le voyageur qui fuit le tourbillon et se hâte de gagner la posada. Le Goor et les Chott ne se parent point, pendant l'hivernage, d'une robe aussi riante : la chiah et le halfa deviennent plus verts; quelques pauvres fleurs, quelques brins d'herbe croissent épars; mais il y a loin de là à un pâturage abondamment fourni. Plus au sud, dans la zone des oasis, on trouve quelques plaines qui, semblables en cela aux solitudes américaines, deviennent presque de véritables prairies, quand l'hiver les rafraîchit par ses pluies; les Arabes les appellent kifar et y mènent leurs troupeaux. Le Goor de Sebdou et les vallées que nous avons parcourues en quittant l'oasis de S'fissifa, sont de vrais kifar.

Sous la longitude de Daya, le Goor et les Chott présentent les mêmes caractères; aussi les comprendrons-nous dans une seule description.

Leur aspect serre le cœur et attriste comme celui du grand désert; mais il n'a point la majesté du Falat. Les montuosités qui accidentent la surface, arrêtent la vue et rapprochent ainsi les bornes de l'horizon. On ne trouve point ces teintes étincelantes et chaudes qui brûlent la terre et les cieux, ni ces plages sans bornes qui rappellent l'immensité de l'Océan, ni ces perspectives aériennes infinies qui font la nature si grande et l'homme si petit. Aucune oasis n'égaie la nudité monotone des Chott; aucun palmier n'y balance son élégant panache; aucun pré n'y étale ses vertes pelouses autour d'une fontaine : la terre est mate et sans reflets, et l'on cherche en vain ces vastes nappes de sable brûlant qui semblent pétiller, dans le Falat, comme d'immenses fournaises. L'ardente tempête a perdu ses grandes terreurs; le mirage, dépouillé de ses fantasmagoriques images, n'offre plus que les vulgaires illusions de lacs, dans le miroir desquels ne se reflète aucune mosquée, aucun bosquet. Quelquefois pourtant un beau coucher du soleil illumine le désert de ses rougeâtres clartés : l'horizon en feu s'éloigne et grandit dans le vague du soir, la vapeur confond avec le ciel le contour des montagnes; l'astre se couche derrière les crêtes vermeilles, et la pâle étoile, œil des nuits, argente la solitude qui dort dans un calme solennel. Le regard se reporte des splendeurs de la terre aux splendeurs des cieux, et la magnificence de la création fait rêver à la puissance de son maître.

Aucun arbre, aucun buisson, aucun rocher n'accidente la surface des Chott. L'uniformité serait entière et générale si les trois espèces de végétaux qui se partagent seules tous les terrains, n'offraient des teintes différentes. Les champs de halfa sont d'un vert jaunâtre; la chiah a des reflets violacés; les espaces occupés par le seunra sont glacés d'un blanc grisâtre qui adoucit leur verdure. De loin, toutes ces nuances se confondent en une seule, et quand la plaine n'est pas diaprée par des groupes de chameaux paissant sous la conduite d'Arabes drapés dans leurs lambeaux de laine blanche ou brune, l'œil inoccupé est réduit à suivre mélancoliquement sur la terre l'ombre errante des nuages qui passent devant le soleil.

Le sol est à peu près partout calcaire. De petites pierres blanches assez fragiles, dont la surface s'écaille sous l'action des agents atmosphériques, parsèment la terre sablonneuse, mais ferme et comme tassée et aplanie; de grandes lames de roche s'étendent en stratifications souterraines, et leur dur contact émousse les piquets qu'on essaie de planter pour assujettir sa tente.

Lorsque l'on campe dans le Tell, sitôt que la nuit est noire et que les feux du bivouac commencent à pâlir, on entend un aboiement auquel répondent bientôt mille cris partant de tous les points de l'horizon : ce sont des troupes de chacals qui sortent de leurs repaires et se précipitent sur les restes des bêtes qu'on a abattues, près du camp, pour les besoins de la colonne. Mais deux ou trois hurlements, qui ressemblent à une plainte, annoncent qu'une hyène a paru, et le troupeau craintif des chacals abandonne la place; puis, quelquefois, les hyènes elles-mêmes se retirent précipitamment, les chiens se cachent entre les jambes de leurs maîtres, les chevaux tremblent et frémissent, le troupeau s'agite et se serre en masse compacte : c'est le roi des animaux qui passe, et son long rugissement retentit seul dans le silence de la nuit.

Dans les Chott on n'a plus même ces émotions; le lièvre, l'antilope et l'autruche ont remplacé les animaux féroces, devenus très-rares : quand on a bouclé et agrafé sa tente, on s'étend sur son étroite couche, et l'on s'endort au milieu d'un calme profond qui n'est troublé que par le bruit sourd des pas des sentinelles.

Le halfa, la chiah et la seunra, mêlés d'un peu de gramen, peuplent seuls le Goor et les Chott. Chaque plante a son siége affectionné qu'elle occupe à l'exclusion des autres. Jamais le terrain ne disparaît sous leur verdure; les touffes sont clair-semées comme des points glauques éparpillés sur l'espace fauve.

Le halfa croît sur les hauteurs; la chiah sur les points intermédiaires aux lieux que recherche le halfa et aux parties déclives où verdissent les gramen et la seunra. C'est là une règle générale à laquelle on trouve peu d'exceptions. Il est très-remarquable de voir des gerbes de halfa s'étaler sur de légères élévations de quelques décimètres seulement, surgissant au milieu d'un plateau habité exclusivement par la chiah; et de rencontrer, à quelques pas, de la seunra et des gramen confinés dans une dépression d'une insignifiante profondeur. Quand un petit vallon ou un thalweg sillonnent les terres, ou quand celles-ci se dépriment de manière à former un enfoncement marqué, la végétation s'enrichit d'autres espèces qui doivent être regardées comme exceptionnelles, car elles n'existent qu'en faible quantité et dans des lieux restreints, tandis que les trois premières sont partout répandues. Nous parlerons de la flore des bas-fonds, à propos du grand thalweg d'Ammann.

Le halfa (*stipa tenacissima* de Desfontaines) croît en gerbes très-serrées et le plus souvent isolées les unes des autres. Ses feuilles rondes et aiguillées, longues et tenaces, forment comme autant de fibres textiles qui servent aux indigènes pour fabriquer des cordes, des nattes, des paniers. Desfontaines, savant médecin et naturaliste qui a parcouru les États barbaresques à la fin du dernier siècle, et auquel on doit la *flora atlantica,* a fait les mêmes remarques à propos de la plante dont nous parlons : « *Denso cœspite crescit. Ex foliis funes et tapetes conficiunt incolæ.* » Il aurait pu en dire autant du dis (*festuca patula*), herbe si commune dans les montagnes du Tell, mais qui disparaît, en même temps que les chênes verts, à la frontière du Goor. Les touffes denses et fourrées du halfa s'élèvent jusqu'à 1 mètre ou 1 mètre et demi, et forment comme autant de petits monticules sur la surface plane du désert. Elles forcent le marcheur à décrire mille circuits qui le fatiguent et allongent son chemin, en l'empêchant de suivre la ligne droite. Les gerbes du halfa présentent une particularité qui mérite d'être notée. Les feuilles inférieures, étouffées par la masse de celles qui les surmontent, meurent et se dessèchent, et leur détritus finit par former un amoncellement de terreau soutenu et lié par les mailles des racines qui le pénètrent en tous sens. C'est au sommet de cette petite élévation que s'épanouit la gerbe. On voit en certains endroits, entre autres dans le Tell, sur les pentes que les eaux torrentielles balaient, le lacis formé par les racines profondes du halfa et du dis, retenir assez fortement les terres entre leur réseau, pour que celles-ci résistent aux courants qui fouillent et rongent le sol autour des plantes. Il en résulte que les touffes isolées ou groupées sont bientôt perchées sur des tertres à peu près taillés à pic, et forment ainsi, pendant l'hiver, autant d'îlots baignés par les eaux qui glissent sur les flancs de la montagne.

Les chevaux mangent avec assez de plaisir les sommités fleuries du halfa ainsi que l'extrémité inférieure de la tige. Cette partie de la plante plonge dans le terreau; elle est blanche, tendre et sucrée; on la dégage facilement en tirant sur les chaumes qui portent des fleurs. Quand nous faisions une halte dans un lieu bien fourni de halfa, les Arabes de notre suite ne manquaient pas d'éplucher, brin par brin, les plus belles touffes, et d'amasser ainsi une petite provision pour leurs chevaux. Quand la faim pressait le maître, il suçait lui-même l'extrémité blanche, comme on rogne la tête d'une asperge.

D'après quelques renseignements, il existe une petite espèce de halfa que les Arabes nomment gueddin; mais les primitifs botanistes du désert n'ont pu nous faire saisir les différences qui séparent les deux espèces. Quelques autres tolba (pluriel de taleb, savant, lettré) nous ont assuré que le gueddin n'est pas une variété plus humble du halfa, mais qu'on doit entendre par ce mot l'extrémité blanche et comestible dont nous avons parlé.

Une multitude de lièvres se créent, se creusent pour ainsi dire, un réduit dans la base des touffes du halfa. Habitués à la paix profonde du désert et ignorant nos instincts destructeurs, ils sont plus étonnés qu'effrayés du tumulte de la colonne en marche. Ils restent immobiles dans leur trou, et l'on frôle leur demeure sans les apercevoir; mais, quand un chien vient à les découvrir, quand un homme ou une bête de somme les heurtent du pied, ils se précipitent hors de leur retraite et prennent la fuite. Si le lièvre effrayé se jette sur les lignes de la colonne, un hourra, poussé par ceux qui l'aperçoivent les premiers, avertit la compagnie entre les files de laquelle il tente de s'échapper. On le suit des yeux, on se masse sur son passage, et s'il s'engage dans la compagnie, il tombe bientôt foulé aux pieds et meurtri par les bâtons de tentes ou les crosses de fusils. Mais, comme bien des pieds l'ont foulé, comme bien des bâtons l'ont assommé, on se dispute à qui restera maître de la chasse; chacun tire et arrache de son côté; enfin, celui qui a le plus contribué à abattre l'animal, parvient à se faire reconnaître, et étale triomphalement son trophée derrière son sac. L'escouade tout entière partagera, au repos du soir, la prise du vainqueur; à moins que celui-ci, plus ami de son bien-être que désireux de celui de ses camarades, ne cherche à vendre sa chasse à quelque officier dont la table n'est pas garnie de gibier.

Le lièvre ne donne pas toujours au milieu du bataillon; souvent il s'arrête devant la ligne et rebrousse chemin; mais, dans presque tous les sens où le portent les zigzags de sa course éperdue, il rencontre des groupes ou des hommes isolés qui le font de nouveau changer de direction. On s'éparpille pour le cerner, on l'entoure bientôt, le cercle se resserre, l'étreint, et on se précipite sur le pauvre animal. S'il échappe à tous ces dangers, il a encore à traverser les flancs de la colonne peuplés de nombreux Arabes conduisant les chameaux ou poussant le troupeau. Les Arabes ont un talent tout particulier pour lui lancer leurs bâtons dans les pattes : l'animal hésite; un second bâton arrive et le fait tomber.

Nos chasses au lièvre dans le désert étaient réellement princières; nous prenions jusqu'à trois cents lièvres dans un jour. Mais les véritables chasseurs, c'est-à-dire ces excellentes gens qui s'inquiètent moins du nombre de pièces qu'on a tuées que de la manière dont on y est parvenu, et qui préfèrent un beau coup de fusil à un coup de fusil productif, oh! les véritables chasseurs étaient au désespoir. Leur inutile fusil meurtrissait en vain leur épaule toute la journée; s'il s'abaissait quelquefois en résonnant, il reprenait aussitôt sa place sur l'épaule, parce que le digne chasseur avait honte de tirer sur un malheureux lièvre à moitié rompu, ou parce que les soldats qui l'entouraient lui faisaient craindre d'égarer ses plombs dans des cuisses humaines. Le fusil était vaincu par le bâton! J'ai joui, avec un plaisir un peu cruel, je l'avoue, des plaisants petits dépits de plus d'un chasseur qui m'avait maintes fois ennuyé de ses sempiternelles histoires.

Nous n'avons pas vu la chiah en fleurs, mais nous pensons que c'est l'*artemisia odoratissima*. On la désigne communément sous le nom de thym; il est évident qu'il y a là grave erreur, puisqu'elle n'appartient pas même à la famille de cette dernière plante. Sa feuille, froissée entre les doigts, exhale une odeur pénétrante qui rappelle la térébenthine. Cet âcre parfum se répand quelquefois, sans qu'on malaxe la plante, au point d'incommoder et de produire des maux de tête. La chiah est une précieuse ressource dans le désert : sa racine sert comme bois de chauffage et sa feuille est broutée par les chevaux, qui finissent par la manger sans répugnance, quand les autres espèces plus aimées leur font défaut; elle les échauffe néanmoins et les irrite légèrement. La fumée de la chiah affecte singulièrement l'organe de la vision. Au commencement de 1846, la colonne du général de Lamoricière fut assaillie, du côté de Frenda, par une pluie si abondante et si glacée, qu'on ne pouvait faire du feu en plein air. Le général permit d'en allumer sous l'abri des tentes; mais celles-ci se remplirent bientôt d'une fumée piquante et corrosive qui aveugla beaucoup de monde. Le lendemain on voyait, derrière chaque bataillon, huit ou dix hommes affectés de cécité s'accrocher aux bâtons que leur tendaient des camarades valides. Leur affection fut heureusement de courte durée.

Sur la chiah se développent souvent des excroissances dont la formation est probablement due à des insectes, comme cela arrive pour les noix de galle qui bourgeonnent sur certains chênes. Ce sont de petites boules qui ne dépassent pas une noisette en grosseur; elles sont molles, spongieuses, tomenteuses; leur intérieur est d'un vert clair, leur surface a la blancheur et l'aspect du coton. Les Arabes récoltent ces excroissances, les exposent au soleil, et les vendent ensuite sous le nom de *teum*. Arrivées à complète dessiccation, ces boulettes prennent feu très-facilement; c'est l'amadou du désert [1].

[1] Ce paragraphe est extrait du journal de l'expédition, publié, sous notre direction, dans l'*Écho d'Oran* (voyez le numéro du 26 juin 1847). Depuis cette époque,

Les touffes d'herbe isolées et maigres que l'on trouve dans les lieux déclives du Goor de Daya, deviennent de plus en plus rares, à mesure qu'on s'engage dans les Chott; elles sont remplacées d'abord par une seunra de petite espèce, à laquelle se substitue bientôt, en avançant vers le sud, la grande seunra, que nous désignerons désormais par le substantif sans lui accoler l'épithète. Cette plante commence à paraître dans le thalweg d'Ammann, et occupe ensuite tous les lieux déprimés du désert ainsi que le bord des oued, dans la zone des oasis. C'est une herbe qui croît en touffes qui, serrées et rétrécies au sortir de terre, s'épanouissent ensuite en gerbes de feuilles plus grêles, plus fines, plus arrondies que celles du halfa. L'inflorescence de la seunra ne s'éparpille pas en panicule comme celle du halfa; la fleur, solitaire et terminale, est enveloppée dans une spathe qui l'enferme comme un cornet dont l'extrémité aiguë serait tournée en haut. Les chevaux mangent les fleurs et le bout des feuilles, mais seulement quand la faim les presse : ils préfèrent les panicules du halfa.

De temps en temps, parmi ces trois plantes, reines despotiques de la végétation du désert, se hasardent quelques petits tapis d'une herbe terminée en épis, que les chevaux tondent avec avidité : nous pensons que c'est le *stipa phleoï-*

---

le savant chirurgien en chef de l'armée d'Afrique a envoyé une note à l'Institut, sur ce produit des artemisia (séance du 17 juillet 1848), qu'il considère non comme une excroissance accidentelle, mais comme un produit naturel, une sorte de duvet. Nous ne savons de quel côté est la vérité ; mais nous ferons observer que, dans notre course au désert, nous n'avons guère rencontré qu'une boulette sur cinq à huit plantes de chiah, ce qui nous paraît fort peu pour un produit normal. Ces boulettes étaient parfaitement développées; on ne peut donc pas dire que nous n'avions pas encore atteint l'époque où elles croissent sur les plantes. — L'amadou du désert est appelé caho, d'après M. Guyon. Son nom varie donc selon les provinces.

des; elle croît surtout dans le lit desséché des redirs. On rencontre aussi quelques *cistus* herbacés étalant les cinq pétales de leurs jolies fleurs roses ou blanches, des centaurées et quelques crucifères blanches ou jaunes. On ne trouve plus guère, quand on a quitté le Goor, la petite tulipe jaune, ni l'asphodèle acaule, ni ces *astragalus* roses, blancs ou jaunes qui semblent un beau bouquet d'acacia que le vent aurait arraché de l'arbre et jeté sur la terre.

Depuis notre retour du désert, nous avons rencontré la chiah et la seunra de petite espèce sur quelques-unes des crêtes qui dominent le cours de l'Oued-Isser, à une étape de Tlemcen. Il est à remarquer que la seunra, amie du bord des eaux dans le désert, se perche sur les montagnes dans le Tell; mais ces sommets sont souvent aussi abreuvés d'humidité que les vallons des plaines sablonneuses du sud.

14 avril.

Nous quittons notre bivouac à cinq heures du matin. Après une heure de marche à peine, nous trouvons les ogla d'Ammann, groupe de puits dont plusieurs sont comblés en tout ou en partie. La terre dans laquelle ils sont creusés est dure, compacte, et mêlée de beaucoup de cailloux qui lui donnent une consistance semi-rocheuse (poudingue à gangue terreuse). Ils s'élargissent à partir de leur ouverture, à peu près comme des silos; ils se rétrécissent ensuite vers le niveau de l'eau. Comme ce niveau se trouve à plusieurs mètres au-dessous du sol, le génie établit deux petites norias portatives; mais leurs godets trop exigus déchargent leur eau dans un bassin qui la transmet en filet trop mince dans les bidons et les marmites des soldats accourus en masse. Ces norias sont évidemment construites sur de trop faibles proportions; plus grandes et plus solidement articulées, elles rendraient très-certainement des services, car, par ce moyen de puisement, on trouble beaucoup moins l'eau qu'en se servant de bidons suspendus à des cordes. En employant ce dernier mode, on heurte le vase contre les parois qui s'éboulent, ou bien on agite le fond du puits, et l'eau perd rapidement sa limpidité. Les norias ne furent plus guère établies pendant le reste de l'expédition.

On avait pris la précaution d'écarter la foule, et des sentinelles, placées autour des puits, ne laissaient approcher qu'un certain nombre d'hommes chargés de recevoir, au nom de leur escouade, une quantité déterminée d'eau. La prudence exigeait en effet qu'on satisfît aux premiers besoins de tous, avant de laisser chacun boire et s'approvisionner à l'aise. Malheureusement les travaux entrepris, assez mollement il est vrai, pour déblayer les puits les moins encombrés, ne furent pas suivis de résultats satisfaisants. Bientôt un seul des ogla continua à fournir une petite quantité d'eau trouble et chargée de sable; les autres étaient à sec. Les animaux ne purent boire, et les hommes furent réduits à une bien faible ration.

Les puits d'Ammann sont situés au fond d'une légère dépression de la plaine. Aucun accident prononcé dans les terrains, aucun buisson, aucune spécialité dans la flore n'en accusent l'existence. On ne voit, du sommet du petit rideau qui domine le bas-fond, que des taches rondes et obscures, indiquant l'entrée du puits; puis, autour d'elles, une zone plus claire formée par le sable que les piétinements des hommes et des chevaux ont mis à nu en détruisant la végétation qui borde les ogla.

Telle est la simplicité des puits du désert; souvent ils ne

sont pas même annoncés par ces teintes d'un vert plus vif que le voisinage de l'eau répand d'ordinaire sur la végétation. Nos grands maîtres qui ont représenté le puits de la Samaritaine et les abreuvoirs où la fille de Laban menait ses troupeaux, ont construit, d'un coup de pinceau, des monuments qui étonneraient le désert ; la simplicité patriarcale de ces premiers âges passerait pour du luxe dans la partie du Sahara que nous parcourons. Decamps lui-même, s'il consentait un beau jour à s'astreindre au strict vrai, et à nous offrir sur sa toile l'image fidèle des puits du désert, prodiguerait en vain ses lumières torrides et étincelantes, ses ombres chaudes et énergiques ; il ne pourrait que bronzer une surface plane et y semer des points de bitume ceints d'une auréole d'ocre jaune.

On rencontre ordinairement, à côté des puits, des paniers de halfa, tressés d'une manière si serrée qu'ils tiennent parfaitement l'eau ; au panier est fixée une corde de longueur suffisante pour permettre de puiser. Le voyageur qui arrive, brûlé par la soif et épuisé de fatigue, trouve ainsi l'appareil tout préparé. Pour payer à ceux qui le suivront la dette de reconnaissance qu'il a contractée envers ceux qui l'ont précédé, sitôt qu'il a bu et qu'il a pris un peu de repos, il visite soigneusement le panier et la corde, et répare leurs dégradations. Dans ces régions ingrates où l'homme a toujours besoin de l'homme, l'hospitalité s'exerce ainsi sous toutes les formes ; et c'est une véritable hospitalité de celui qui s'en va envers celui qui vient, que ce petit panier auquel boivent tous les voyageurs qui visitent les puits, et qui ne passe jamais d'une main dans une autre, sans avoir été mis en état de remplir sa destination.

Dans quelques régions du Sahara algérien, le vent du

désert roule des flots de sable qui pourraient combler les puits. Ceux-ci sont alors protégés par des espèces de couvercles faits de peaux quelquefois fixées sur des traverses en bois. Le voyageur qui a puisé a soin de remettre en place l'opercule protecteur. En certains endroits, le cheick du ksar le plus voisin est chargé de veiller à son entretien et à son renouvellement. Mais on conçoit que nous n'ayons pas trouvé toutes ces attentions sur notre route : les tribus nomades et les peuplades sédentaires auxquelles nous allions imposer notre souveraineté, nous réservaient des coups de fusil, loin de semer sur notre route les douces prévenances de l'hospitalité.

Le général Cavaignac avait retenu près de lui, dans les trois ou quatre mois qui ont précédé l'expédition, tous les Sahariens qui connaissaient la partie du désert que nous devions parcourir. Ils nous ont servi de guides pendant tout notre voyage : ils marchaient devant la colonne, sous bonne garde, et nous traçaient le chemin. Notre entreprise n'eût probablement pas été menée à si bonne fin sans leur concours : car comment trouver sa route d'après de simples indications, souvent inexactes, quelquefois mensongères? vers quel but se diriger dans cette vaste contrée sans accidents? comment découvrir des puits qui ne sont indiqués par aucun point de repaire? Les Arabes sont doués d'une habileté remarquable pour s'orienter sans boussole, pour reconnaître une trace de pas insaisissable à un œil vulgaire, pour flairer l'eau à distance et pour retrouver le chemin d'après des indications qui nous échappent. Qu'ils sont loin, ceux d'entre nous qui se décorent du titre de vieux Africains, d'avoir profité de leur long séjour pour faire l'éducation de leurs sens! En vain je cherche cette délicatesse, cette subtilité des sens, cette observation si fine et si judicieuse qui caractérisent l'enfant de la nature, et qui ont fourni à Fenimore Cooper les plus belles pages de son *Dernier des Mohicans*, son œuvre la plus originale et la plus attachante. Nos vieux Africains finissent tous comme le vieux Trappeur de *la Prairie*, sans avoir jamais été Œil-de-Faucon.

Les habitants du désert ont souvent la précaution d'entasser des monceaux de pierres en grossières pyramides, dont la saillie brusque tranche sur la croupe régulièrement arrondie des plis de terrain. Ils appellent kerkors ces signaux, usités surtout pour indiquer le gisement des puits. Nous en avons souvent rencontré dans notre voyage. La reconnaissance de son chemin dans les plaines monotones du désert n'est donc pas chose facile, malgré l'aptitude spéciale des indigènes à saisir les moindres anfractuosités, à se guider d'après une pierre ou un groupe de plantes; et il faut reléguer au nombre des fanfaronnades les assertions pareilles à celles qu'un Saharien, du district de Souf, voulait faire accepter à M. le colonel Daumas, directeur central des affaires arabes à Alger [1].

« Je passe, disait-il, pour n'avoir pas une très-bonne vue; mais je distingue une chèvre d'un mouton à un jour de marche. J'en connais qui, à trente lieues dans le désert, éventent la fumée d'une pipe ou de la viande grillée. Nous nous reconnaissons tous à la trace de nos pieds sur le sable; et, quand un étranger traverse notre territoire, nous le suivons à la piste, car pas une tribu ne marche comme une autre; une femme ne laisse pas la même empreinte qu'une vierge. Quand un lièvre nous part, nous savons à son pas

---

[1] *Le Sahara algérien*, par le colonel Daumas. 1 vol. in-8°. 1845. Page 193.

si c'est un mâle ou une femelle, et, dans ce dernier cas, si elle est pleine ou non; en voyant un noyau de datte, nous reconnaissons le dattier qui l'a produit. Je fais facilement trente lieues dans un jour, ajoutait-il. De Tougourt à Sif-Soultan, il y a loin comme de mon nez à mon oreille. » Or dix lieues séparent ces deux localités.

Après avoir été rejoints, à Ammann, par la cavalerie et par le général en chef, nous partons à une heure après midi, et nous faisons à peu près 17 kilomètres pour gagner le bivouac sans eau de Meldgat-el-Nouala. Nous suivons l'Oued-Ammann, grand thalweg à sec, peu profond d'abord, mais qui s'encaisse de plus en plus et se jette dans le Chott-el-Chergui, dont il est un des principaux affluents. Les redirs que nous trouvons à chaque instant ne doivent pas être depuis longtemps desséchés : ils sont indiqués par des nappes planes et unies formées par le sable sur lequel ont reposé les eaux : des crevasses les sillonnent dans tous les sens et laissent apercevoir la profondeur du terrain encore abreuvée d'humidité. Ces redirs, très-légèrement creusés, tranchent en jaune rougeâtre sur la verdure du vallon et sont bordés de seunra; un Arabe, qui chevauchait à mes côtés, les comparait à des plaques de corail enchâssées dans du cuivre verdi par le temps. Les coteaux qui encaissent le thalweg sont peu élevés, mais ils bornent complétement la vue; au sud, en suivant la direction de l'oued, le regard s'étend au contraire sans obstacle. Un petit affluent arrive de l'ouest et se rend dans le lit principal : c'est l'Oued-Nouala.

Le vent et la poussière ont été incommodes au commencement de la journée; le calme s'est rétabli plus tard et le ciel s'est dégagé des nuages qui le couvraient. Le thermomètre a marqué 5° à cinq heures du matin; il n'a pas dépassé 25° dans la journée ; à huit heures du soir il est descendu à 15°.

13 avril.

Nous nous dirigeons sur El-Hamra, puits situés à 8 lieues au sud de notre bivouac de la veille. La colonne suit la pente insensible de l'oued, qui devient de plus en plus semblable au lit d'une grande rivière et serpente quelquefois entre des parois abruptes de terres rougeâtres. Nous rencontrons encore des redirs à sec : c'est un groupe de ceux-ci qui a reçu le nom de Djerf-el-Rorab. La végétation, vivifiée par la fraîcheur de ces lieux, est plus variée que celle de tous les endroits que nous avons traversés depuis la lisière du Tell. La seunra domine; mais on trouve du bouillon-blanc, du réséda sauvage, des euphorbes, quelques crucifères, des composées, surtout des soucis et des centaurées, une mâche à fleurs violacées, la petite tulipe jaune, quelques buissons d'*anthillis tragacanthoïdes*, remarquables par leurs épines longues et acérées et par leur calice, renflé en forme d'un ballon donnant passage, par un goulot étroit, à une petite corolle papillonacée ; enfin l'armen, plante à fleurs blanches, à feuillage découpé et d'un vert foncé. L'armen deviendra plus commun à mesure que nous avancerons. Les Arabes lui attribuent de nombreuses propriétés médicinales : en cataplasmes cuits à la vapeur et appliqués sur le front, l'armen passe pour guérir les maux de tête; dans l'art hippiatrique on emploie sa poudre pour tuer les vers qui se développent quelquefois sur les plaies et les ulcères des chevaux. On lui accorde aussi des vertus cabalistiques : le mahométan possédé par les djinouns (démons) porte, dans un petit sachet suspendu à son cou, une pâte faite de poudre d'armen, avec laquelle on incorpore, à l'aide de l'huile, diverses substances que je n'ai pu me faire exactement indiquer. Ce précieux talisman chasse les hôtes infernaux qui ont établi leur dangereux domicile dans le corps du patient. L'armen est presque une panacée universelle, puisqu'elle chasse les démons et que, pour les Arabes, une grande partie des maladies qui affectent l'espèce humaine n'ont d'autre cause que cet envahissement de notre économie par les génies malfaisants [1].

L'Oued-Ammann s'élargit de plus en plus, de manière à s'ouvrir en entonnoir dans le bassin du Chott. Celui-ci s'étend sous nos yeux, triste, aride, désolé; le lointain est découpé par les dentelures azurées d'une petite chaîne de montagnes. Leur base semble éclairée par ces lueurs rougeâtres qui, par un orage en plein été, s'échappent entre des nuages opaques voilant la lumière du soleil ardent, et tranchent, par leurs tons éclatants, sur les ombres épaisses qui assombrissent le reste du paysage. Mais la persistance de ces lueurs sur le même point commençait à mettre notre explication en défaut, et déjà nous nous creusions la tête pour découvrir la cause de ces vives lumières, quand la tête de la colonne s'arrêta. Nous étions arrivés à El-Hamra, nombreux puits creusés à l'embouchure de l'Oued-Ammann. Autour des ogla, la végétation est plus pauvre qu'ailleurs; ils ont été, en effet, pratiqués dans une grande bande de sable qui occupe le fond de l'Oued et va se confondre avec celui qui recouvre le bassin desséché du Chott. La chiah est devenue rare; elle est remplacée par une soude.

Le thermomètre a marqué 9° à cinq heures du matin;

---

[1] Voyez Félix Jacquot, Lettres d'Afrique, in-8°; et dans la *Gazette médicale de Paris*, années 1846 et 1847. Lettres VII, VIII et IX. *De la Médecine chez les Arabes.*

dans la journée le ciel s'est couvert, et nous avons reçu une petite pluie fine tombant par intervalles. Le mercure n'a pas dépassé 12° ou 15°; il est tombé à 7° le soir.

L'eau se renouvelle facilement dans les nombreux puits de El-Hamra; mais elle est moins bonne qu'à Ammann; elle a une saveur saline prononcée; heureusement que, dans la circonstance actuelle, la qualité nous semblait moins précieuse que la quantité. N'oublions pas que, depuis Aïn-Sessa, le 12, c'est-à-dire pendant quatre jours, personne n'a pu boire à l'aise; que, dans les derniers temps, les hommes ont été réduits au strict nécessaire, et que les chevaux et les bêtes de somme n'ont reçu qu'une quantité d'eau tout à fait insuffisante pour leur vaste estomac et leur puissante absorption. En arrivant à El-Hamra, chacun se rua sur les puits, dans la crainte de les voir se tarir bientôt, comme ceux d'Ammann; mais le fond des ogla contenait encore un peu de liquide le soir, et, le lendemain matin, l'eau avait repris son premier niveau, grâce aux sources nombreuses qui jaillissaient de toutes parts des parois crevassées.

Dans le milieu de notre journée de marche, à la grande halte, mon cheval était si altéré qu'il léchait avidement le fond des gamelles restées par terre, et promenait sa langue avec fureur sur les toiles hydrofuges dont le train des équipages recouvre les objets qu'il transporte : la pauvre bête cherchait à se rafraîchir avec quelques gouttes d'eau formées par la pluie fine qui tombait alors. En arrivant à El-Hamra, je le débridai, selon mon habitude, pour qu'il pût tondre les plantes qui se trouvaient aux environs de mon bagage. Ordinairement il se met de tout cœur à la besogne, dévore la première touffe qu'il rencontre, et ne passe à la suivante que lorsqu'il ne reste plus rien de la première. Il ne songe ni à chercher chicane à ses voisins, ni à gagner le large pour s'ébattre à l'aise; puis, quand il a fait disparaître les herbes qui croissent autour de la tente qu'on dresse, il arrive présenter son cou à l'attache, ferme les yeux et sommeille un instant en attendant qu'il plaise de lui servir l'orge. Mais à peine l'eus-je débridé à El-Hamra, qu'il donna un formel démenti à sa vieille réputation de bonne et pacifique nature : le voilà qui lève fièrement la tête, comme s'il sentait une jument, et montre ses dents en retroussant sa lèvre supérieure; il hennit, secoue sa crinière et s'enfuit au galop. Il se précipite vers les puits et se fait place, à coups de tête, parmi les hommes qui les entourent : il veut boire à toute force; mais l'eau est profonde et il ne peut l'atteindre : alors il flaire les bidons que les soldats ont déjà remplis; malheureusement, hélas! leur goulot est si étroit que le pauvre animal est réduit au rôle piteux du renard dînant, ou plutôt essayant de dîner, chez sa rusée commère la cigogne.

On connaît l'attachement de l'Arabe pour son coursier : ce sont deux existences liées ensemble par la communauté de joies et de peines, de richesse et de pauvreté, de loisirs et de travaux. Quand l'abondance règne sur la table du maître, l'orge est largement versée au serviteur; et lorsqu'un jour de fête égaie la maison, le cheval, qui est de la famille aussi, a sa part du festin dans sa musette plus remplie que de coutume. Au désert, l'Arabe n'a d'autre abri, dans son sommeil, que le corps de son coursier; d'autre ombre, sous les rayons du midi, que l'ombre de son coursier. Quand la chance des combats est contraire, le cheval sauve le cavalier par sa vitesse, ou bien il l'arrache à la mort par une marche forcée, quand le puits espéré est envahi par les sables; mais si le coursier succombe sous les fatigues et le souffle de la tempête, son maître le rappelle à la vie en lui frottant les naseaux avec le peu d'eau qui reste dans la peau de bouc pendue à l'arçon. S'ils vivent ensemble presque de la même vie et des mêmes émotions, ils meurent aussi quelquefois ensemble, dans le désert, et le sable les recouvre tous deux comme un linceul commun.

En partageant la vie de l'Arabe, j'ai souvent ressenti les mêmes passions : comme lui, j'avais de l'attachement, l'avouerai-je, presque de l'amitié, pour mon inséparable compagnon de voyage. Pendant plusieurs années, nous avons parcouru, toujours unis, les montagnes et les plaines, les terres cultivées et les plages du désert; c'est lui qui me portait pacifiquement quand j'allais dans les tribus donner aux malades les secours de mon art ; c'est lui qui se redressait fièrement, la crinière hérissée, les naseaux béants et l'œil en feu, quand les balles de l'ennemi sifflaient autour de nous; aussi je pense quelquefois à lui, comme on pense à un vieil ami absent..... Je le vois encore, si tranquille et si patient quand nous suivions pas à pas la marche lente de l'infanterie; si ardent, si rapide quand nous poussions une course à travers les buissons et les rochers, qu'il franchissait d'un bond ou qu'il savait éviter, même au milieu de sa plus grande vitesse, en décrivant de nombreux circuits, pareils aux mobiles anneaux que l'anguille trace sur l'herbe. Je trouvais dans ses mœurs, dans ses allures, dans son obéissance habituelle coupée de petites colères si vives et si courtes, et jusque dans sa longue crinière en désordre et dans sa queue flottante, partout je trouvais quelque chose de la sauvage poésie de cette nature africaine qui a pour moi de si puissants attraits.

Peu de temps après mon départ de l'Algérie, il est mort,

mon fidèle compagnon, mort de la façon la plus vulgaire, dans une ville, dans une écurie... Mon imagination rêvait pourtant une autre fin pour lui, et creusait sa tombe dans le sable du désert, au pied d'une roche ignorée, ou bien à l'ombre d'une touffe de retem battue par les vents et fouettée par les brûlantes poussières du Sahara ; mais ce prestige a manqué à sa mort, et je n'ai pu lui dire adieu avec ces vers du poëte :

« Ce noble ami plus léger que les vents,
Il dort couché sous les sables mouvants. »

(Millevoye, *L'Arabe au tombeau de son coursier*.)

16 avril.

Des ogla de El-Amra à ceux de Sounra ou Sounghra, il n'y a que deux lieues et demie, que nous franchissons assez lestement, quoique la marche soit un peu retardée par le sable dans lequel les pieds s'enfoncent à chaque pas Nous n'avons vu nulle part la seunra croître en touffes aussi grandes et aussi épaisses que dans notre camp d'aujourd'hui. Les puits sont nombreux, et l'eau s'y renouvelle avec assez de rapidité pour qu'elle puisse suffire aux exigences d'un corps d'armée. Sa saveur, un peu salée, rappelle les eaux de El-Amra. Une analyse qualitative, que nous avons faite sur place, avec notre collègue le docteur Lapeyre, a décelé : du chlorure de sodium ou sel commun en abondance, du sulfate et du carbonate de chaux, enfin des sels purgatifs de magnésie et de soude. On sait que ces derniers sels sont journellement employés en médecine, mais le sel commun est également laxatif lorsqu'on le donne à certaine dose ; il ne faut donc pas s'étonner que ces eaux purgent une partie des personnes qui en font usage. La grande quantité de sulfate et de carbonate calcaires les rend lourdes à l'estomac, et empêche la parfaite coction des légumes ainsi que la complète dissolution du savon. C'est le sulfate de chaux qu'on a accusé, dans ces derniers temps, de produire les accidents qu'on attribuait jadis aux eaux séléniteuses en général, accidents, du reste, exagérés par les auteurs. Quoi qu'il en soit, toujours est-il que les populations qui feraient habituellement usage de ces eaux en seraient fâcheusement influencées.

En allant de El-Amra à Sounra, on trouve quelques puits sur le bord des chemins ; ils sont creusés dans une terre rougeâtre fort dure. Nous avons laissé à droite Bou-Guern, puits très-nombreux et très-abondants, dont on dit l'eau meilleure que celle d'El-Amra et de Sounra. Nous y avons envoyé boire les chameaux et les troupeaux. Bou-Guern est situé à l'embouchure d'un oued, alors à sec, qui se jette sur la côte occidentale des Chott ; l'eau n'y tarit à aucune époque de l'année. Si jamais nous formons un établissement, un comptoir, une échelle commerciale dans le désert des Chott, Bou-Guern se recommande non-seulement à cause de l'abondance de ses eaux, mais aussi par sa position sur l'isthme qui sépare les deux Chott.

Observations : 0° à cinq heures du matin, rosée abondante ; 9° à huit heures : le ciel est couvert ; mais il se dégage vers midi et se voile ensuite de nouveau pour le reste de la journée ; 32°, maximum au soleil, n'a duré qu'un instant. Nous avions 10° à six heures du soir.

Les Chott sont deux vastes bassins creusés dans les plateaux intérieurs ; ceux-ci présentent tout à coup une chute de terrain à peu près verticale, profonde de 10 à 20 mètres, circonscrivant ces bassins d'une manière si franche et si nette, que la perte de substance peut être comparée à celle qui résulte de l'action d'un emporte-pièce. Il y a deux Chott, le Chott-el-Chergui, ou de l'est, et le Chott-el-Garbi, ou de l'ouest : ils ont à peu près 10 kilomètres de largeur moyenne. La carte si remarquable du Sahara algérien, par le colonel Daumas, ne donne pas moins de 14 myriamètres de longueur au Chott-el-Garbi, et de 20 au Chott de l'est que nous visitons aujourd'hui. Leur grand axe est parallèle à la lisière du Tell, à la chaîne des Chott et à celle des oasis. On compte à peu près un jour de marche, c'est-à-dire de neuf à dix lieues, entre les deux pointes correspondantes des Chott, pointes orientale du Garbi et occidentale du Chergui. Lorsque, pendant l'hiver, les bassins contiennent de l'eau ou que leur sol est défoncé, il faut nécessairement passer par cette espèce d'isthme ; mais, pendant l'été, on peut abréger son chemin en les traversant.

Un vaste champ est ouvert à la discussion géologique à propos des excavations des Chott. Les principaux points à déterminer sont ceux-ci : 1° comment se sont formés les grands bassins généraux qu'on trouve de la lisière du Tell au Sahara central, et comment les lacs des Chott, en particulier, ont-ils pu se creuser avec leurs falaises escarpées ? 2° Ces lacs contenaient-ils autrefois de l'eau en permanence ? 3° A quoi doit-on attribuer la salure de leurs eaux ? Nous allons tâcher d'esquisser en quelques mots une réponse à chacune de ces questions.

Il est difficile de ne pas admettre qu'à une époque géologique très-reculée, bien avant les temps historiques, le Tell et le Sahara algérien n'aient surgi du sein des mers, soulevés par la force expansive du foyer igné qui occupe le centre du globe. Comme nous le verrons plus tard, le

Falat ou désert central pourrait bien avoir été produit par un soulèvement postérieur ; et le tremblement de terre qui, au rapport de Diodore de Sicile, aurait fait disparaître le lac des Hespérides, ne serait peut-être que l'énorme boursouflure de la croûte terrestre qui a fait écouler les eaux couvrant alors l'espace qu'occupent aujourd'hui les plaines arides du Falat.

Quoi qu'il en soit sur ce dernier point, on peut admettre qu'un grand soulèvement a eu lieu, depuis les bords actuels de la Méditerranée jusqu'aux confins du Falat, soulèvement qui a procédé, comme cela se voit si souvent, sous forme d'espèces de fusées souterraines courant à peu près parallèlement entre elles, et produisant ainsi de larges ondulations sur l'écorce terrestre. Dans la province d'Oran, ces ondulations ont un parallélisme très-remarquable : ainsi la chaîne limitrophe du Tell et du Goor, les bassins du Chott, la chaîne des Chott, le désert qui s'étend entre celle-ci et les montagnes des Ouled-Sidi-Chicks, enfin ces dernières montagnes elles-mêmes, forment invariablement des bandes allongées du S.-O. au N.-E. Ces mêmes grandes dispositions s'observent encore sous les méridiens de la province d'Alger ; mais, sous ceux de la province de Constantine, les bassins s'arrondissent et ne s'offrent plus sous forme de longs sillons : tels paraissent être les bassins groupés entre 2° 3' et 5° longitude E., et 32° 20' jusqu'à 34° latitude nord, dans le Sahara algérien, bassins fermés qui se rapprochent plus ou moins de la forme circulaire.

Après ces soulèvements « la mer couvrait le terrain, dit le général Marey [1], puisqu'on trouve sur celui-ci des co-

---

[1] Voyez le remarquable rapport du général Marey-Monge, intitulé *Expédition de Laghouat*, in-8°. Alger, 1846.

quillages marins. Dans les bassins qui aboutissent à la côte, l'eau se sera rendue à la mer; dans les bassins sans issue à la côte, l'eau se sera concentrée en se retirant peu à peu dans les parties basses, où tout le sel qu'elle contenait se sera condensé. »

Mais, avant d'aller plus loin, qu'on nous permette une comparaison bien simple qui fera parfaitement comprendre aux personnes qui ne sont pas très-familiarisées avec les études géologiques, ce que c'est qu'un soulèvement et comment celui-ci a pu donner lieu à nos bassins intérieurs.

Soit une toile imperméable tenue par les quatre coins et déprimée au milieu de manière à former une cavité; on la remplit d'eau : elle représente la mer. Un certain nombre d'individus appliquent leurs mains sous la toile et en repoussent ainsi certaines parties au-dessus du niveau de l'eau : c'est le soulèvement. L'eau qui recouvrait les parties maintenant saillantes s'écoule de tous côtés : voilà les eaux chassées des terres soulevées et retombant dans la mer. Mais les anfractuosités comprises entre les mains qui repoussent la toile conservent aussi quelques flaques d'eau qui représentent nos bassins intérieurs.

L'eau a dû nécessairement se concentrer dans la partie la plus déclive des bassins sans issue, et a formé autant de mers intérieures ou de lacs salés qui n'existent plus aujourd'hui.

Voyons d'abord quel est l'état actuel des choses, puis nous rechercherons les causes qui ont amené ces changements.

Or, autant que nous avons pu en juger, le lit du Chott-el-Chergui doit-être à peu près entièrement couvert d'eau quand les pluies d'hiver précipitent des flots tumultueux dans les thalweg qui se rendent dans les bassins. Nous verrons plus tard que le fond du Chott de l'ouest semble, au contraire, être parsemé de nombreux îlots, même à l'époque où ses eaux ont atteint leur maximum d'élévation. Au printemps, la nappe disparaît entièrement sous la double influence de l'évaporation par le soleil et de l'infiltration dans la terre; le sable alors se montre à nu, humide et presque boueux en certains endroits, tout à fait sec ailleurs, et presque partout scintillant de lamelles de talc et de cristaux de chlorure de sodium.

Pourquoi les petites mers ou lacs intérieurs dont les eaux séjournaient probablement en toute saison, dès l'origine, au fond des bassins fermés, pourquoi ces mers ou lacs intérieurs n'ont-ils pas persisté? La raison en est bien simple. Ces masses d'eau, distraites du réservoir commun, égarées dans les terres, pour ainsi dire, ont formé un système à part, sujet à des causes d'épuisement et d'amoindrissement qui ont dû les tarir peu à peu, puisque ces pertes n'étaient point compensées par une réparation suffisante. Les causes de destruction sont l'infiltration dans le sol et l'évaporation, contre lesquelles n'ont pu lutter les faibles tributs qui alimentaient les lacs. En effet, ceux-ci sont réduits aux torrents passagers qui conduisent dans les bassins les eaux pluviales de l'hiver; pendant tout l'été et durant une partie de l'automne et du printemps, c'est-à-dire à l'époque de la plus active évaporation, aucun tribut ne vient compenser les pertes incessantes.

Les eaux qui couvraient dans l'origine les bassins intérieurs ont graduellement disparu; mais le sel qu'elles tenaient en dissolution s'est peu à peu déposé, et il forme actuellement, ici, des couches mêlées de sable et quelquefois tout à fait recouvertes par les matériaux terreux que les torrents ont accumulés dans le bas-fond ; là des cristaux qui brillent à la surface du sol ; ailleurs des masses salines véritablement colossales. Près du lac Zarhz, par 35° latitude nord et 20' longitude est, la colonne du général Marey a trouvé une montagne de chlorure de sodium, qui a environ une lieue carrée de base sur 200 mètres de hauteur.

La quantité de sel déposé dans les endroits les plus déclives a dû s'augmenter pendant quelque temps ; en effet, les eaux pluviales ne se rendaient dans le bassin qu'après avoir balayé les terres naguère couvertes par la mer et présentant en conséquence des particules salines que les torrents dissolvaient en passant.

Les eaux pluviales, avant de se verser dans les Chott, se résument aujourd'hui en torrents qui sont peu ou pas salés ; elles acquièrent leur salure en séjournant dans ces bassins, comme cela arrive aussi en plusieurs autres endroits de la province d'Oran, par exemple dans le Sebgha, grand lac salé, à sec pendant l'été, dont la pointe orientale commence à peu de distance de la ville que nous venons de nommer. Les causes qui produisent la salure des eaux résident donc dans les cristaux de sel commun contenus dans le sol des lacs ; or, ces causes ne s'usant pas avec le temps, leur effet doit conséquemment se perpétuer. Il n'y a aucune raison pour qu'elles s'épuisent et disparaissent : l'évaporation n'enlève que l'eau et laisse le sel ; et comme les torrents qui se jettent dans le Chott meurent dans son sein, il s'ensuit que les mêmes sels passent perpétuellement et alternativement de l'état de dissolution à la solidification, sans jamais sortir de ces bassins privés d'issue.

Le Sebgha d'Oran est un vaste lit sablonneux à peine

creusé au-dessous du niveau de la plaine qui lui charrie ses eaux, car ses bords, taillés en pente très-douce et graduelle jusqu'à la partie centrale la plus déclive, ne dépassent pas le niveau de celle-ci de plus de quelques mètres. Les eaux, après le soulèvement qui a produit les bassins fermés de l'intérieur, se sont réfugiées et concentrées dans le fond de ces bassins; là elles ont dû se comporter à peu près comme au Sebgha et laisser un lit à berges peu prononcées. On ne concevrait pas comment elles eussent pu se creuser des bassins comme ceux des Chott, véritables crevasses aux parois profondes et verticales. Les Chott ont été formés, créés de toutes pièces par un brusque déchirement qui a accompagné le soulèvement général; ils ne proviennent pas d'un travail successif des eaux, ils se sont ouverts soudainement au milieu du cataclysme.

On sait, surtout depuis les travaux de Léopold de Buch [1], ce qu'on doit entendre par *cratère de soulèvement*, mot qui n'implique en aucune façon une bouche ignivome. Que la force centrifuge des vapeurs contenues dans le foyer intérieur du globe, fasse saillir une nouvelle montagne sur la surface de la terre, comme le Monte-Nuovo qui s'éleva brusquement le 19 septembre 1538, il pourra arriver que la partie de l'écorce terrestre soulevée se prêtera à la distension sans se briser; mais souvent aussi la cohésion de la masse est détruite, et il se produit une rupture telle que la montagne est creusée, vers son centre, en entonnoir, en cirque, en cratère dont le pourtour forme une margelle continue ou échancrée. On trouve des cratères de soulèvement aux

---

[1] Léopold de Buch, *Description physique des Canaries*; et surtout *Sur les cratères de soulèvement et les volcans*, dans les *Annales de Goggendorff*, tome XXXVI.

Açores, aux Canaries et jusqu'au sein de l'océan Pacifique. Or, les bassins des Chott nous semblent avoir été produits suivant un mécanisme tout à fait semblable. Quand la masse soulevée est arrondie, la rupture est circulaire et occupe à peu près le centre; mais quand la masse est allongée, comme dans notre grand soulèvement, la rupture doit avoir lieu en forme de longue crevasse et courir suivant le grand axe de la bande d'écorce terrestre qui vient d'être repoussée en saillie. Or les bassins du Chott ne sont-ils pas deux crevasses qui se font presque suite l'une à l'autre, crevasses aux flancs perpendiculaires, comme cela a lieu dans certains déchirements, crevasses enfin parallèles à tous les accidents, bassins, plaines et montagnes, produits par le travail géologique qui a donné naissance aux terres que nous explorons?

Mais laissons ces discussions et examinons la topographie spéciale du Chott-el-Chergui.

Il ne finit pas en pointe à l'ouest, comme l'indiquent certaines cartes; il offre, au contraire, une sorte de renflement terminé au nord et au sud par deux prolongements en forme de cornes. Le prolongement septentrional nous est déjà connu; c'est l'oued d'Ammann. El-Amra, Bou-Guern et Sounra ne sont pas situés sur le plateau, ainsi que plusieurs cartes les placent par erreur, mais bien dans le bassin même, au pied de la falaise qui encaisse le renflement terminal de l'ouest.

Quand on descend la falaise pour entrer dans le Chott, on trouve d'abord une zone un peu inclinée, tapissée de seunra, d'armen, de soudes, d'une grande herbe qui doit être une sorte de chiendent de très-haute taille, et d'une espèce herbacée et aquatique, haute d'un à deux mètres, que les Arabes appellent *cataf*. Cette bande verdoyante s'appuie en dehors sur la coupure du plateau, et en dedans sur le sable qui occupe le fond du bassin, et qu'elle entoure comme une ceinture. C'est dans la zone de verdure que sont creusés les ogla de Bou-Guern et de Sounra. D'espace en espace des soudes diaprent le sable : elles croissent sur de petites élévations semblables aux soulèvements que font les taupes ; les touffes de cataf surmontent des tertres plus larges et plus hauts. Le sable est de couleur rougeâtre ; mais, dans quelques endroits, en creusant un peu avec la main, on trouve du sable blanc mêlé de cristaux qui lui donnent une salure prononcée. Plusieurs de ces couches ont dû être formées par les eaux qui ont déposé successivement les matériaux dont elles s'étaient chargées dans le désert, ou qu'elles avaient arrachés le long des rives des Oued.

Tel est l'aspect du Chott-el-Chergui dans le renflement où nous l'avons traversé. Les renseignements que nous ont fournis les Arabes et les rares troupes françaises qui ont poussé leurs razzias jusque sur le bord septentrional du bassin, nous ont prouvé qu'il présente partout la même physionomie. Les parties du Chott-el-Garbi que nous avons vues pourraient aussi être presque entièrement comprises dans la même description. Mais nous nous réservons d'en parler plus tard.

Nous n'avons pu juger par nous-mêmes de l'aspect général du Chott de l'est, quoique le regard plane, du haut du plateau, sur une vaste étendue du bassin : le mirage remplaçait la réalité, et l'erreur d'optique, commençant à quelques pas de nous, nous montrait une immense nappe d'eau s'étendant à perte de vue dans l'est. On eût dit qu'une légère brume oscillait sur des eaux striées par de molles ondulations. La nappe trompeuse n'occupait que la cavité et s'arrêtait aux falaises; celles-ci fuyaient dans le lointain en se réfléchissant dans le miroir du lac qui répétait aussi l'image des buissons de cataf. L'illusion jouait tellement la réalité qu'il nous a fallu les déclarations formelles et réitérées des Arabes auxquels ces contrées sont familières, pour que notre esprit ne demeurât pas la dupe des décevantes impressions de nos sens.

Pendant l'été on peut traverser partout le Chott à sec; à l'époque de notre expédition il n'existait déjà plus que certains lieux déclives dont le sable fût encore meuble et humide.

En nous rendant de El-Amra à Sounra, à travers le lit du bassin, nous avons trouvé la phelypée jaune (*phelypœa lutea*), plante aussi belle que curieuse : *pulcherrima planta*, dit Desfontaines. Je ne puis mieux en donner une idée qu'en la comparant à un grand épi de maïs mûr sortant, sans feuilles et sans tiges, du sein du sable aride. Au lieu des grains dorés du maïs, figurez-vous une foule de fleurs du plus beau jaune, serrées les unes contre les autres, grosses comme celles de la digitale pourprée, semblables à un casque antique quand elles sont fermées, et laissant voir, quand elles s'épanouissent, leurs étamines entourées d'un fin duvet blanc. La tige pyramidale qui les supporte, épaisse et charnue comme celle du blé de Turquie, n'est pas, comme cette dernière, creusée d'alvéoles logeant les graines; elle semble formée par la réunion et la suture d'écailles imbriquées dont on retrouve les traces et sur l'axe floral et jusque sur la racine. Celle-ci n'est pas la partie la moins curieuse de la plante : bizarre et tour à tour rétrécie et renflée, elle offre l'aspect de tubercules irréguliers, et simule de petites feuilles de *cactus opuntia*, qu'on aurait réunies par l'extrémité de leur grand axe. Elle est succulente et charnue; sa surface mise à nu par la section rappelle la pomme de terre jaune, sauf qu'elle offre une multitude de petits trous qui sont le calibre des vaisseaux qui parcourent le bulbe.

La phelypée jaune ne croit pas exclusivement dans le désert, Desfontaines l'a rencontrée à l'Oued-el-Hamman, entre le Sig et Maskara : *habitat*, dit le savant naturaliste, *in arenis humentibus ad littora fluminis Elhammah prope Mascar*. Mais nous pensons que la phelypée violette, que nous avons trouvée au delà de la chaîne des Chott, ne croît que dans le Sahara. Desfontaines l'a rencontrée dans les sables du désert, près de Tozzer, dans la régence de Tunis.

Les Arabes appellent *denous* la phelypée. Ils coupent en morceaux son bulbe et exposent les fragments au soleil; quand ils sont bien secs, ils les réduisent en poudre. Cette poudre est une fécule alimentaire qui est ajoutée aux céréales, pour faire le couscous; dans les temps de disette et chez les pauvres familles, elle constitue, avec les dattes, un peu de maïs et de la poudre de sauterelles, l'alimentation des habitants de ces contrées. Il paraît qu'elle croît en assez grande abondance dans quelques endroits, pour qu'on puisse en faire une véritable provision. Si jamais nous possédons dans les Chott un établissement permanent, nécessité par l'urgence d'un poste intermédiaire entre le Tell et les Oasis des Sidi-Chicks, on devra essayer de faire des plantations régulières et étendues de *dénous*. Le lit du Chott tout entier et les nombreuses dépressions qu'on rencontre dans le désert d'Anghad (entre la chaîne des Chott et celle des Oasis) sont essentiellement propres à la culture de la phelypée. Nous avons trouvé, dans ces dépressions, des groupes de six à huit phelypées, croissant en touffes et offrant une agglomération considérable de bulbes. Dans ces arides solitudes, où bien peu d'espèces prospèrent, la racine féculente du *denous* est appelée à rendre de grands services; elle sera peut-être un jour la pomme de terre du désert.

Nous avons recueilli à Sounra une autre plante, également charnue et féculente, que les indigènes nomment *tartous*, et qu'ils emploient aux mêmes usages culinaires que les phelypées. Nous n'en avons trouvé qu'un seul individu pendant tout notre voyage; il paraîtrait qu'elle est abondante dans les régions plus méridionales et qu'elle se plaît au bord des lacs salés. Sa fleur est formée par un axe central épais et renflé en massue sur lequel se pressent une multitude de petites fleurs d'un brun carminé. Elle exhale une odeur qui rappelle un peu la truffe. Nous pensons que le tartous est le *cynnomorium coccynœum*. Il se trouve aussi à Cadix et sur quelques points du littoral africain, notamment à Mostaganem.

CHAPITRE IV.

LE DÉSERT D'ANGHAD. — DE LA CHAÎNE DES CHOTT A LA CHAÎNE DES OASIS, OU GRAND-ATLAS.

La chaîne des Chott, le Djebel-Anter et les collines de Merag. — Le mirage. — Les dunes, leur mode de formation. — Puits de Nebch. — Aïn-Fritis. — La neige.

Le 14 avril nous sortons du lit du Chott-el-Chergui.

Le pays que nous avons parcouru entre la lisière du Tell et les Chott était autrefois habité par les Ouled-Nahr, les Beni-Mthar et les Ouled-Ali-ben-Amel; ces tribus, après avoir été décimées par la guerre et la famine, ont été internées dans le Tell, où nous pouvons les surveiller plus facilement. Les Hamian-Garabas ne viennent dans cette région qu'appelés par la guerre, ou bien dans la migration périodique annuelle qui les pousse vers le Tell, pour y faire leurs provisions de céréales : le territoire qui leur appartient en propre ne commence qu'au delà des Chott.

Quand on a gravi la falaise et qu'on a quitté le bassin, on se trouve dans une bande de terre qui s'appuie au nord sur la rive du Chott et qu'une chaîne de montagnes limite au sud, à trois lieues de distance de la berge à peu près. Cette chaîne court du nord-est au sud-ouest, comme les Chott, comme la chaîne des Oasis, en un mot, comme tous les grands plis qui se sont produits lors du soulèvement général. Sous le nom de Merag, elle longe la côte méridionale du Chott-el-Chergui; le Merag n'est qu'une ligne de collines arides, mais son développement est plus considérable que ne le porte la carte du Sahara algérien due au colonel Daumas. A la pointe occidentale du Chott, le Djebel-Anter (quelques-uns écrivent Anteur, Antar) fait suite au Merag; on rencontre ensuite, en progressant au sud-ouest, le Djebel-bou-Khalicba et le Djebel-el-Amar, qui se trouvent tous deux contre le Chott-el-Garbi; enfin l'on trouve le Djebel-Guettar, et le Djebel-Dough, qui semblent devoir se joindre, vers le Maroc, avec le Grand-Atlas, au système duquel se rattache la chaîne du Chott.

Cette longue chaîne, que nous avons proposé d'appeler chaîne des Chott, pour éviter la confusion qui résulte de l'habitude qu'ont les Arabes d'imposer des noms différents à des portions arbitrairement divisées des montagnes ou des rivières; cette longue chaîne a très-peu d'épaisseur, car, en beaucoup d'endroits, elle n'est constituée que par une simple arête s'élevant brusquement sur la plaine, sans contre-forts et sans donner naissance à aucune branche : tels sont les collines de Merag et le Djebel-Anter. Celui-ci est une sorte de crête mince dont les pentes offrent de 35 à 45° d'inclinaison, et dont les sommets ne dépassent pas 150 à 200 mètres. Leur charpente est rocheuse, et leurs flancs, sillonnés par les torrents d'eaux pluviales, ne nourrissent guère que des touffes de halfa; leur pied se couvre quelquefois d'une moins pauvre végétation, comme nous le verrons à Nebch. Ayant approximativement estimé que le lit du bassin du Chott-el-Chergui est à 800 mètres au-dessus du niveau de la Méditerranée, et mettant 50 mètres entre le fond du bassin et le pied de l'Anter, nous sommes conduits à donner à peu près 1,000 mètres d'élévation au-dessus de la mer, aux sommets les plus hauts de l'Anter.

La partie du Sahara algérien que le général Marey décrit sous le nom de petit désert, et qui est comprise entre Boghar et le Djebel-Amour, semble appartenir au même pli du soulèvement général que le désert des Chott. Or, le général Marey donne aux parties inférieures du petit désert 650, et aux hauts plateaux 900 mètres au-dessus de la mer. On voit conséquemment que nos observations concordent à peu près.

En quittant le Chott-el-Chergui, nous n'apercevions pas l'Anter dans son entier; des mamelons détachés du Merag nous le voilaient en partie; mais une petite brèche échancrant les montuosités nous laissait voir un monticule taillé en forme de cercueil : sa couleur, d'un blanc rougeâtre, étincelante au soleil, nous faisait croire qu'une ville était là, échelonnant sur la pente ses maisons blanchies et ses terrasses superposées. Deux points noirs s'élevaient sur le sommet, comme deux vieux minarets brunis par les ravages du temps. Chacun était dans l'attente et se livrait à mille commentaires, à mille suppositions, quand un pli de terrain nous déroba la fabuleuse cité du désert.

On traverse la chaîne, entre le Merag et l'Anter, par plusieurs cols qui paraissent des plus faciles à ceux qui, comme nous, ont péniblement gravi les montagnes hautes et escarpées du Tell et ont défilé un à un entre leurs rochers verticaux. Les deux cols les plus connus sont ceux de Adj-Abd-el-Moumen et de Sidi-Mohammed-el-Aouri. Du sommet du rideau le regard s'étend sur le désert, et l'on a la chaîne de l'Anter à sa droite.

Nos yeux se sont d'abord portés sur ces solitudes que pied européen n'avait encore foulées : elles se présentaient unies et planes à perte de vue, mais diaprées par de verdoyantes plaques de halfa et animées par les vapeurs miroitantes du mirage. Dans le lointain, on eût dit quelques vagues bleues : c'était la chaîne des Oasis ou Grand-Atlas.

Dans le cours de notre expédition, le mirage nous a souvent présenté la trompeuse image de nappes d'eau, de lacs, de mares; mais jamais nous n'avons eu devant les yeux les féeriques tableaux qui font quelquefois espérer, quand on parcourt les déserts de l'Égypte, l'ombrage délicieux de l'oasis, l'eau claire des fontaines dans des bassins de marbre, et les minarets élancés des mosquées. Cette fantasmagorie n'est possible qu'au voisinage des lieux possédant en réalité des palmiers et des habitations; le mirage n'invente rien que des nappes d'eau, il ne fait que répéter tout le reste.

Il vous est sans doute arrivé plusieurs fois de vous trouver en face d'un grand feu allumé dans la campagne; si vous avez regardé le paysage à travers l'air dilaté par la chaleur de la flamme, vous avez dû remarquer que les contours de tous les objets sont fondus et comme échevelés par une sorte de vapeur qui fait incessamment passer et repasser devant vos yeux une suite de longues rides oscillantes. Les erreurs d'optique qui se sont si fréquemment offertes à nous, ont une origine analogue. Le sable, brûlé par le soleil, dilate les couches d'air qui se trouvent en contact avec lui : ces couches échauffées acquièrent une moindre pesanteur spécifique qui les sollicite à l'ascension ; elles s'élèvent vibrantes, onduleuses, et miroitent comme les eaux qu'un léger vent effleure et sur lesquelles jouent, dans le vague de la brume, les rayons qui tombent du soleil. Lorsque les couches d'air dilatées cachent toute la plaine et que des montagnes terminent l'horizon, la perspective aérienne nous représente une vaste mer qui baigne des rivages bleus dans un lointain infini. Quand le mirage existe à une faible distance, on ne peut pas toujours distinguer l'apparence de la vérité, à cause des arbres qui se peignent dans les vapeurs comme dans le miroir de l'eau. Bien que nous fussions parfaitement sur nos gardes, nous avons un jour poussé notre cheval au galop jusqu'à une mare dans laquelle un beau lentisque se répercutait; mais à peine avions-nous fait trois cents pas que le lentisque n'était plus baigné par le lac et que celui-ci fuyait devant nous.

Dans quelques circonstances, assez rares du reste, ce n'est plus une pièce d'eau qu'on croit avoir sous les yeux, mais des champs de blanches pâquerettes, des étoffes de soie tendues par terre, des carrières de pierres à chaux [1], etc.

Une longue ligne de dunes court devant le versant N.-O. de l'Anter et nous explique deux illusions dont nous n'avions pu pénétrer la cause jusqu'ici. La ville fantastique qui étincelait au soleil n'est qu'une dune dont le sommet, coiffé de deux arbustes, nous apparaissait seul à travers une échancrure d'un premier rideau de mamelons; et ces lueurs rougeâtres que nous apercevions sur le pied des montagnes, depuis la rive septentrionale du Chott, ne sont autre chose que ces amas de sable à la base de l'Anter. Les dunes tranchent toujours sur le reste du paysage d'une façon très-remarquable; les reflets scintillants de leur surface polie, leur teinte uniforme, qui rappelle les tons qui se répandent sur la nature au soleil couchant, font une tache nette et

---

[1] L'explication physique des images renversées que présente le mirage est trop connue pour qu'il soit nécessaire de la rappeler ici.

criarde qui ne se fond, ne se mêle à aucun des objets environnants. Que le soleil inonde tout le paysage de ses resplendissantes clartés, ou que le ciel voilé ne laisse tomber que quelques tremblantes lueurs, toujours les dunes conservent un aspect exceptionnel qui attire immédiatement le regard. La nuit, quand la lune est levée, on les dirait parfois phosphorescentes, tant elles paraissent éclairées au sein des ombres.

La vive lumière et la croupe si franchement dessinée des dunes produisent souvent un singulier effet dans la perspective aérienne : elles semblent plus rapprochées qu'elles ne le sont en réalité. La même illusion existe, du reste, pour les neiges qui couvrent le sommet des montagnes : comme leur blancheur est éclatante et se découpe brusquement sur les rampes dont toutes les teintes sont fondues à cause de l'éloignement, il s'ensuit que le sommet paraît occuper un plan antérieur à la base.

Les dunes de sable ne sont pas jetées sur le flanc des montagnes et accolées entièrement aux rampes; elles forment une chaîne secondaire adossée en partie seulement à la chaîne principale et séparée de celle-ci par une petite vallée. Cette disposition, ainsi que le gisement des lignes de dunes le long du flanc N.-O. de montagnes courant du N.-E. au S.-O., se retrouve dans tous les grands systèmes de mamelons de sable que nous avons rencontrés; savoir : à Aïn-Seufra, vers Adjar-Toual et aux pieds de l'Anter. De prime abord il semblerait que c'est le vent N.-O. qui a couvert de sable le flanc des montagnes sur lequel il arrive directement, et que le vent du S., surtout du S.-E., n'a pu y contribuer, puisqu'il déferle sur la rampe opposée. Un examen plus approfondi établit le contraire. D'abord, le vent du N.-O. passe sur des plaines dont la terre sablonneuse, ferme, compacte, comme tassée, ainsi que cela se voit dans les Chott, est bien difficilement charriable. Ensuite, si le vent du N.-O. avait poussé ces sables, ils couvriraient le flanc de la montagne principale et ne formeraient pas une petite chaîne presque indépendante; le sable, en un mot, se serait appliqué, accolé à la rampe. En effet, l'on cherche en vain par quel mécanisme les mamelons de sable pourraient prendre une disposition telle qu'ils se terminassent en une crête isolée de l'arête qui surmonte le plan sur lequel les vents les poussent. Certes les courants atmosphériques n'ont pu y contribuer, puisque, tombant sur une surface inclinée, ils se réfléchissent en haut, grimpent en quelque sorte sur la rampe, et produiraient ainsi une nouvelle ascension du sable, loin de creuser une vallée.

Il nous semble que les dunes ne peuvent, en général, se former que dans deux circonstances :

1° Quand le sable rencontre un plan vertical qui l'arrête et contre lequel il s'accumule. C'est ce que nous avons observé sous le ksar d'Asla. Le général Marey nous apprend que les dunes qu'il a rencontrées dans sa remarquable expédition se sont produites de cette manière.

2° Quand le sable est déposé dans un endroit abrité contre les vents. Nos grandes lignes de dunes rentrent dans cette catégorie.

Les vents du sud, chargés de sable, traversent l'espace sans laisser tomber les particules, tant qu'ils sont doués d'une force d'impulsion considérable; mais, quand cette force décroît, le sable obéit à la pesanteur et se précipite sur le sol. D'autres courants atmosphériques le reprennent, le transportent de nouveau et l'abandonnent un peu plus loin.

Ces alternatives de repos et de mouvement, de condensation et de volatilisation, pour ainsi dire, peuvent se répéter bien des fois sur la surface plane du désert. Mais si le sable charrié par les vents vient à être déposé dans un lieu tranquille, à l'abri de tout courant d'air qui pourrait l'enlever, il est évident qu'il s'amoncellera; or, c'est ce qui arrive dans les cavités, dans les bas-fonds et au pied du flanc des montagnes opposé à celui que fouette le vent. Ainsi les vents du S. et du S.-E. perdent de leur force en se brisant contre la pente sur laquelle ils déferlent, et laissent tomber le sable sur la rampe N.-O.; là les dunes se forment dans un calme plat, loin des perturbations qui pourraient contrarier leur développement ou continuer de les faire progresser vers le nord. C'est ainsi qu'il est possible de se rendre compte de la position des dunes de Seufra, de l'Anter, d'Adjar-Toual, qui s'étendent, comme nous l'avons dit, sur les versants N.-O. des chaînes de montagnes, tandis que le vent chargé de poussière vient du S. et surtout du S.-E. On sait, du reste, que les vents qui charrient les sables arrivent bien réellement du S.-E.; car, d'après la remarque de plusieurs observateurs [1], beaucoup de terrains se dénudent chaque année en Égypte, pendant que les flots de sable s'avancent vers le Sénégal.

Si notre théorie s'arrêtait là, elle serait peu satisfaisante. Le sable devrait, en effet, si l'on n'invoque que la tranquillité de l'air derrière les montagnes, s'accumuler indistinctement sur toutes les rampes tournées au N.-O.; or les choses ne se passent pas ainsi. En second lieu, nous ne pour-

---

[1] D'après Thévenot (*Traité des maladies des Européens dans les pays chauds*) les vents soufflent, au Sénégal, huit mois de l'est à l'ouest. Le Sénégal est situé dans la zone soumise au règne des vents alizés.

rions pas rendre compte de la formation de la petite vallée intermédiaire à la montagne et aux dunes. Voici le complément nécessaire de notre théorie. Outre la condition que nous avons spécifiée, il faut la réunion de plusieurs dispositions topographiques, surtout orographiques, telles que les forces des vents soient décomposées et leur direction déviée. Il nous a semblé que les lignes de dunes commencent au voisinage d'une coupure dans les montagnes, coupure par laquelle le vent file le long de la rampe en y déposant le sable en forme d'une longue traînée qui progresse en s'allongeant toujours, jusqu'à ce que les courants épuisés ne puissent plus la solliciter. En arrivant sur la pente, les vents se réfléchissent, tourbillonnent et rejettent le sable, qui s'accumule en une suite de dômes isolés de la montagne.

Telle est l'explication que nous proposons; elle nous paraît au moins spécieuse, et nous n'entendons pas la donner comme complète et irréprochable.

La vue des dunes cause une triste impression et un pénible serrement de cœur. Cet entassement de mamelons arrondis aussi lisses que des coupoles de marbre, et séparés les uns des autres par de légères ondulations; ces sables, arides comme un roc de granit, offrent l'image de la désolation et de la stérilité absolue. L'homme, devant cette nature ingrate, se sent petit, isolé, sans ressources et sans courage. Puis on se figure que la tempête du désert ébranle ces masses : elles se soulèvent et marchent en silence, terribles et impitoyables comme la mort. Rien ne résiste à leur envahissement lent, mais toujours progressif : les arbres se sèchent, les rivières se comblent, les sources tarissent; bientôt les palmiers, les maisons, les oasis, tout est enseveli dans un commun linceul..... Et, quand le calme renaît, le voyageur cherche en vain l'ombre des arbres et le puits auquel il s'abreuvait autrefois.

Il vous est sans doute arrivé de sonder imprudemment de l'œil la profondeur d'un abîme. Le vertige vous a saisi; mais vous êtes resté cloué à votre place, sans oser vous arracher aux terreurs de ce spectacle. C'est ainsi que mon imagination, remplie d'images sombres et sinistres par l'aspect des dunes, m'entraînait fatalement dans les sables et me rendait comme le jouet d'un songe.

Mon cheval marche au pas, et je lui ai abandonné les rênes; mais mon imagination m'a transporté dans les dunes. Le sable cède sous mes pieds à mesure que je gravis; il s'éboule et roule sur les pentes, en m'entraînant avec lui dans sa chute. Je parviens enfin au sommet, après de nombreuses tentatives; là les grains sont si fins et si mobiles que je me sens couler comme dans la vase d'un marais. Mes efforts pour me dégager n'aboutissent qu'à m'enfoncer davantage; ma rage éclate en mouvements désordonnés, et j'enfonce toujours.... Je reste immobile et muet, dans un désespoir concentré; mais le poids de mon corps continue à m'entraîner au fond. La chaude étreinte monte peu à peu le long de mon corps, et je calcule déjà, avec une affreuse intégrité d'esprit, dans combien de minutes j'aurai entièrement disparu. Déjà le sable oppresse ma poitrine haletante, il monte encore, il obstrue ma bouche et mes narines, l'air manque à mes poumons, et je m'évanouis.... Cependant la rafale passe sur le désert, elle aplanit les dunes et creuse des sillons là où des crêtes se dressaient tout à l'heure; bientôt je me trouve dégagé à moitié, mais plongé dans un assoupissement léthargique qui ne me laisse que des sensations confuses. Pourtant la fraîcheur de la nuit me ranime, et mon sommeil se dissipe aux chocs des ailes des oiseaux de proie qui ouvrent leurs serres rapaces et leur bec avide. Un dernier effort, énergique et puissant comme on n'en trouve que dans les moments suprêmes, achève enfin de me dégager; mais je roule dans l'ombre, de pente en pente, à moitié enseveli par les sables qui s'écroulent sur moi, me laissent à découvert, puis m'envahissent encore....

J'en étais là de mon cauchemar, quand un faux pas de mon cheval, que je ne dirigeais plus, m'imprima une secousse et m'arracha à mon rêve.

La colonne longeait silencieusement le versant de l'Anter; la marche avait perdu son retentissement sur les sables que nous foulions. Chacun semblait recueilli et pensif. Pour les Arabes mêmes ce lieu a des terreurs. On conte mille histoires terribles sur le col de Sidi-Mohammed-el-Aouri : c'est là que, dans des temps reculés, de grandes armées ont été détruites par les hommes et par les éléments; c'est là que bien des voyageurs ont disparu dans la tempête ou sous les coups des malfaiteurs: c'est la porte du désert, et les djinouns y ont posé ces dunes, comme un sinistre écriteau, pour dire au téméraire qui s'avance : Ici commence l'empire de la stérilité et de la mort; entre si tu oses!... Sans doute les contes arabes nous impressionnaient peu; mais plus d'un se représenta une colonne revoyant ces sables un siècle après nous et ne trouvant que des ossements épars, et j'en sais qui répétaient mentalement ce vers lugubre du Dante :

« Lasciate ogni speranza, voi che entrate. »

Nous campons à Nebch, dont les puits, situés dans un vallon creusé au pied de l'Anter, sont révélés par l'aspect verdoyant de la végétation, composée de joncs autour des bouches, et plus loin d'armen, d'un peu de seunra, et d'une plante que les Arabes appellent metnehem. Sur le bas de la rampe de l'Anter, croît un peu d'avoine sauvage que nos chevaux mangent avec voracité. Du sein des sables quelques petits tertres surgissent et sont tapissés de crucifères de 3 à 4 décimètres de hauteur, d'une fort belle scorsonère à fleurs pourprées, et enfin de retem. Par retem, les Arabes entendent deux espèces qui atteignent jusqu'à 3 ou 4 mètres de hauteur. L'une nous a paru être le genêt d'Espagne, et sa fleur est jaune; l'autre a le même aspect : ses tiges sont vertes et presque sans feuilles comme celles du premier, mais sa blanche corolle papillonnacée est jaspée de mouches violettes.

Parmi les sept puits de Nebch, quelques-uns étaient encombrés de débris végéto-animaux en putréfaction, qui donnaient à l'eau une odeur repoussante. On nettoya l'un des plus fétides, et bientôt une eau limpide y afflua en abondance. Les eaux de Nebch se trouvent à peu près à 2 mètres ou 2 mètres et demi au-dessous du niveau du sol; elles sont bien meilleures que celles de El-Amra et de Sounra, leur saveur est à peine saline. Il faut, pour apprécier leur salure, le réactif par excellence, le café. Une faible quantité de chlorure de sodium, ou d'autres sels à saveur prononcée, communique toujours au café un goût qu'on ne masque que difficilement en jetant force sucre dans la tasse. Dans le bouillon et dans les sauces, au contraire, la salure passe inaperçue; il faut tout simplement en tenir compte, et les moins assaisonner.

Température : 4° à quatre heures et demie du matin. Temps variable et froid, ciel couvert par intervalles, quelques lueurs de soleil. Le thermomètre oscille entre 25° et

10°, selon que les nuages cachent le soleil ou le laissent darder ses rayons. Plus tard, nuages épais, pluie fine qui ne dure qu'un instant, vent très-froid. A six heures du soir nous n'avons que 7°. — Nous avons parcouru 24 kilomètres.

18 avril.

Des ogla de Nebch à Aïn-Fritis, il y a près de 9 lieues. Le pays serait uni comme une glace s'il n'était creusé de temps en temps de dépressions à peine marquées, au fond desquelles nous trouvons quelques bouquets de jujubier sauvage. Nous faisons grande halte dans une dépression plus profonde que les autres, nommée Tarzeza. Il existe un petit nombre de puits à Tarzeza : un seul d'entre eux contenait, à 5 mètres de profondeur, une très-minime quantité d'eau boueuse et fétide ; tous les autres étaient à sec. Les phelypées jaunes croissent en abondance à Tarzeza. En quittant la grande halte, le désert devient ondulé ; c'est une suite de rideaux dont le sommet, coiffé de halfa, ne dépasse que de quelques mètres le fond des petites vallées qui les séparent. Ces arêtes successives empêchent néanmoins de jouir d'un horizon étendu. Chaque fois que nous gravissons une pente, nous espérons jouir d'une vaste perspective quand nous aurons atteint le sommet ; mais toujours un nouveau monticule se dresse devant nous. Enfin deux kerkors nous annoncent des puits. Ces masses de pierres ont été entassées en pyramide sur deux arêtes, de telle sorte que, de la première, la vue se porte sur la seconde, et tombe, de celle-ci, au fond d'une cavité ou bas-fond tout verdoyant d'armen et strié de veines de joncs annonçant un ruisseau. La source naît entre des rochers à fleur de terre et forme de petites flaques dans des bassins naturels creusés dans le roc; les eaux se résument ensuite en un ruisseau qui disparaît après un court trajet. On trouve, dans les environs, quelques pauvres débris de maçonnerie, que les indigènes décorent du nom pompeux de batterie des géants; ces constructions ne sont certainement pas d'origine romaine. Nous nous expliquerons bientôt, du reste, au sujet de ces vieilles bâtisses, à propos de Aïn-Malhah, où l'on rencontre aussi des ruines. Les eaux de Aïn-Fritis sont de bonne qualité.

Nous avons été croisés, en route, par des volées d'outardes et de perdrix particulières à ces régions. Il est à remarquer que, plus nous avançons, plus le plumage des oiseaux vire à la couleur isabelle. La nature aurait-elle voulu donner aux oiseaux une teinte qui pût se confondre avec celle du désert, et les rendre ainsi moins visibles à leurs ennemis? Nous avons déjà trouvé des plumes d'autruche dans le désert des Chott, sur les bords de l'oued d'Ammann; nous en rencontrons aussi dans le désert d'Anghad. Notre vue interroge en vain l'espace, nous n'apercevons aucun de ces grands oiseaux; la guerre acharnée que leur font les tribus leur a appris à craindre l'homme; ils le fuient d'aussi loin qu'ils le découvrent. La gazelle, l'antilope et le bubale parcourent ces contrées. La gazelle est le parfumeur du désert : à chaque instant nous voyons les soldats se baisser devant des tas de grains d'un noir un peu ambré et recueillir délicatement ceux-ci un à un, entre le pouce et l'index, jusqu'à ce qu'ils aient épuisé tout le petit magasin. Ces grains sont destinés à parfumer le tabac à fumer ou à embaumer le fond des poches. Mais d'où proviennent-ils ces grains précieux? Ceci est assez malaisé à vous dire; j'essaie pourtant. La gazelle partage avec quelques autres animaux, avec la fouine de nos pays, par exemple, et avec l'antilope, le singulier privilége d'imprégner d'une odeur musquée les matières qui, chez presque tous les êtres, sont loin d'avoir acquis de suaves parfums, quand elles atteignent, à travers les longs conduits de notre corps, le dernier terme du tortueux voyage dont la bouche est la première étape.

Thermomètre : 7° à cinq heures du matin. Ciel couvert, vent froid, brouillard et pluie fine à la grande halte; quelques échappées de soleil. 7° à sept heures du soir.

19 avril.

A l'époque où nous parcourons ces solitudes, l'atmosphère est ordinairement d'une transparente limpidité. Notre journal météorologique a pourtant montré que, depuis quelques jours, il est loin d'en être ainsi. L'horizon a souvent revêtu ces teintes grises et mates, ternes et froides, qui annoncent un temps gros de neige; personne, néanmoins, n'eût osé prononcer ce mot, tellement la chute de la neige paraissait un phénomène extraordinaire dans la plaine, en cette saison et sous cette latitude [1]. Aussi fûmes-nous grandement surpris, au réveil du 19, de trouver nos tentes couvertes d'une épaisse couche de neige, et de voir la vaste étendue du désert blanchir jusqu'aux bornes de l'horizon, comme les steppes glacés de la Sibérie.

---

[1] Notre étonnement n'était pas bien fondé, car il paraît qu'il n'est pas rare de voir tomber de la neige dans le Grand-Atlas. Léon l'Africain parle des marchands de dattes qui sont quelquefois ensevelis sous les neiges, quand ils traversent la chaîne en octobre (*Description de l'Afrique, tierce partie du monde*, traduction de Temporal. Lyon, 1556, p. 35). Quant aux neiges éternelles que Pline place sur les sommets, ce ne sont que des neiges *sporadiques*, pour me servir de l'expression de M. de Humboldt (*Cosmos*).

Nous nous mettons pourtant en route. La neige tombe toujours à larges flocons. La colonne serpente, inquiète et triste, décrivant mille circuits et faisant mille détours inutiles; nos guides avouent leur impuissance : les accidents de terrain qui devaient leur servir d'indicateurs ont disparu sous le blanc manteau qui couvre le sol; nous ne pouvons même pas nous conduire d'après les crêtes qui, la veille, bleuissaient dans le lointain, car elles ne sont plus visibles à travers l'atmosphère chargée de neige. Enfin les guides déclarent qu'ils ont entièrement perdu l'orientation; ils ne savent plus vers quel point se diriger. Alors le général Cavaignac, se souvenant que les montagnes ont été vues directement au sud, saisit sa boussole et conduit hardiment la colonne dans cette direction. C'était le seul parti à prendre; il importait beaucoup d'atteindre les montagnes, car là seulement on pouvait espérer rencontrer du bois ou au moins des racines pour allumer du feu. Aïn-Malhah, où nous devions passer, est d'ailleurs situé au pied de la chaîne. Mais la marche devient bientôt tellement fatigante, et les guides donnèrent si peu d'espoir de trouver les montagnes boisées, que le général fit camper dans un lieu reconnu par les Arabes pour être sur la bonne route.

Bien des misères nous attendaient à notre campement du 19. Les soldats grelotaient; quelques-uns même étaient saisis de tels tremblements qu'ils produisaient des cliquetis par le froissement de leur équipement et de leurs fusils que leurs doigts pouvaient à peine tenir. Qu'un grand feu de pins, comme nous en faisions dans le Tell, eût été nécessaire pour rendre leur jeu libre aux articulations et leur souplesse aux muscles engourdis! comme un bon potage bien chaud eût fait rayonner dans notre économie une vivifiante chaleur, et nous eût promptement ranimés ! Mais, hélas ! notre bivouac ne fournissait même pas cette plante si commune dans le désert, la chiah, dont la racine ligneuse nous eût permis d'allumer des feux ; nous ne trouvâmes que du halfa, c'est-à-dire de l'herbe verte mouillée par la neige. Les plus habiles seulement parvinrent à entretenir quelque temps de maigres foyers qui donnaient plus de fumée que de flammes. Il fut impossible aux soldats de faire leur soupe ; mais le général ordonna de distribuer des rations supplémentaires de café et de biscuit. Nous nous rappelons, pour notre part, n'avoir jamais pu arriver à faire prendre feu au halfa mouillé ; et nous regardions déjà tristement un petit morceau de gruyère et un fragment de biscuit qui devaient composer tout notre dîner, quand notre ami le lieutenant Nicolas, du 5ᵉ de ligne, nous envoya dire que ses voltigeurs avaient été plus heureux et plus habiles, et qu'ils m'offraient un coin de leur feu. Quelques minutes après, nous nous attablions devant deux œufs sur le plat, qui nous parurent délicieux.

Cependant la nuit arriva. On sait que le soldat couche sous une étroite tente dans laquelle on ne peut pas se tenir debout, et qu'il s'étend, pour dormir, sur une petite peau de mouton jetée à terre ; or, comme le sol était détrempé, ceux qui n'avaient pas eu la précaution de choisir un monticule et d'enlever la terre mouillée, se trouvèrent littéralement dans la boue, et furent obligés de passer la nuit à se promener et à se donner du mouvement, pour éviter le froid.

La neige, qui n'avait pas cessé pendant la journée, continua toute la nuit. Le thermomètre avait marqué — 1° dans la nuit du 18 au 19, et s'était tenu entre + 4° et + 6° dans la journée ; le 20 avril, à deux heures et demie du matin, nous le trouvâmes à — 4°. C'est la plus basse température que nous ayons notée pendant notre expédition. La plus haute a été de 52° au soleil. On voit que nous avons été condamnés, comme dans le purgatoire du Dante :

> « A sofferir tormenti caldi e geli. »

20 avril.

A la diane, notre camp offrait le plus affligeant spectacle. Les Arabes et les nègres du convoi étaient couchés dans la plus complète immobilité, roulés dans leurs bournous, sur la neige et en plein air. Plusieurs de ces malheureux, très-légèrement vêtus, avaient les jambes et les pieds entièrement nus. Ils étaient tellement engourdis qu'ils refusaient de se lever pour charger leurs chameaux ; ils demandaient qu'on les laissât là mourir tranquillement. Les troupeaux se trouvaient aussi dans un triste état, à cause du froid et surtout parce que la terre, couverte de neige, leur avait refusé toute nourriture. Comme une partie des provisions avait été avariée, on se demandait avec terreur ce qu'on deviendrait si les troupeaux venaient à périr. L'image du désastre de Bou-Taleb, où la colonne du général Levasseur laissa tant de monde sous les neiges, se présenta à l'esprit de plus d'un brave. Le tableau s'assombrissait pour nous de couleurs plus sinistres encore : en effet, le général Levasseur se trouvait à 10 lieues d'un poste occupé par nos troupes, et les tribus voisines recueillaient et ranimaient ceux de nos soldats qu'elles trouvaient saisis par le froid ; mais nous, au milieu du désert, loin de tout poste habité, qu'allions-nous devenir ? Sans doute la faim, la soif et l'ennemi eussent achevé de détruire les derniers restes de notre malheureuse armée....

Mais bientôt les chefs sont sur pied ; ils donnent l'exemple, ils exhortent et consolent. Chacun se met à l'œuvre et le courage renaît. La confiance réciproque du général dans ses troupes et de celles-ci dans leur général, achève d'imprimer à chacun l'énergie nécessaire pour surmonter ces terreurs naissantes, et l'on se met en marche. La neige ne tombe plus que par intervalles. Dans les bas-fonds, elle a jusqu'à deux pieds de hauteur; elle dépasse un pied sur les monticules et sur les terrains plats.

Pourtant quelques hommes engourdis restent cloués sur le sol par l'impuissance qui enchaîne tous leurs mouvements, et la stupeur qui frappe leur intelligence empêche celle-ci de réagir efficacement sur le physique; on ne sait à quelle voie s'adresser pour les ranimer : leur esprit obtus n'est plus accessible aux stimulations morales, et leur corps a cessé d'être impressionnable aux secousses et aux excitants. Ils trouvent pourtant la force de me demander de les faire hisser sur les cacolets, ce à quoi je me refuse net, pour les excellentes raisons qu'on va voir.

Depuis les mémoires de Larrey sur la retraite de Russie et le travail récent du docteur Shrimpton sur le désastre de Bou-Taleb, on sait parfaitement à quoi s'en tenir en pareille occurrence. Il faut, dans ce cas, se rendre réciproquement les mêmes services que les deux naturalistes qui accompagnaient Cook dans l'un de ses voyages, Banks et Solander ou les deux Forster, je ne sais plus au juste. Ces deux savants visitaient, par un froid très-intense, les montagnes qui élèvent leurs crêtes neigeuses à la pointe sud des terres magellaniques. Un sommeil trompeur vint bientôt appesantir leurs paupières : il se présentait accompagné d'un calme si doux, si provoquant, d'une quiétude si grande, si séduisante, qu'on s'y abandonnait irrésistiblement, malgré les sévères remontrances de la raison justement alarmée des conséquences de ce repos fascinateur. L'un des deux naturalistes se coucha, disant qu'il n'irait pas plus loin, qu'il voulait dormir, dormir à toute force, ne fût-ce qu'un seul instant. Son compagnon fut obligé d'avoir recours à la violence pour lui faire continuer son chemin, que l'imprudent n'eût pas interrompu pour un moment, mais pour l'éternité. Bientôt le grave faiseur de remontrances se trouva avoir besoin lui-même d'être stimulé par son compagnon. Enfin ils se mirent en chemin en s'excitant mutuellement, pour éviter une nouvelle séduction du sommeil de la mort.

Mes conseils pressants trouvaient peu d'échos chez les pauvres soldats menacés de congélation ; il fallut le bruit des tambours et des clairons, et les secousses que leurs communiquaient leurs camarades, pour leur faire quitter la terre neigeuse. Moitié de gré, moitié de force, ils firent quelques pas ; leurs voisins, d'après mes conseils, les poussaient, les animaient, les plaisantaient, cherchaient tantôt à exciter leur rire, tantôt à provoquer une explosion de colère ; si bien qu'après une heure de marche, l'incessante stimulation imprimée à leur corps et à leur esprit, avait suffisamment opéré pour nous ôter toute inquiétude. Cependant l'un des plus engourdis nous menaçait à chaque instant de se coucher à terre, pour se faire recueillir par les cacolets. Je me glissai, dans le fourré de la colonne, jusque près de lui, en feignant d'ignorer que je me trouvais à ses côtés. Je contais à un compère les terribles histoires de ceux qui, cédant au sommeil, s'étaient couchés pour ne plus se relever, et j'ajoutais avec une indifférence étudiée : Ce que je vous avance sera bientôt prouvé par cet entêté, auquel, dit-on, prend l'envie de s'étendre sur la neige ; les hyènes le dévoreront cette nuit s'il s'arrête un seul instant. Mais le soldat cessa de se faire prier pour avancer; les forces lui revenaient, disait-il. Le soir je lui faisais fête. Je ne sais pourquoi, mais c'est mon habitude d'agir ainsi envers les malades que je crois avoir tirés d'un danger imminent; il me semble que je dois les remercier de m'avoir donné l'occasion d'exercer efficacement mon art, que nous devons nous féliciter réciproquement et être contents tous deux. Je le fêtais donc. Je crois le voir encore : après avoir avalé un verre de vin bien chaud, bien sucré, et aromatisé avec de la teinture de cannelle, il se lécha les lèvres, suça les bords de son verre vide, et me dit avec un accent bien senti : « Major, merci; sans vous je serais mort. »

Le geste si naïf, la parole si franche et si simple du pauvre soldat me causèrent un vif plaisir, et jetèrent une douce émotion parmi les pensées sombres de ces jours si pleins de souffrances.

En me réveillant, j'avais trouvé deux hirondelles sous la couverture de mon lit; elles se laissaient prendre à la main et ne voulaient ou ne pouvaient pas fuir quand je les chassais. Je les mis dans le capuchon de mon caban, que je laissai tomber sur mon dos, tandis que je relevai sur ma tête celui de mon bournous arabe, vaste manteau que je porte, quand il fait froid, par-dessus tous mes vêtements. Elles voyagèrent ainsi quelques heures et se ranimèrent peu à peu dans leur chaude cachette. Lorsque le soleil jeta quelques rayons tièdes, je les tirai du capuchon; elles voltigèrent quelque temps autour de mon cheval, en poussant un petit cri que je pris pour de la reconnaissance; puis elles disparurent dans la montagne. D'autres groupes d'hirondelles s'étaient cachés sous l'espèce de feutre que forment les poils qui se détachent des flancs du chameau, s'enlacent ensemble et retombent comme une chabraque sur les côtés de l'animal. Quand on les expulsait, elles revenaient obstinément, et, si l'impitoyable chamelier insistait à leur interdire leur refuge, elles s'éloignaient avec un cri plaintif et cherchaient à se loger sous les poils pendants d'un chameau dont le conducteur fût moins inhospitalier. Un homme de garde, après avoir monté sa faction, déposa son fusil aux faisceaux et voulut mettre la main dans sa poche : il y trouva une hirondelle ; mais elle paya de la vie le peu de chaleur qu'elle avait puisé pour un moment : elle fut étranglée et rôtie le soir même.

Ces pauvres hirondelles, fuyant notre patrie lorsque les frimas menacent de glacer nos campagnes, avaient traversé les mers pour chercher un ciel plus doux ; mais, au lieu du soleil désiré, les rigueurs de l'hiver les attendaient. Que d'exilés volontaires, comme elles, vont demander à la terre africaine la fortune et le bonheur, et ne trouvent que misère et déception ! Combien d'entre nous, perdus dans les neiges, éloignés de leur famille, isolés, peut-être oubliés du monde, se prirent à regretter l'âtre de la modeste demeure paternelle ! combien sentirent toute l'inanité de la gloire et se rappelèrent les amères paroles du poëte :

> « Je meurs, et sur la tombe où lentement j'arrive
> Nul ne viendra verser des pleurs ! »

La colonne du général Renaut, qui ne se trouvait qu'à quelques lieues de nous, avait également été assaillie par les neiges. La conduite de deux commandants en chef fut diamétralement opposée : le général Cavaignac fit immédiatement lever le camp quand il s'aperçut qu'il avait neigé ; le général Renaut ordonna au contraire de ne pas bouger. J'ai entendu aigrement critiquer, ou louer sans réserve l'un et l'autre mode ; en examinant les choses de plus près, on ne tarde pas à s'apercevoir que les deux chefs ont eu raison. Le général Renaut occupant un bivouac riche en buissons, la facilité de faire du feu et l'avantage d'avoir des emplacements secs sous les tentes, lui enjoignaient de conserver sa position. L'absence de bois, l'espoir d'en rencontrer dans la montagne, la nécessité de dégourdir par la marche les soldats qui ne pouvaient se réchauffer par des feux, faisaient au contraire au général Cavaignac un devoir de poursuivre sa route.

Le thermomètre monta à + 7° dans la journée ; le soleil perça par intervalles les brumes du ciel, mais nous eûmes encore un peu de pluie et de grêle. La neige fondait sur la terre profondément détrempée et rendait la marche extrêmement fatigante ; nous avancions presque directement à l'est, vers la chaîne de montagnes que nous atteignîmes bientôt.

CHAPITRE V.

LES OASIS.

Le Grand-Atlas. — Aïn-Mallhah. — Quelques mots sur les ruines qu'on rencontre dans le Sahara algérien. — Redirs de Guesmir. — Épidémie d'ophthalmies. — Oasis et ksar d'Asla.

Cette chaîne qui se dresse devant nous, c'est le Grand-Atlas! Ses sommets se dessinent à peine à travers les vapeurs qui troublent l'atmosphère; mais notre imagination devance nos yeux, et notre esprit se peuple de mille souvenirs mythologiques devant cet antique et colossal pilastre qui soutenait la voûte céleste du paganisme. Nous sommes dans ces régions où Atlas et Hespéris cachaient leurs filles au fond de jardins toujours verts, à l'ombre d'arbres aux fruits d'or, pour dérober leur virginité aux convoitises d'Osiris, roi d'Égypte. C'est aussi sur ces plages lointaines que Persée et Hercule se sont illustrés en détruisant les monstres qui désolaient le pays : les Gorgones, aux cheveux de serpents et aux mains de fer; les Grées, trois monstres qui, dans leur étrange communauté, n'avaient qu'une seule dent et qu'un seul œil.

Mais laissons là ces rêves poétiques d'un autre âge, et entrons dans le domaine de la réalité.

On a beaucoup discuté sur ce qu'on doit entendre par Grand et Petit-Atlas. Si l'on veut donner un gisement précis à l'une et à l'autre chaîne, à l'aide des documents que nous fournit l'antiquité, on se trouve fort embarrassé, car les auteurs qui ont décrit ces pays avec quelques détails vivaient avant l'époque où la domination romaine a pénétré profondément dans l'intérieur du continent : tel est Polybe, qui le premier essaya de déterminer la position de ces montagnes, jusque-là errantes au gré des conceptions de chaque historien et de chaque géographe; et tels sont aussi Pline, Pomponius Méla, Ptolémée et Strabon. Il ressort bien évidemment des documents fournis par ces auteurs, que les anciens savaient qu'une longue chaîne commence sur les bords de l'Océan, dans la Mauritanie Tingitane [1], traverse la Mauritanie Césarienne [2], la Numidie [3], et vient mourir dans les provinces Proconsulaire et Bysacène [4]; mais ils n'ont point nettement spécifié ce qu'on doit appeler Grand et Petit-Atlas. A cette époque, en effet, les colonies romaines commençaient à s'asseoir sur quelques points du littoral de la Mauritanie, et l'intérieur n'était encore connu que par de fabuleux récits, comme ceux, par exemple, que Strabon a recueillis : « La fertilité, dit-il, y était si prodigieuse, qu'on récoltait, deux fois par an, des épis hauts de cinq coudées, gros comme le petit doigt et rendant 240 pour un; d'immenses raisins pendaient à des vignes gigantesques dont deux hommes avaient peine à embrasser le tronc; mais le bonheur de cette belle contrée était troublé par une

---

[1] Le Maroc.
[2] Les provinces d'Oran et d'Alger.
[3] La province de Constantine et de Bone.
[4] La régence de Tunis.

foule d'affreuses bêtes qui sortaient des bois et des herbes, du sein de la terre et des profondeurs des eaux [1].

Du temps de Pline l'ancien, un seul général romain (Suétone Paulin) avait osé quitter le rivage et s'aventurer dans les forêts : après dix jours de marche, il était parvenu à l'Atlas, l'avait franchi et était arrivé dans des plaines de sable noir arrosées par une rivière [2]. Le portrait que Pline nous trace de ces montagnes se rapporte sans doute aux sommets limitrophes du Tell et du Sahara algérien, et ne peut en aucune façon s'appliquer à la chaîne que nous abordons. Il les représente comme un pic qui, du côté de l'Océan [3], surgit âpre et horrible du sein des sables, tandis que son versant septentrional est couvert d'une belle végétation, arrosé par des sources délicieuses et paré de mille fruits et de mille fleurs, de sorte « qu'il n'est pas de désir, dit-il, qu'il ne puisse rassasier par sa richesse spontanée [4] ». Le système montagneux qui s'élève devant nous ne peut se reconnaître à cette description, car ses deux flancs sont pressés par le désert, et, pour arriver à lui, il faut quitter la zone de la végétation et traverser ce vaste espace aride qu'on appelle communément désert d'Anghad. Suétone Paulin n'a donc pas dépassé la frontière méridionale du Tell [5] :

---

[1] *Géographie de Strabon*, livre XVII.

[2] Le Geer ou Gir. Quelques-uns ont voulu y voir le Niger. A-t-on pu y songer sérieusement? Le Niger après dix jours de marche, et sans avoir quitté les forêts ! Le Nigir et le Gir de Ptolémée n'étaient certainement pas même dans le Sahara algérien, mais dans le Tell, l'un à l'est, l'autre à l'ouest.

[3] C'est-à-dire du côté de l'intérieur. Il ne faut pas perdre de vue que les anciens ne prolongeaient presque pas dans le sud le continent africain, mais le terminaient à quelques journées au delà de l'Atlas. L'Océan venait battre cette côte imaginaire.

[4] Pline. Éd. Panckouke, tome IV, livre V.

[5] D'autres généraux romains ont poussé, avec leurs légions, très-loin dans l'intérieur de l'Afrique; comme leurs expéditions ont eu lieu non plus dans l'ouest, comme celle de Suetonius Paulinus, mais à l'est, nous n'avons pas à nous en

ses dix journées de marche ne peuvent être invoquées comme un argument pour établir qu'il a poussé plus avant vers le sud, car on sait avec quelle difficulté et quelle lenteur une colonne avance dans un pays vierge, accidenté par des montagnes et obstrué par la végétation de forêts primitives.

Plus tard les Romains ont traversé le Grand-Atlas et ont jeté des colonies dans les oasis du Sahara algérien, jusqu'à Tougourt à l'est, et probablement à Guéléa à l'occident. Les fertiles environs de Mequinez, dans le Maroc, ont aussi reçu la civilisation romaine. Mais peu de documents nous sont parvenus sur cette époque de l'occupation latine, de sorte que nous ignorerions jusqu'aux noms de la plupart de leurs colonies, si la liste de ces noms et l'indication des distances ne nous avaient été transmises par la Table Peutingérienne, qui date de l'année même de la mort de Constantin-le-Grand [1], et par l'Itinéraire d'Éthicus, dit d'Antonin, écrit une quarantaine d'années plus tard.

Puisque les anciens ne peuvent nous servir de guides pour reconnaître et baptiser les chaînes montagneuses algériennes,

---

occuper. Les deux chaînes du Grand et du Petit-Atlas semblent ne plus être aussi distinctes à l'orient; et d'ailleurs on ne trouve, dans Ptolémée, qui nous a transmis succinctement cet itinéraire, rien qui puisse servir à élucider la question dont nous nous occupons actuellement, savoir : ce que les anciens entendaient par Grand et Petit-Atlas. Parmi ces généraux romains, Lucius Balbus a voyagé dans la Phrazanie; Septimus Flaccus et Julius Maternus ont touché à Garama (R'Damès ou G'hdamès) et sont arrivés dans le Soudan, après plusieurs mois de marche.

[1] La *Table Peutingérienne* est, avec le routier d'Éthicus, le document le plus précieux que nous ait légué l'antiquité pour établir la concordance des noms anciens et nouveaux; malheureusement la feuille de la *Table Peutingérienne* qui donnait l'itinéraire de la partie de la Mauritanie que nous parcourons, a été perdue, et quelques fragments de ses indications nous sont seuls parvenus, recueillis par un géographe anonyme de Ravenne. Cette lacune et les inexactitudes de l'ouvrage de Mannert doublent le prix d'un mémoire que la publicité ne nous a pas fait connaître encore, dû à M. le capitaine Azéma de Mongravier. Ce travail, intitulé *Antiquités de la province d'Oran*, vient d'être couronné par l'Institut.

demandons le dernier mot aux explorations modernes. Or, les systèmes orographiques sont tellement bien dessinés sur notre territoire africain, qu'il ne peut pas s'élever de bien sérieuse contestation pour déterminer ce qu'on doit entendre par Grand et Petit-Atlas.

La dénomination de Petit-Atlas s'applique au système montagneux si compliqué qui accidente le Tell ; on la restreint d'ordinaire aux principales chaînes groupées vers les limites méridionales de la terre cultivable. Par Grand-Atlas nous entendons une longue chaîne, commençant vers Biskara et courant au S.-O. jusque dans le Maroc, chaîne qui partage en deux bandes le Sahara algérien. Sous le méridien d'Aïn-Mahdi, elle prend le nom de Djebel-Amour ; elle a été explorée par le général Marey-Monge. Un peu plus à l'occident, elle conserve le même nom, et a été visitée, en 1847, par le général Renaut, après avoir été vue antérieurement par le colonel Géry et le général Jusuf. Enfin, sur les limites du Maroc, ses dénominations se multiplient. Avant l'expédition du général Cavaignac, cette partie du Grand-Atlas n'avait pas encore été explorée.

Tel est pour nous le Grand-Atlas, qui mérite plutôt son épithète, un peu ambitieuse, à cause de son éloignement du littoral, à cause du lointain vaporeux et fantastique dans lequel on l'a aperçu longtemps, que par son élévation au-dessus du niveau des mers. C'est ce qui va ressortir de notre rapide description.

Le Grand-Atlas, dans les points où nous l'avons visité, forme une bande montagneuse dirigée du N.-E. au S.-O. Elle est large de 3 à 4 myriamètres, mesure prise perpendiculairement à son grand axe, c'est-à-dire du S.-E. au N.-O. C'est un système compact constitué par des noyaux, des chaînons et des groupes qui ne laissent généralement entre eux que des vallées trop peu larges pour mériter le nom de plaines. La chaîne des Chott doit être considérée comme une chaîne secondaire se rattachant au système principal, dont la sépare une très-large vallée, ou, si l'on aime mieux, une longue plaine coupée par quelques lignes de monticules qui relient les deux systèmes. On se rappelle sans doute que c'est à cette plaine que nous avons donné le nom de désert d'Anghad proprement dit.

Dans la partie du Sahara algérien qu'a vue le général Marey-Monge, le Grand-Atlas semble se grouper en deux chaînes principales, le Djebel-Amour et le Djebel-Sahari.

Nous allons nous occuper seulement de la portion que nous avons parcourue. Le calcaire et le grès rouge dominent. Ce dernier reçoit quelquefois une couleur très-prononcée du fer oxydé qu'il contient. Nous n'avons pas trouvé de calcaire coquillier, mais le général Marey en a rencontré dans son exploration. D'après le rapport de quelques personnes qui ont visité des points que nous n'avons pas vus, les roches d'éruptions ou plutoniques auraient percé de temps en temps la couche de terrains de sédiment, et paru à la surface, sous forme de noyaux de granit et de petites masses de gneiss.

Toutes ces montagnes sont arides, rocheuses, tapissées seulement de quelques rares touffes de halfa. Quelques-unes, surtout au N.-O. de S'fissifa, ont conservé de chétifs lentisques clair-semés. Il paraît que les pentes étaient autrefois moins nues. Aujourd'hui il faut, pour trouver des versants ombragés, remonter la chaîne au N.-E. jusqu'au Djebel-Amour.

Nous pensons qu'on peut fixer approximativement à 1,000 mètres l'altitude des vallées de la partie du Grand-Atlas à laquelle les Ouled-Sidi-Chicks ont donné leur nom. C'est l'arête culminante de cette partie du Sahara algérien. Quant à l'élévation des montagnes elles-mêmes, nous sommes persuadé qu'on ne s'éloignera pas beaucoup de la vérité, en estimant que les plus hauts sommets que nous avons aperçus, ne dépassent pas les vallées de 500 mètres, ce qui nous donnerait moins de 1,500 mètres au-dessus de la Méditerranée, c'est-à-dire une altitude inférieure à celle du plus haut pic du Petit-Atlas, le Jurjura, auquel on accorde 2,100 mètres dans le travail du général Marey-Monge.

Nous avons dit que le Djebel-Amour n'est que la portion orientale de la chaîne des Ouled-Sidi-Chicks. Les observations barométriques de MM. Demareix et Fournel lui donnent une hauteur qui dépasse un peu celle que nous attribuons à la partie occidentale de la chaîne : ainsi le plateau varierait entre 1,000 et 1,300 mètres au-dessus de la mer, et le plus haut sommet atteindrait 1,600 mètres (le Djebel-Gourou). Ces observations sont d'accord avec les renseignements que nous ont fournis des Arabes qui ont parcouru toute la chaîne de l'est à l'ouest. D'après eux, les montagnes s'abaissent à mesure qu'on approche de Figuig, oasis du Maroc.

Nous ne terminerons pas cette courte description du Grand-Atlas, sans noter une particularité géologique très-importante au point de vue militaire. Le long de la base des principaux pâtés montagneux, se développe le plus souvent un petit rideau de monticules que l'on croit, même d'un point de vue rapproché, n'être que le premier gradin de la montagne, mais qui est toujours séparé de celle-ci par une petite vallée. On verra, à propos de notre combat de Aïn-

Seufra, que cette disposition est loin d'être indifférente pour les opérations militaires.

Nous abordons le Grand-Atlas à Aïn-Malhah. La chaîne s'ouvre en une vallée limitée à l'ouest par le Djebel-Malhah, à l'est par un groupe de collines appelées Zerigal-el-Malhah et par le Djebel-Sidi-Sliman. La vallée se dirige au sud, encaissée à droite (ouest) par les monts Souïnga, reliés au Malhah par des hauteurs intermédiaires; à gauche (est) par le Djebel-bou-Daoui et le Djebel-Egla. Quelques sommets isolés s'élèvent dans le sud, à l'extrémité de la vallée, non loin de l'oasis d'Asla.

Nous faisons grande halte à Aïn-Malhah, à 32,000 mètres de Fritis. Des sources abondantes sortent d'un petit bassin rocheux, forment des mares entourées de joncs et couvertes d'un vert réseau de plantes aquatiques; elles se réunissent ensuite en un ruissseau qui serpente quelque temps entre les monticules et se perd bientôt.

Les eaux d'Aïn-Malhah sont thermales et salines. Leur température est à peine tiède; de sorte qu'on ne pourrait pas administrer de bains sans un chauffage artificiel.

Nous avons rapporté, M. le docteur Lapeyre et moi, un flacon d'eau de Aïn-Malhah (en arabe, fontaine salée) qui a été remis à M. Vial, pharmacien en chef de l'hôpital militaire de Tlemcen. La quantité d'eau se trouvant trop minime pour que ce chimiste pût faire l'analyse quantitative, nous ne pouvons donner ici que des résultats qualitatifs.

Les eaux de Aïn-Malhah sont incolores, assez limpides, inodores et d'une saveur fade très-désagréable; elles dissolvent mal le savon et cuisent difficilement les légumes. Un décilitre a donné 6 décigrammes d'un résidu blanc-grisâtre, ne fusant pas sur les charbons ardents, mais faisant effervescence avec l'acide sulfurique et laissant dégager des vapeurs qui ont les caractères de l'acide chlorhydrique. Un décilitre d'eau contient environ, à une température de + 16°, 23 millimètres cubes d'air mêlé d'un peu d'acide carbonique, mais ne fournissant ni hydrogène sulfuré ni hydrogène carboné. Les eaux salines thermales de Aïn-Malhah récèlent : 1° des matières organiques en assez forte proportion ; 2° une très-grande quantité de sel marin ; 3° une notable proportion de sulfate et de carbonate de chaux et très-probablement de chlorure de calcium ; 4° du sulfate d'alumine et une assez grande quantité d'hydrochlorate et de sulfate de magnésie.

On trouve, au-dessus de la source, les restes de murs formant un carré qui n'a guère que 20 mètres de longueur sur chaque face. De chaque côté de la porte existaient deux petites maisons dont les vestiges sont encore visibles ; le reste n'était probablement qu'une enceinte à ciel ouvert. Quelques personnes ont cru voir là les restes d'un ksar ruiné ; mais ce n'est évidemment qu'un petit caravensérail, ou plutôt une hôtellerie qui n'était pas destinée à recevoir les caravanes assez nombreuses pour se protéger elles-mêmes, mais seulement les voyageurs isolés qui voulaient mettre, pour la nuit, leurs marchandises à l'abri des maraudeurs qui infestent les parages fréquentés du désert. Fritis et Daya étaient deux autres points de cette ligne qui liait le Tell au Sahara, le pays des céréales au pays des dattes. L'importance de la position de Aïn-Malhah est ainsi mise en évidence.

Les habitants actuels de ces contrées attribuent à une race d'hommes supérieurs, à des espèces de demi-dieux qui ont disparu de la surface de la terre, la construction des monuments de Aïn-Malhah et de la batterie des géants de Fritis. Je crois qu'ils font remonter à une aussi fabuleuse origine les vestiges qu'on trouve à Aïn-Hadjej, à Taoussera, ainsi que le ksar ruiné de Mechria.

Chez les peuples où l'histoire écrite n'enregistre pas les événements à mesure qu'ils se déroulent, de manière à les transmettre dans toute leur vérité, chez ces peuples la tradition seule est chargée de perpétuer les souvenirs. Mais les traditions s'embellissent au gré de l'imagination de celui qui les a reçues de son père et qui les conte à son fils : la légende et la ballade prennent bientôt la place de l'histoire; le fantastique et le merveilleux remplacent la froide réalité. C'est ainsi que, chez nous, la foule ignorante attribue aux fées, aux démons ou aux sorciers la construction de nos vieilles basiliques gothiques, et celle des manoirs perchés sur les crêtes de nos montagnes. Nous pensons que les débris d'habitations épars dans le désert, n'impliquent aucunement l'existence d'une race d'hommes plus civilisés que ceux qui l'occupent ou le parcourent aujourd'hui; ces constructions n'ont rien d'ailleurs qui indique un art plus avancé que dans les ksours modernes. Mais nous sommes persuadé que le pays était autrefois plus peuplé et que les transactions, plus actives à cette époque, nécessitaient des voyages plus nombreux et multipliaient les échelles commerciales entre le Tell et le Sahara.

Après avoir encore parcouru 12 kilomètres, nous campons près des redirs de Guesmir, non loin des mines très-riches de sel gemme appelées Enfich. L'eau des flaques de Guesmir est tellement brune et surchargée de boue, que peu de personnes essaient d'en boire; mais les animaux s'en contentent. On fait une distribution d'eau puisée à Aïn-Malhah et à Fritis. Le thermomètre est à 3° à 6 heures du soir, il tombe un peu de neige et le vent est très-froid;

mais la chiah croît en abondance autour des tentes, et bientôt ses racines s'allument et le soldat se range en cercle autour des feux; il redevient babillard et facétieux, signe certain que le mal est dompté par une salutaire réaction.

C'est ici le lieu de parler d'une épidémie d'ophthalmie [1] (maux d'yeux) qui atteignit près de 200 hommes de la colonne, et qui donna assez de souci à notre commandant en chef, pour qu'il provoquât une conférence entre les divers membres du corps militaire de santé qui se trouvaient faire partie de la colonne.

Voici en deux mots l'histoire de cette petite épidémie. Les uns n'eurent qu'une simple fatigue de la vue, avec pesanteur, larmoiement et arborisations rouges de la conjonctive (membrane qui recouvre la partie blanche de l'œil); mais d'autres furent plus gravement affectés : la douleur était cuisante, l'œil très-rouge, et la cornée (partie transparente de l'organe) devint le siége de petites ulcérations dont on pouvait redouter les suites, par la raison qu'une cicatrice opaque empêche souvent les rayons de parvenir au fond de l'œil, et qu'alors les images ne sont plus perçues. Mais personne, heureusement, ne perdit la vue.

Ceux chez lesquels la maladie n'était pas très-intense marchaient avec les allures de gens qui, englobés dans une colonne de fumée, entr'ouvrent l'œil de temps en temps, malgré la douleur que cela leur cause, pour s'assurer du chemin qui les conduira hors du tourbillon : ils faisaient quelques pas les yeux fermés, puis écartaient les paupières, pour un temps très-court, afin de s'assurer de la

---

[1] Félix Jacquot, *Lettres d'Afrique*. Paris, 1847, in-8º, et dans la *Gazette médicale*. Dans la lettre xiv, nous avons donné la relation complète de cette épidémie, fort curieuse au point de vue scientifique.

configuration du terrain qu'ils devaient parcourir avant de jeter un nouveau regard. D'autres avaient passagèrement tout à fait perdu la vue : ils heurtaient les touffes de halfa et roulaient par terre. Je les recueillis sur les cacolets.

Ce n'est ni le froid de la nuit, ni la fumée de la chiah qui ont amené ces maux d'yeux. En effet, nous eûmes, avant et après l'épidémie, des différences bien plus tranchées entre la température de la nuit et celle du jour, par exemple $+ 10°$ et $+ 43°$, ou $- 1°$ et $+ 23$; en second lieu, il n'y avait pas de chiah dans notre bivouac du 19 au 20; bien plus, un assez grand nombre d'hommes, qui ne s'étaient nullement approchés des rares feux qu'on avait pu allumer, furent atteints d'ophthalmie. Il faut évidemment accuser notre marche du 20, sur les neiges qui nous renvoyaient éblouissants les rayons que le soleil dardait par intervalles. C'est pendant l'étape que la plupart des individus furent atteints. Je me rappelle l'histoire d'un soldat d'artillerie : il conduisait sa pièce, lorsque, tout à coup, par un assez vif coup de soleil, il s'arrête brusquement, se frotte les yeux, tourne la tête en tous sens et s'écrie : Je n'y vois plus, je suis aveugle!... Sa cécité ne fut pas de longue durée.

Le général Cavaignac, pour prévenir les effets de la réflexion de la lumière par les sables et pour empêcher les poussières ardentes d'offenser l'organe de la vision, avait fait donner, au départ de Tlemcen, de petits voiles de gaze aux soldats; mais le soldat est fort routinier de sa nature; il hait autant les innovations que les plus entêtés cultivateurs de nos campagnes. On lui avait ordonné de porter ce voile : il le portait.... dans sa poche. Je prescrivis qu'il le portât à sa casquette : il l'attacha autour du turban et laissa voler la gaze au-dessus de sa tête, sans l'abaisser sur ses yeux. Décidément j'étais victime d'une mystification semblable à celle qui molesta si fort ce bon maire de Falaise, à propos des lanternes exigées des citoyens qui voulaient sortir nuitamment.

21 avril.

Nous ne sommes plus qu'à 8 lieues d'Asla, le premier ksar que nous devons rencontrer. Nous cheminons toujours entre les montagnes; le pays s'élève un peu, et le halfa se montre par larges plaques parmi la chiah. Nous nous engageons dans un vallon resserré entre les hauteurs qui, la veille, nous paraissaient clore la grande gorge dans le sud; un ruisseau desséché, l'Oued-Mequilta, serpente au fond, entouré de buissons de retems. Le site devient plus aride, plus désolé, plus sec; la terre n'a plus que de rares chiah dont la verdure est flétrie; les montagnes sont abruptes, déchirées, rocheuses et veuves de toute végétation. Au sein de ce triste paysage, nous voyons s'élever, sur un monticule stérile, un lourd amas de constructions entassées sans ordre et sans architecture : c'est le ksar d'Asla. Son aspect rappelle un peu nos vieilles ruines gothiques, perchées sur les pics des montagnes : les murs, non crépis, sont lézardés, sombres et délabrés, comme ceux des antiques donjons; une tour se dresse sur le sommet et domine le pâté, semblable à un féodal beffroi veillant sur le castel. Nos yeux fouillent tous les replis du terrain, sondent tous les détours de la vallée, se promènent avidement sur tous les alentours, cherchant quelque prairie, quelque buisson, le moindre brin de verdure qui annonce l'oasis espérée. Mais partout le sol est fauve, les rochers sont fauves, fauves sont les plantes du désert, fanées et couvertes de poussière. Nous avançons, de fort mauvaise humeur contre les trop fécondes imaginations qui bâtissent tout à l'aise, au coin du feu, en France, de belles et fraîches oasis qu'elles s'amusent ensuite à semer dans le désert. Il nous en coûte beaucoup pourtant de renoncer à l'idée que nous nous étions faite de ces îles de verdure jetées sur l'océan de sable, de ces petits éden qui consolent une terre de désolation, de ces bosquets sous lesquels la caravane brave le sirocco ! Furieux de ma déception, et pour avoir enfin le dernier mot, je plante mes éperons dans les flancs de mon cheval et je le pousse sur une dune de sable, dans laquelle il enfonce jusqu'au poitrail. J'arrive au sommet et un cri s'échappe de ma poitrine : Voilà l'oasis ! Un petit coin tout vert, tout frais, plein d'ombrage, de délices et de gaieté, animé par les oiseaux qui chantent et par le murmure des eaux. La voilà ! De hauts dattiers balancent dans les airs leur élégant panache; le grenadier et le figuier se pressent entre les colonnades des palmiers; l'orge et le froment parent la terre d'un verdoyant tapis; l'eau circule partout, et ses humides vapeurs vivifient perpétuellement le feuillage. Les gerbes et les jets qui s'élancent soudain du grand bassin de Neptune n'impressionnent pas tant la multitude dans l'attente, que les palmiers jaillissant tout à coup du sable aride n'étonnent et ne saisissent le voyageur muet et immobile d'admiration. La voilà, l'oasis! elle est jetée là comme une fleur sur le sable; de tous côtés les dunes mouvantes, les collines pierreuses, les plages sèches et désolées, la pressent et l'étreignent, comme une perpétuelle menace. On frémit pour elle, quand on la voit, si petite, perdue dans l'immensité du désert qui lui souffle sa chaude haleine et ses poussières envahissantes; mais elle sourit de son plus doux sourire à la mort qui entoure ses flancs, et semble lui dire, comme la jeune captive :

> L'épi naissant mûrit de la faux respecté;
> Sans crainte du pressoir, le pampre tout l'été
> Boit les doux présents de l'Aurore ;
> Et moi, comme lui belle et jeune comme lui,
> . . . .
> Je ne veux pas mourir encore !

Puisses-tu, oasis d'Asla, fleurir jusqu'à la fin des jours; puisse le flot de sable passer sous tes murs sans laisser de trace, et la brûlante tempête mugir à tes côtés sans flétrir ton vert feuillage ! Tant de tes sœurs du grand désert n'élèvent plus au-dessus des dunes qui les ont envahies, que le sommet d'une tour, ou le faîte d'un palmier mort qui surgit des sables, comme une croix sur le tombeau de la peuplade engloutie !

On dirait que la nature, en répandant la plus complète aridité autour d'Asla, a voulu ménager un coup de théâtre, a voulu préparer un changement à vue plus surprenant, plus inattendu. Nous avons souvent souri de dédaigneuse pitié en voyant, sur les mauvais papiers peints des auberges de campagne, une oasis représentée par une tache d'un vert affreusement hardi sur un fond du jaune le plus cru. Eh bien ! nous avouons aujourd'hui qu'il y a dans la nature quelque chose d'aussi tranché, d'aussi net, je dirais presque d'aussi criard.

La musique de nos régiments jouait, comme aux jours de fête, quand nous passâmes sous les murs d'Asla; mais notre joie ne semblait pas avoir pénétré dans le vieux ksar : à le voir si morne et si sombre, on l'eût dit attristé par un deuil public; personne n'accourait au-devant de nous, aucune tête ne paraissait aux meurtrières ni sur les terrasses, aucune voix ne répondait à nos fanfares. C'est que, il faut bien l'avouer, la civilisation fait peur à ceux qui ne sont pas préparés à la recevoir ; et, pour dire toute notre pensée sans réticence, cette terreur n'est pas vaine ; car, si les enfants profitent plus tard, les pères ont eu presque toujours à souffrir.

Le général, comprenant ces sentiments, défendit d'aller troubler les Asliens dans leur ksar, et mit des postes autour des jardins pour empêcher qu'on y pénétrât.

Nous faisons séjour demain : nous verrons l'oasis plus en détail. C'est assez, pour aujourd'hui, de l'impression générale, si vive et si saisissante.

Nous apprenons que la colonne du général Renaut a fait le café à Asla, ce matin même. Se rencontrer ainsi, au milieu du désert, eût été une véritable fête pour les deux armées ! Mais le général Renaut ne nous a pas attendus.

Thermomètre. 1° à 5 heures du matin : pluie et neige par moments et toujours vents froids. 4° à 7 heures du soir : le ciel continue à être couvert.

22 avril.

4° à 5 heures du matin ; le ciel se voile et se découvre tour à tour. 25° au soleil. Le soir 8° ; orage, grande pluie et tonnerre.

Asla est située à un peu moins de 45 lieues de Daya, en ligne droite.

L'oasis d'Asla est une bande de moins de 1,000 mètres de longueur, sur une largeur beaucoup moindre. Sa superficie ne dépasse pas 16 hectares. Elle occupe le fond d'un ravin étroit qui l'abrite et l'encaisse de presque tous les côtés. Une enceinte générale entoure l'oasis : c'est un mur en terre, haut de 2 à 3 mètres sur 2 à 3 décimètres d'épaisseur, et flanqué de quelques tours rondes, bâties le plus souvent en pierres. On pénètre dans ces vedettes en s'y glissant par une ouverture semblable à une chatière. La tour est divisée par deux cloisons horizontales, séparant les étages, percées chacune d'une perte de substance par lesquelles on se hisse jusqu'au sommet, en s'aidant des pierres qui font saillie dans le mur. C'est sur la plate-forme de ces tours que veillent, protégés par un petit mur percé de meurtrières, les gardiens de nuit que le ksar envoie chaque soir pour écarter les maraudeurs qui tenteraient de s'introduire dans les jardins. Un seul homme peut battre un assez vaste rayon, depuis le sommet de la tour, et la difficulté de l'ascension ainsi que l'exiguïté de l'entrée, le mettent à l'abri d'une surprise : il tuerait facilement les envahisseurs, à mesure que chacun de ceux-ci engagerait, en rampant, sa tête dans la chatière.

L'Oued-Asla, assez joli ruisseau, traverse l'oasis dans toute sa longueur ; il naît, par quatre sources, à peu de distance au-dessus du ksar. Quand il est sorti des jardins, il se perd peu à peu, mais un thalweg indique la direction que prennent ses eaux quand elles sont gonflées par les pluies d'hiver. Dans l'oasis, il coule au milieu de champs de blé, d'orge et d'ognons, divisés en petits carrés qu'on soigne et qu'on arrose comme nos plates-bandes de fleurs ou nos légumes de choix. Les céréales couvrent l'une et l'autre rive jusqu'aux murs des jardins. Ceux-ci sont adossés à l'enceinte générale et partagés en une foule de petits clos entourés de murs. Chaque jardinet est une propriété à part, bien fermée, et ayant sa porte basse et étroite, sur laquelle viennent s'appliquer des panneaux en bois de dattier. Les serrures sont également en bois, construites sur le même modèle que celles qu'on emploie dans le Tell algérien. Mais le délabrement régnait partout : les panneaux étaient absents en beaucoup d'endroits, et les murs s'éboulaient par places. Il paraît que, depuis quelque temps, la sécurité a fait négliger les soins de défense : on ne craint plus aujourd'hui d'attaque sérieuse, la paix règne au désert; et quand les maraudeurs se montrent, c'est isolément ou par faibles groupes.

Les seuls arbres que nous ayons vus sont le dattier (*phœnix dactylifera*), le grenadier, le figuier et quelques amandiers. Des champs de céréales et d'ognons complètent la végétation. Il est à remarquer que, dans toutes les oasis que nous avons visitées, nous avons trouvé de vastes cultures d'ognons. Les Asliens font suivre leur première récolte, d'autres plantations qui consistent surtout en melons et pastèques, en navets, choux, tomates et piment, et probablement en maïs et millet. Les dattes sont le principal produit; on a estimé à 3,000 le nombre des dattiers de l'oasis, mais nous croyons ce nombre un peu exagéré.

Les ksouriens d'Asla prétendent que leurs dattes ne mûrissent pas. Nous croyons volontiers qu'elles ne parviennent pas à une maturité irréprochable; nous sommes convaincu qu'elles ne sont pas charnues et succulentes comme celles de Gourara, et nous savons que ce n'est guère que chaque deux ans qu'on obtient une récolte abondante; mais, année commune, elles atteignent un degré de maturité qui permet de les manger. La datte n'a pas absolument besoin d'être cueillie tout à fait à point pour être alimentaire, car le colonel Daumas nous apprend que, dans certaines parties du désert, les Berbers les récoltent avant leur maturité, de peur qu'elles ne finissent par trop tenter les voyageurs et par devenir leur proie. Certes, si les dattiers ne produisaient rien à Asla, on n'arroserait pas avec un soin tout particulier ces arbres de pur agrément, occupant une place si précieuse. Les Asliens se sont dits plus pauvres encore qu'ils ne le sont réellement, pour faire diminuer le tribut que nous devions leur imposer. La vérité suffisait pourtant pour leur attirer notre indulgence, et leur misère parlait assez haut pour qu'il pussent se dispenser de chercher à nous induire en erreur. On nous a offert, quand nous visitions le ksar avec MM. Bazaine et Anselme, des dattes coriaces et desséchées, presque sans pulpe et sans saveur, en nous disant que c'était ce qu'on possédait de mieux, et que de si beaux fruits ne venaient pas de l'oasis, mais arrivaient du pays des Touat. Il y avait feinte et fraude, car, quelques heures après l'excursion officielle, on nous vendait, au camp, des dattes bien supérieures à celles qu'on nous avait offertes naguère comme une splendide diffa [1].

L'oasis d'Asla, avec ses jardinets mesquins, dont la terre sablonneuse n'est égayée par aucune fleur, avec ses carrés de céréales si précieusement soignés et subdivisés en nombreuses parcelles, avec ses arbres fruitiers, humbles de taille et peu variés en espèces, l'oasis d'Asla ne répond pas à l'idée que nous nous étions faite des archipels de verdure dispersés sur l'océan de sable. Ce n'est pas la forêt touffue où les débris des vieilles générations d'arbres se mêlent à la végétation naissante; ce n'est point le jardin immense et sauvage qui fournit en un jour de quoi nourrir ses habitants pendant une année; ce n'est point le fourré où toutes les espèces se marient, se pressent et se confondent, couvertes

---

[1] *Diffa*, repas de l'hospitalité ou du sujet au maître.

de fleurs et pliant sous les fruits; ce n'est point l'oasis vierge et primitive, luxuriante et prodigue; ce n'est rien, en un mot, de ce que nous avions rêvé. C'est la nature avare, exploitée et tourmentée par l'homme; c'est la culture sage, modeste et économe, qui rejette l'ostentation des feuillages inutiles et la vaine parure des fleurs improductives, pour n'accorder de place qu'aux céréales, aux arbres fruitiers, et au palmier qui porte la datte, ce pain du désert. L'homme n'a pas besoin de réprimer les trop rapides élans de la nature exubérante de sucs nourriciers, d'élaguer les parasites, d'étouffer les espèces envahissantes; il faut, au contraire, qu'on la prie, qu'on la flatte, pour ainsi dire, qu'on l'arrose et qu'on la soigne, si l'on veut qu'elle fasse germer et grandir les semences qu'on lui a confiées.

Si chacun, dans la colonne, a été vivement impressionné par la vue de l'oasis, c'est à cause de l'extrême élégance des palmiers réunis en bosquets, et parce que de longues privations doublent toujours le charme et le prix des jouissances.

L'irrigation est d'une nécessité absolue, non-seulement pour abreuver les racines d'humidité, mais aussi à cause de la terre et des sels que les eaux déposent sur le sol sablonneux. Les eaux de l'Oued-Asla sont excellentes. On a creusé, en aval de l'oasis, plusieurs puits qui s'alimentent à une nappe souterraine intarissable. Quand le niveau du sol d'un jardin ne permet pas d'y faire arriver l'eau de l'oued, on y supplée en y apportant des peaux de bouc ou des paniers de halfa très-serrés, qu'on a remplis aux puits ou dans le ruisseau. C'est aux femmes et quelquefois aux enfants que ce soin est ordinairement confié. On arrose toutes les plantations d'après les méthodes partout connues;

mais l'irrigation des dattiers se pratique d'une façon particulière. On fait une petite digue circulaire, à quelque distance de la base du tronc qui occupe ainsi le centre de l'espace circonscrit par cette espèce de margelle : l'eau reçue dans la cavité s'infiltre dans la terre et rafraîchit les racines chevelues du palmier.

Les jardins se terminent en pointe au sud ; l'oued s'en échappe et se dirige à l'est, entouré de beaucoup de seunra, de chétifs tamaris et de rares et grêles lauriers-rose. Le sol paraît tout aussi bon le long de ces rives que dans l'oasis même, et l'irrigation y serait d'une égale facilité; mais le palmier n'y croît plus. Nous sommes porté à penser que, dans ces régions du moins, il faut au dattier non-seulement de l'humidité et de la chaleur, mais qu'il demande aussi à être abrité contre certains vents froids. Ce besoin nous a été révélé plusieurs fois, pendant notre voyage, par la vue de lignes de palmiers cessant tout à coup là où le ravin n'est plus encaissé, quoique l'oued continue à fournir de l'eau.

Le ksar, bâti en pierres, est situé à l'extrémité d'un petit plateau rocheux qui est d'un abord assez difficile, si ce n'est du côté de la tour principale qui le domine. Une route en lacet, creusée dans le roc, aboutit à l'une des quatre portes. Le flanc qui surplombe l'oasis est vertical et tout à fait inaccessible. C'est par le nord-est que nous avons abordé Asla ; en cet endroit on rencontre quelques petites dunes qui se sont accumulées contre le plateau. Pendant qu'assis sur la pente d'une d'elles nous prenions une vue de l'oasis, le vent vint à souffler; quand notre croquis fut terminé, nous fûmes obligé, pour ainsi dire, de nous arracher du sable dans lequel nous étions comme implantés : il nous avait envahi jusqu'aux genoux.

Le ksar s'offre sous l'aspect d'un pâté de maçonnerie percé de rares et petites fenêtres, et accidenté par des angles saillants et rentrants. Les terrasses s'étagent comme un escalier irrégulier, à cause de la pente sur laquelle le village est situé. Toutes les maisons sont liées entre elles; aucune rue ne donne béante sur la campagne; elles sont fermées par des bâtisses, dans lesquelles on a ménagé une porte étroite aboutissant à un couloir ou à une rue. Il n'y a pas de mur d'enceinte; mais les murailles extérieures des maisons, massées les unes contre les autres, opposent un obstacle non interrompu à l'ennemi qui tenterait une attaque. Elles sont, du reste, percées de meurtrières, et quelques terrasses sont même surmontées de petits parapets crénelés. Je tenais beaucoup à spécifier tous ces détails, car, en lisant dans l'excellent livre du colonel Daumas, qu'Asla, les deux Moghard, Thiout et S'fissifa n'ont point de mur d'enceinte, on pourrait croire que ces ksours sont entièrement ouverts, ce qui serait une erreur. Nos donjons, nos tours féodales et maints châtelets gothiques, ne possédaient pas d'autre système de défense : depuis les appartements on tirait sur l'assaillant.

Une place triangulaire a été ménagée dans le centre du ksar; quatre rues viennent y aboutir. Au milieu de la place s'ouvre une citerne, également triangulaire, creusée dans le roc, dont les fissures ont été soigneusement bouchées par du ciment. On remplit d'eau ce trou, quand on craint d'être bloqué d'assez près pour qu'il ne soit pas prudent d'aller s'approvisionner au ruisseau ou dans les puits.

Dans la construction du village, on semble avoir eu à tâche de resserrer le plus de maisons, d'entasser le plus d'habitants possible dans un espace restreint. Aussi les rues ne sont-elles pas à ciel ouvert, mais de sombres couloirs qui serpentent sous les bâtisses. Elles sont si obscures et si étroites qu'on s'y glisse à tâtons, touchant des mains, quelquefois même des coudes, l'une et l'autre paroi. Le sol est inégal, anfractueux, encombré de rochers saillants qu'on ne s'est pas donné la peine d'aplanir; de sorte que l'étranger, qui ne connaît pas ces difficultés, trébuche à chaque pas, dans ce noir et infect labyrinthe. Les maisons ont ordinairement un étage au-dessus du rez-de-chaussée; quelques-unes nous ont semblé en avoir deux. Celles qui sont situées dans le centre du pâté ne peuvent prendre jour que sur les passages, et doivent être plongées dans une demi-obscurité perpétuelle: elles possèdent peut-être quelques ouvertures ménagées dans les terrasses, mais elles n'ont pas de cours, comme les grandes maisons mauresques du Tell. Nous n'avons, du reste, pu visiter aucun intérieur, si ce n'est la mosquée, espèce de caveau sombre de la simplicité la plus primitive. On nous a fait voir le pied-à-terre du chef des Sidi-Chicks. Les misérables chaumières de nos plus pauvres campagnes pourraient presque faire envie au château royal d'Asla. Dans l'angle d'un couloir, d'une rue, si vous aimez mieux, on nous a montré un massif de maçonnerie en forme de tombeau : c'est le lit qu'on offre aux étrangers de distinction; c'est le siége sur lequel ils se placent pour traiter les affaires.

Le chef qui nous guidait nous faisait les honneurs du ksar avec une prévenante politesse. Chaque fois que nous avions à franchir un passage obscur et inégal, il nous en avertissait, et ses gens nous prenaient le bras pour nous guider. Comme nous lui demandions à voir son arsenal, il exhiba un vieux fusil, construit dans le même style que les fusils arabes du Tell, mais plus grossier cependant. La batterie, massive et lourde, avait été raccommodée avec des plaques de fer-blanc, et l'on avait rapproché, à l'aide de clous, les fissures de la crosse ; le canon était bossué comme un vieil ophicléide réformé. Le cheick, voulant nous honorer jusqu'au bout, lâcha la détente, le chien s'abattit avec hésitation et le coup partit comme une traînante fusée. Les enfants du ksar, qui montraient craintivement un œil curieux par les étroites ouvertures, poussèrent un cri de joie en entendant le bruit de la fête : tant de poudre brûlée, c'était un luxe bien grand !

En visitant le ksar d'Asla, dont la construction est si contraire aux règles de l'hygiène ; en voyant ces porches obscurs, ces maisons exiguës, dans lesquelles s'entassent pêle-mêle tous les sexes et tous les âges ; en respirant cet air corrompu par les miasmes qu'exhale incessamment cette foule d'une repoussante malpropreté ; en songeant au défaut de renouvellement de l'air et à la pauvreté de l'alimentation, on peut prévoir la constitution et les maladies des habitants : prédominance lymphatique, teinte blafarde et scrofules. L'expérience vint pleinement justifier cette induction. Le cheick était un véritable squelette ambulant ; sa figure osseuse et jaune rappelait les marrons taillés en forme de face humaine. Sa suite ne valait pas beaucoup mieux : les enfants étaient malingres, et les vieillards, au lieu de prendre un teint fleuri et de l'embonpoint, tournaient aussi au squelette et visaient au jaune. Nous vîmes quelques têtes de femmes aux fenêtres : toutes étaient vieilles et ridées, excepté une pourtant, dont les traits présentaient de la délicatesse, et dont la peau blanche, mais un peu mate, était coquettement relevée par des mouches noires tatouées sur son front et sur ses joues.

Le ksar d'Asla contient soixante maisons et trois cents âmes à peu près. Pour lever soixante guerriers, il faut armer les jeunes gens imberbes et les vieillards infirmes. Ces pauvres gens se plaignaient beaucoup de la nécessité où ils sont d'envoyer, chaque nuit, une garde de vingt-cinq hommes armés pour protéger les jardins. Ce service les fatigue considérablement.

Les Asliens sont venus nous vendre au camp les produits de leur industrie, consistant surtout en bournous blancs grossiers et un peu étriqués, qu'ils donnaient pour 5 francs. Ils ont aussi apporté quelques dattes, des ognons et de la poudre de sauterelles.

Isolés du monde, dont le désert les sépare, et très-pauvres d'ailleurs, ils sont obligés de chercher à vivre du moins possible, et d'utiliser toutes les ressources que leur fournit l'avare Providence. Ils mangent les sauterelles apprêtées de plusieurs manières. A certaines époques, elles traversent les airs en nuées compactes, et s'abattent sur la terre; presque tout l'été, elles sautillent dans les blés et sur les plantes du Sahara : c'est une nourriture fraîche dont ils usent amplement. Plusieurs personnes, qui ont mangé des sauterelles fraîches passées dans la graisse, m'ont assuré que, tout préjugé mis à part, elles valent bien nos petits poissons frits. La sauterelle d'Afrique est, du reste, très-grosse et très-charnue. La prévoyance et la nécessité ont appris aux Asliens à faire sécher ces insectes au soleil, et à les réduire ensuite en une poudre qu'ils conservent pour l'hiver ou pour les mauvais jours, et qu'ils mêlent au couscous provenant des céréales, rares dans le désert, comme nous l'avons déjà dit. Nous avons voulu goûter une préparation culinaire de poudre de sauterelles; mais le beurre employé avait une rancidité si tyrannique qu'elle accaparait à elle seule toute la sensibilité gustative du palais : nous ne saurions dire, en conséquence, de quels mets le lecteur doit rapprocher la saveur de la sauterelle pour s'en faire une idée approximative. Tout ce que nous savons, c'est que la poudre s'agglomérait sous la dent en très-désagréables petits grumeaux, semblables aux masses glutineuses que forme la semoule, quand le malhabile cuisinier ne l'a pas soumise à une agitation circulaire assez prolongée.

Si nous en croyons Peyssonnel [1], la sauterelle n'est pas un aliment qu'on prend comme pis-aller, mais une véritable friandise. « Dans le pays des dattes, dit ce médecin voyageur, au midi du royaume de Tunis, on voit des vieillards qui n'ont jamais mangé de pain. Ils ne vivent que de dattes et d'eau. Ils mangent, par ragoût, quelques sauterelles qu'ils font bouillir dans de l'eau et du sel. »

Les céréales croissent à Asla en quantité insuffisante; aussi les habitants sont-ils obligés de s'approvisionner dans le Tell. Leur nourriture principale, la base de leur alimentation, c'est la datte. Or, nous avons vu que les palmiers d'Asla n'en donnent guère une bonne récolte que chaque deux ans : d'où il suit que ce ksar est un des plus maltraités par la nature. Les Asliens font venir des dattes de Thiout et de Moghard, qui possèdent un bien plus grand nombre de dattiers, et qui d'ailleurs sont en communication plus fréquente avec le Maroc et Gourara, localités où les dattes sont en telle exubérance qu'elles s'y vendent à vil prix. Nous parlerons plus tard de la datte sous le rapport de ses qualités nutritives.

[1] Peyssonnel, *Relation d'un voyage sur les côtes de Barbarie, en 1824 et 25*, publiée par Dureau de la Malle, page 73.

Les seuls monuments un peu remarquables d'Asla n'existent pas dans la ville : ce sont les marabouts qui blanchissent au bord des jardins; l'un d'eux est une véritable petite mosquée. Le pourtour de leurs murs est surmonté, comme cela a lieu dans toute la province, par de petites pyramides taillées en escalier; mais des œufs d'autruche remplacent, au sommet de ces pyramides, les boules de métal ou de pierre qu'on voit sur les chapelles sépulcrales du Tell. Ces marabouts, terminés par des coupoles, ont été bâtis par des architectes qu'on a mandés tout exprès de Figuig, dans le Maroc; les artistes du ksar ne sont pas capables de construire de pareils édifices. On dirait que les ksouriens ont voulu réserver tout leur luxe, toutes les magnificences de l'architecture, pour parer ces petits temples autour desquels on creusera leur dernière demeure. Celle-ci, au moins, n'est pas sujette, comme l'habitation des vivants, aux ravages et à l'insulte du vainqueur; elle est sainte et respectable pour tous : l'ennemi couvert de sang vient se prosterner et se recueillir sur les tombes ou sous la voûte des chapelles. L'existence est si éphémère, quand la faim, la misère, les maladies, les éléments et la guerre menacent incessamment, qu'on n'ose point orner la demeure dans laquelle on ne paraîtra peut-être qu'un jour; on réserve tous ses soins à celle qui donnera asile pour l'éternité, à l'abri des orages du monde.

Une morne tristesse, une profonde et religieuse solitude semblent veiller sur le cimetière d'Asla; le soir, le bruit du sable qui déferle sur les pierres sépulcrales et les murmures mélancoliques du vent dans les feuillages, se mêlent seuls au chant monotone des femmes accroupies en cercle autour des tombes de leurs ancêtres. Lorsque la nuit s'abaisse sur les noms! cette armée dont le dernier soldat est plus richement vêtu que leur cheick, et dont les chefs sont chamarrés d'assez d'or pour payer leur oasis entière! Ils durent se demander comment une si puissante nation pouvait quitter son heureuse patrie, pour venir troubler la solitude d'une petite oasis perdue dans le désert, et ne demandant qu'à vivre et à mourir tranquille dans sa pauvreté.

23 avril.

7° à cinq heures du matin; même température à midi; orage; intervalles de pluie et de beau temps; 6° à six heures du soir; 8° à huit heures.

Nous profitons de notre séjour prolongé pour gravir un roide monticule qui domine l'oasis. Quelques ruines, provenant d'anciens travaux de défense, occupent un point du sommet. De là la vue embrasse un large horizon; les plaines sablonneuses qui s'étendent, immenses et stériles, jusqu'à des montagnes également arides, font ressortir toute l'exiguïté de l'oasis. Nous avions déjà pris Asla sous cinq aspects différents; mais, comme celui-ci est caractéristique et comprend l'ensemble, nous saisissons nos crayons et jetons le croquis qui figure dans ce volume. Bientôt troublé dans notre besogne par de larges gouttes de pluie qui tombent sur notre album, nous sommes forcé à chercher un refuge dans le creux d'un rocher. L'oasis est à nos pieds; d'un seul regard nous l'embrassons tout entière. Cependant l'orage amoncelle de plus en plus des nuages sur l'azur du ciel; la brume couvre le front du ksar, et la vapeur se brise en flocons errants dans les éventails des palmiers. La nue se déchire et crève : de blanches cascatelles bondissent sur les rochers sombres du ksar, et de chaque palme tombe,

S LE SAHARA ALGÉRIEN.

née dont le dernier soldat est plus
cheick, et dont les chefs sont char
payer leur oasis entière! Ils durent
une si puissante nation pouvait
e, pour venir troubler la solitude
e dans le désert, et ne demandan
ranquille dans sa pauvreté.

s du matin; même température à
de pluie et de beau temps; 6° à six
heures.
de notre séjour prolongé pour gra
ui domine l'oasis. Quelques ruines
ravaux de défense, occupent un po
ue embrasse un large horizon; les
s'étendent, immenses et stériles, j
alement arides, font ressortir toute
ous avions déjà pris Asla sous cinq

comme d'une gargouille, un long filet qui se brise en gouttelettes étincelantes. Un rayon furtif s'échappe du ciel chargé de nuages et glisse sur le monticule, en dorant la pointe de chaque roche et les terrasses des maisons dont la base se perd dans l'ombre. Mais les nuages se joignent bientôt et se referment, comme un manteau, sur le lambeau d'azur qui pointait entre leurs masses noires : une demi-teinte d'ombre brunit tout le paysage, et l'on voit passer sur ce fond obscur les longues stries blanchâtres de la pluie qui tombe à torrents en bruissant sur les feuilles de l'oasis.

Les saisissantes beautés de ce spectacle ne nous avaient pas empêché de sentir que notre niche était inondée par de petits torrents qui se précipitaient par les fissures. Heureusement le ciel redevient beau : de chaudes lueurs rougissent le sommet des monts, descendent sur le faîte des palmiers, et pénètrent bientôt jusque dans les détours des bosquets.

Ma captivité n'avait pas duré moins de deux heures. Pendant ce temps j'avais songé,

« Car que faire en un gîte, à moins que l'on ne songe, »

j'avais songé, rêvé, dessiné, et jeté mes impressions sur le papier. Les rimes peu cherchées et la texture sans façon de ma petite pièce de vers réclament l'indulgence qu'on accorde d'ordinaire aux morceaux à peu près improvisés.

ASLA.

Dans les fentes du noir rocher,
Rose solitaire et sauvage ;
Phare qui brille dans l'orage
Et conduit au port le nocher ;

DANS LE SAHARA ALGÉRIEN.

Regard consolant d'une étoile
Perçant les ombres de la nuit ;
Rayon d'amour qui réjouit
Les âmes que la douleur voile ;

Au voyageur quand tu souris,
Si fraîche au sein du sable aride,
T'ouvrant à son regard avide
Comme le jardin des houris,
Pour payer tes molles pelouses,
Ton eau pure, tes fruits si doux,
Il arracherait les bijoux
Qui parent ses brunes épouses !

On voit au front de ton sultan
Plus grosses perles, j'imagine ;
Mais je tiens que pierre aussi fine
N'a jamais orné son turban.
Qu'importe que tu sois cadette
De dix sœurs plus riches que toi !
Sur mon sabre, je gage, moi,
Qu'il n'en est pas de plus coquette.

— A qui sont tes ombrages frais ?
— A tous. Sur la plage déserte,
Je suis l'hôtellerie ouverte
Où chacun peut s'asseoir en paix.
L'été, lorsque l'avide plaine
Au loin a bu toutes les eaux,
Le voyageur et les troupeaux
Viennent à ma claire fontaine.

Quand souffle le vent du désert,
Du sable la brûlante houle
Se soulève, mugit et roule,
Comme les vagues sur la mer....
La verdure alors se nuance
D'étranges et chaudes couleurs :
On dirait les rouges lueurs
Que jette un incendie immense !

Mais bientôt la brume du soir
Mouille l'oasis embrasée :
Elle renaît sous la rosée
Comme on revit par un espoir ;
Et lorsque son feuillage brille
Semé des larmes du matin,
On croirait voir sortir du bain,
Toute humide, une jeune fille !

———

Voici l'orage ! Le ciel noir
Sur l'oasis répand son ombre ;
Le ksar s'élève, morne et sombre,
Comme un fantastique manoir
Au bord d'une mer de nuages ;
Les palmiers les plus élancés
Surgissent, îlots dispersés
Sur un océan sans rivages.

— « Quoi ! la tristesse et le deuil !
Asla, mon oasis aimée,
Quand tu devrais, ma douce almée,
Te parer pour nous faire accueil ?
Nous sommes d'un pays immense,
Et dans le palais de nos rois
On pourrait te loger deux fois.
N'est pas qui veut fleuron de France ! »

— » Étranger, laisse en paix dormir
La pauvre oasis solitaire....
A mes pieds les bruits de la terre,
Sans me troubler, venaient mourir ;
Où le sable aride commence,
Le monde finissait pour moi,...
Je vivais heureuse sans toi,
Laisse-moi ma douce ignorance. »

— » Non, je viens te civiliser....
Tu n'es qu'un enfant qui chancelle ;
Il te faut quitter la mamelle.
Nous voulons t'apprendre à penser.

Te dire heureuse, c'est folie !
Tu ne sais pas juger encor....
Mais, dans nos mains, verse d'abord,
Verse le tribut qui te lie. »

Femmes, donnez tous vos colliers
Et vos haïcks de fines laines ;
Versez-nous à corbeilles plaines
Les plus beaux fruits de vos palmiers.
Donne troupeau, fusil et tente,
Asla, donne tes blancs bournous ;
Il faut payer pour être à nous,
Et nous remercier contente !

———

La rose sur le noir rocher
Mourante va courber sa tête ;
Plus de phare dans la tempête
Pour guider le tremblant nocher ;
Œil du ciel, consolante étoile,
Tu ne brilleras plus le soir ;
Que l'âme triste et sans espoir
Pour toujours de douleur se voile !

CHAPITRE VI.

LES OASIS.

Redirs de Kaouli. — Oasis et ksar de Thiout. — Défilé de Hadjej et légendes du Ksar-el-Krouf. — Moghard-Tahtania. — Le soldat, le sac et le pillage. — Moghard-Foukania.

24 avril.

D'Asla à Thiout, on compte 42 kilomètres. Le terrain qui conduit de la première oasis à la seconde, est une longue plaine limitée, à droite ou à l'ouest, par le Djebel-Fezouz et par les prolongements de l'Aïssa; à gauche, c'est-à-dire à l'est, par les monts Breïssa, Tenout, Oundjaïa et Djara. L'Oued-Asla s'échappe, à l'est, par une coupure comprise entre le Djebel-Breïssa au nord et le Djebel-Brabm au sud.

De légères montuosités accidentent la surface des vallées que nous parcourons. Nous faisons grande halte au Redjem-Sidi-Sliman, dans la plaine de Remta. Quelques touffes de retems, des buissons de jujubier sauvage et des lentisques épars égaient un peu le paysage. La terre est couverte, en certains endroits, de larges pierres plates enchâssées dans le sol comme d'immenses dalles sépulcrales. D'autres roches se écoupent sur les crêtes et sur les pentes; elles bourgeonnent comme d'énormes champignons, se déchiquètent comme une scie, s'élèvent comme des tours ou des ruines féodales.

Nous campons à Kaouli, redir occupant des anfractuosités rocheuses, au fond d'une dépression de terrain entouré de quelques lentisques. L'eau des redirs est souillée par le sable et par la boue; mais elle n'a point de mauvais goût. Les animaux en boivent; on distribue à chaque homme trois litres d'eau puisée dans l'Oued-Asla.

Nous avons fait 7 lieues. Thermomètre : 3° à cinq heures du matin; ciel couvert; un peu de vent; 27° au maximum; 19° à cinq heures du soir; le ciel se voile de nouveau; 10° à huit heures et demie du soir.

25 avril.

4° à cinq heures du matin; 10° à huit heures du soir.

Le sol continue à être semé de rochers saillants ou au ras de terre. Nous traversons un petit rideau; plus loin un col peu élevé se présente devant nous : c'est le Teniet-ed-Djir, formé par plusieurs chutes de terrains de faible hauteur, mais roides et difficiles, sur lesquels les mulets chargés se maintiennent avec peine. C'est le premier accident de terrain qui aurait pu empêcher une voiture de nous suivre depuis notre départ de Daya. Il serait donc très-aisé de tracer des routes dans ces contrées, ce qui est un avantage précieux dont le Tell est bien loin de jouir. Depuis Asla nous descendons manifestement; nous avons dit que toutes les eaux de la zone des oasis sont tributaires du Falat, ou plutôt de la bande méridionale du Sahara algérien; le terrain doit donc être incliné de haut en bas, en allant du nord au midi. La petite plaine qui s'étend aux pieds du col nous conduit jusqu'à Thiout; elle est coupée de quelques touffes de retems blancs. Une ligne d'arbres montre ses têtes feuillées par-dessus la croupe des monticules : c'est l'oasis, que nous abordons après trois heures de marche. Contrairement à Asla, Thiout déroule d'abord ses jardins; on n'aperçoit le ksar que lorsqu'on l'accoste du côté de l'ouest. Les environs sont secs et pierreux; les herbes du désert sont rares; il faut aller à plus d'une demi-lieue chercher de la seunra et des roseaux pour les animaux.

L'oasis de Thiout est la plus étendue, la plus riche, la plus fertile, la plus pittoresque de toutes celles que nous avons visitées dans notre voyage; on lui attribue 55 hectares de superficie. Elle est, comme celle d'Asla, abritée de tous côtés par de petits plateaux ou par des monticules en terre rougeâtre ou en grès de la même couleur. Elle affecte la forme d'un triangle irrégulier dont la base est tournée au sud. Une partie est plantée de jardins divisés en nombreux petits clos, comme à Asla, et sillonnés de ruelles dont le percement a été nécessaire pour établir des communications faciles et des entrées indépendantes dans les groupes épais de jardinets. Le reste de l'oasis est semé de céréales, et les champs sont partagés en carrés par des murs de terre d'un mètre seulement d'élévation. Une muraille entoure toute l'oasis; elle est flanquée de tours en terre, quadrangulaires pour la plupart. Plusieurs de celles-ci sont aujourd'hui privées des moyens d'ascension qui existaient dans leur intérieur, et leurs plates-formes se sont écroulées. La paix qui règne de nos jours dans le Sahara et surtout les besoins et les services réciproques qui lient les citadins et les nomades, rendent la défense à peu près inutile; ensuite la puissance de Thiout, le nombre de ses habitants, le mouvement qui règne dans ses environs, empêchent les maraudeurs de s'en approcher, tandis qu'ils ne craignent pas de tenter quelques vols à Asla, plus isolée et beaucoup moins peuplée.

Les jardins de Thiout sont les plus beaux de toutes les oasis occidentales des Sidi-Chicks. On y compte 5,000 dattiers formant de petits bois touffus, des groupes admirables, ou s'élançant isolément quelquefois jusqu'à 25 mètres de hauteur. Quelques vignes gigantesques enroulent leur spire autour des troncs et retombent en rameaux échevelés; ou bien les ceps flexibles se sont pliés sous les efforts de l'homme, de manière à tapisser des treilles ou des espèces de berceaux dont tous les points soient accessibles à la main qui doit les soigner. Les arbres fruitiers sont d'espèces très-variées : on trouve l'abricotier, le prunier, le pêcher, l'amandier, le grenadier, le figuier et le pommier; sous les palmiers, la terre n'est pas nue comme à Asla, elle disparaît sous les plantes potagères. L'élégance des panaches des dattiers, se découpant sur le bleu de ciel et se balançant fiers et superbes au-dessus de toute la végétation; le feuillage touffu des arbres fruitiers enlacés par les vignes et formant une seconde voûte sous la première; la fraîcheur entretenue par les ruisseaux qui courent sur le sol; ce pêle-mêle naïf et sauvage, cette richesse d'une nature primitive, ont un attrait tout particulier auquel on résiste difficilement. Mais, si quelque rêveur se mettait, comme c'est de rigueur, à désirer ce paisible séjour et à envier à l'enfant de la nature le calme profond de ses passions et son ignorance des besoins souvent factices que la civilisation engendre, etc., etc., il ne tardait pas à être tiré brusquement de sa béatitude par quelque bruit sinistre. Alors, réveillé en sursaut, il portait bravement sa main sur son sabre et cherchait des yeux son ennemi dans le fourré ; mais l'ennemi avait fui, et le rêveur rassuré n'apercevait qu'un soldat maraudeur à la quête de quelque butin.

L'Oued-Thiout naît dans les monticules qui surplombent, au nord, la pointe de l'oasis. Il traverse celle-ci du nord au sud, et se dirige ensuite à l'ouest. C'est le plus abondant de tous les ruisseaux qui arrosent les oasis. Son cours est ombragé de tamaris peu élevés ; des roseaux croissent sur ses bords, et ses eaux disparaissent sous un vert réseau de cresson et de plantes aquatiques en fleurs. En aval, le site est accidenté et des plus pittoresques : la vue que représente notre lithographie a été prise sur ce point. Le ruisseau s'étend en nappe large et contourne un grand rocher rouge qui reflète ses coupures dans le miroir tremblant des eaux. Les beaux groupes de palmiers qui s'élancent de la terre ou des fissures des rochers, semblent de grêles colonnades surmontées d'immenses chapiteaux. L'un des amas de roches qui limitent l'oasis, est coiffé d'une petite bâtisse qui paraît une vedette destinée à veiller sur les jardins. Des sources fraîches et limpides naissent dans les enfoncements de ce massif. Les Berbers les ont entourées de chambres pareilles à celles que nous construisons sur nos fontaines. Près de là, une fine aiguille de roc s'élance dans les airs ; de loin on la prendrait pour l'extrémité de la flèche d'une cathédrale gothique. Presque tous ces rochers sont de grès rouge ; mais nous avons aussi trouvé de petits fragments durs et compactes, de couleur ocre rouge-foncé ou d'un noir moins franc mais presque aussi brillant que celui du jais ; ils sont vergeturés d'évidures contournées comme de l'écriture arabe, et, quand on les brise, toutes leurs cassures présentent ce même aspect. Nous regardons ces fragments comme d'origine ignée.

L'Oued-Thiout est retenu par deux barrages. L'inférieur n'a pas moins de 15 mètres de développement : il est en solide maçonnerie et ses auteurs n'étaient pas étrangers aux lois qui doivent présider à ces sortes de constructions. Il ne se présente pas obliquement au courant, comme cela se remarque dans tous les vestiges de barrages turcs de la province d'Oran ; il coupe l'eau en lui offrant un angle obtus. En arrêtant ainsi les eaux et en les forçant à exhausser leur niveau, il forme un étang encombré de grandes plantes aquatiques et de roseaux élevés, dans lesquels pullulent les bécassines, les pluviers, les courlis, les poules d'eau, les pigeons, les tourterelles et un fort bel oiseau blanc à large envergure dont nous n'avons pu nous procurer aucun individu, mais que nous croyons fort être un ibis.

L'abondance des eaux permet un système d'irrigation conçu sur un large plan. Des conduits souterrains distribuent l'eau dans les jardins et sur les cultures, qu'on arrose ainsi avec une grande facilité. Dans la rue de Sidi-Hamet-ben-Jouref il y a plusieurs lieux d'aisances publics, dont le courant enlève les immondices à mesure qu'elles sont déposées. Je ne sais si à Thiout, comme dans la plupart des grandes oasis, le partage des eaux est établi et réglé par une pancarte affichée dans un lieu public, de manière que chacun ait, pour un temps déterminé, une quantité d'eau proportionnée aux besoins et à l'étendue de ses terres. Il est bien probable qu'il en est ainsi à l'époque où l'irrigation des céréales et des dattiers emploie une grande quantité d'eau.

Le ksar, assis à quelque distance de la rive droite de l'Oued, est englobé dans les jardins, excepté à l'ouest, où il offre une face entièrement dégagée qu'on pourrait très-facilement canonner en se plaçant, sur le petit plateau qui la domine, dans les environs du marabout de Sidi-Aïssa. Malgré l'enchâssement du ksar dans les massifs des jardins, sa défense est pourtant possible derrière une ligne continue de murailles ; des portes de ville ferment toutes les issues que laissent entre eux les murs extérieurs des maisons et ceux des jardins environnants, de sorte qu'il existe réellement une enceinte très-irrégulière, mais sans lacunes. Ce système n'est pas très-sûr contre les tribus voisines, parce que les Sahariens profitent de tous les accidents de terrain pour se glisser un à un, en rampant, jusqu'à ce qu'ils puissent exécuter une surprise ; mais cette multiplicité de jardins, de ruelles, de murailles et de halliers nous ferait perdre beaucoup de monde si le ksar était défendu pied à pied. Le commandant d'un bataillon de chasseurs faisant partie de la colonne du général Herbillon, ayant imprudemment aventuré sa troupe au milieu d'une oasis divisée ainsi en nombreux petits forts qu'il fallait prendre l'un après l'autre, a payé de la vie sa témérité, et a laissé bon nombre des siens sur la place.

La terre est presque uniquement employée dans toutes les constructions de Thiout. On choisit la plus grasse, la plus argileuse ; on la pétrit en mottes oblongues qu'on fait sécher au soleil ; puis, quand on veut édifier, on se sert de ces mottes comme de moellons et on les réunit avec de la terre délayée jusqu'à consistance pâteuse. Les maisons de quelques notables ont pourtant leur base construite en pierre. La porte de ville appelée Sidi-Hamet-ben-Jousef et la mosquée sont tout entières en maçonnerie. Les rues sont plus larges, moins couvertes, mieux éclairées qu'à Asla ; les maisons, moins exiguës et moins obscures. Presque toutes possèdent une petite cour intérieure, et les appartements s'ouvrent sur elle par une porte seule ou accompagnée d'étroites fenêtres. Ces appartements sont oblongs, comme ceux de toutes les maisons mauresques du Tell; mais leurs extrémités, au lieu d'être occupées par une estrade formant une alcôve circonscrite par une arcade, sont de niveau avec le sol, mais séparées de la pièce par un petit mur à hauteur d'appui. On croit que les Ksouriens couchent dans ces chenils obscurs. Le rez-de-chaussée sert d'habitation : c'est là qu'on vaque aux soins du ménage, qu'on prend sa nourriture et qu'on se repose; au premier étage sont les magasins et les ateliers pour la fabrication des étoffes de tentes et des vêtements.

Nous nous souvenons avoir visité à Aïn-Seufra un appartement du premier, dont la moitié à peu près était partagée en six ou huit compartiments par de petits murs, et nous nous sommes demandé si ces divisions ne sont pas plutôt destinées à emmagasiner des denrées de différentes espèces, qu'à servir de couche pour la nuit. L'habitude de s'enterrer entre quatre murs nous paraîtrait bien singulière, et nous sommes d'autant plus disposé à la révoquer en doute, que nous ne connaissons rien d'analogue dans le Tell.

Des portes basses font communiquer les pièces d'entrée avec les cabinets obscurs qui servent de cachette au besoin. Le sol n'est pas partout de niveau : quelques appartements se trouvent à un mètre au-dessous de la cour. Aucune maison, aucun intérieur n'est blanchi, la terre se montre partout avec sa couleur naturelle. Les terrasses sont soutenues par des poutrelles de dattier, dont on a comblé les interstices avec les larges palettes que les palmes forment à leur naissance. Les écuries s'ouvrent sur la cour, comme les appartements. Les maisons n'ont qu'un rez-de-chaussée et un étage; on monte à celui-ci par des escaliers en pierres très-grossiers, ou quelquefois par un tronc de palmier incliné et échancré d'espace en espèce, comme un escalier de pigeonnier. Thiout possède une école et une mosquée sans minaret [1].

Nous estimons la population de Thiout à 750 habitants, et les maisons à 150. Nous calculons d'après cette base, que chaque maison loge, en moyenne, 5 individus.

De singulières images, sur l'origine desquelles nous discuterons à propos de dessins analogues qu'on rencontre à Moghard-Tahtania, ont attiré de nombreuses visites aux rochers de grès rouge qui s'élèvent à la tête de l'oasis. Elles sont gravées en traits creusés sur le roc et représentent, avec une grossièreté toute primitive, tantôt des chasses, tantôt des scènes de la plus affreuse obscénité. Dans ces chasses et dans celles de Moghard, on voit figurer l'éléphant, le lion, le sanglier, l'autruche, l'antilope (ouache et amarouache des Berbers), la gazelle, le bouc, le chien, des oiseaux et enfin un animal qui peut bien être la girafe. Les guerriers sont armés de l'arc et de la flèche, et leur tête est ornée de plumes; les femmes portent au coude des bracelets à plusieurs branches pendantes. Quand une famille figure dans ces images, le lien du mariage ou de la parenté est représenté à l'aide de traits unissant tous les personnages par le milieu du corps. L'ILLUSTRATION du 3 juillet 1847 a donné, d'après nos croquis, *une Famille à la chasse* et *la leçon d'un guerrier à son fils*. Quant aux tableaux lubriques, ils ne sortiront jamais de nos albums. On y voit, sans voile et sans mystère, le commerce contre nature qui attira la tempête de

---

[1] Nous avons représenté, dans nos lithographies, l'intérieur de cette mosquée.

feu sur les villes dont vous savez les noms; accolement hideux qui était également loin d'être inconnu des Latins, puisque leurs poëtes le célébraient dans leurs pastorales :

> Formosum pastor Corydon ardebat Alexin,
> Delicias domini, nec quid speraret habebat.

L'étrange perversion d'appétit qui, au dire de Théocrite, rapprochait les bergers de Sicile de leurs chèvres, a aussi ses analogues à Thiout; seulement le pacifique animal est ici remplacé par le lion. Le produit de ces étranges amours est représenté dans le corps du lion : c'est une antilope.

Quand nous sommes arrivés à Thiout, la population avait déserté le ksar. Deux ou trois membres de la Djema (conseil exécutif) et quelques habitants étaient seuls restés, se dévouant peut-être comme les sénateurs romains, lors de la prise de la capitale du Latium par les Gaulois. On leur fit comprendre qu'on respecterait les propriétés et les personnes ; mais qu'il fallait non-seulement que les Thioutiens payassent le tribut, mais aussi qu'ils revinssent chez eux, de manière à entrer en communication avec nous et à apprendre à connaître leurs nouveaux maîtres. Le général Cavaignac savait fort bien que rien n'est plus propre à nous concilier l'estime et la confiance des populations indigènes, que la manière dont nous les traitons et que notre scrupuleuse observance des promesses que nous avons faites ; mais ces pauvres gens avaient conservé un si cruel souvenir de la conduite des Turcs envers leurs pères, qu'ils confondaient tous les vainqueurs dans leur haine et dans leur méfiance. Le général, ne voulant pas perdre un temps précieux, résolut de partir le lendemain pour les deux Moghard, espérant que les ksouriens de Thiout seraient rentrés à son retour, séduits par ses exhortations et par celles de quelques Asliens, que nous avions amenés pour servir d'appeaux, en attirant à nous leurs compatriotes, par la peinture de notre force et de notre clémence.

Parmi les individus restés dans le ksar, se trouvait un taleb (savant) très-renommé dans l'endroit, et remplissant, malgré ses hauts mérites, les fonctions modestes de maître d'école. Baucis avait voulu partager le sort de Philémon : le vieux couple habitait un petit réduit tout tapissé de pancartes surchargées d'écriture arabe; mais le silence y régnait au lieu du babil des enfants du ksar, partis avec leurs parents. Non loin de la demeure du savant se trouve son petit jardin, bien étroitement resserré entre quatre murs et contenant deux palmiers, un grenadier et quelques ognons dans un coin. Je pensai tout de suite que les Thioutiens avaient des idées fort avancées, et que, sachant que la science et le génie n'ont pas de patrie, mais appartiennent à l'humanité tout entière et ont droit au respect de tous, ils avaient laissé en toute confiance leur taleb entre nos mains. J'étais loin d'être dans le vrai, et il paraît que les gens de lettres ne font pas fortune dans le désert : le taleb était des plus pauvres, et, ne possédant aucune bête de somme pour transporter sa vieillesse infirme, il avait dû demeurer dans le ksar, quoiqu'il fût assez peu rassuré sur le sort qui l'attendait. Je fis comprendre au brave maître d'école, qui se trouvait aussi le tébib (médecin) du lieu, que j'étais son confrère et que je lui voulais toute sorte de bien : ce rapprochement de professions rassura un peu le vieillard, qui me fit asseoir sur sa natte. Pour achever de faire connaissance, je donnai à Baucis un petit miroir de poche qui la fit tressaillir d'aise ; oubliant ses soixante ou soixante-dix hivers, elle se mira avec une coquetterie de jeune fille, et disparut brusquement en emportant son cher petit meuble. Quelques instants après, l'excellente femme rentrait en m'apportant, en guise de diffa, un des rares ognons qui croissaient dans son jardinet; je m'exécutai de bonne grâce, quoique je n'aie pas la perversion d'appétit qui fait aimer l'ognon cru aux Méridionaux. Cette petite scène se passa sans témoins : l'entrée du ksar était défendue; je m'y étais glissé tout seul, en fraude, accompagné de mon sabre et de mes fidèles satellites, deux longs pistolets de Châtellerault.

26 avril.

6° à cinq heures du matin; 27° à cinq heures après midi, vent frais; 15° à neuf heures du soir.

Nous nous engageons dans des monticules, de 45 mètres de hauteur moyenne, qui s'étendent entre les chaînes du Djara et du Mekter. Au détour d'un mamelon que nous avons évité de gravir en faisant un crochet à l'ouest, nous rencontrons l'Oued-Thiout grossi de l'Oued-Seufra : il coule, diffus et peu profond, sur un espace marécageux couvert de roseaux, d'herbes aquatiques, de retems blancs et de seunra; c'est là qu'on va chercher du fourrage pour les chevaux. Nous grimpons un coteau difficile : nos montures se maintiennent avec quelque peine sur les grandes plaques de roches lisses qui tapissent le chemin. Au sommet se trouve un marabout agreste dont les murs, en pierres sèches, disposées en fer à cheval, sont à peu près tout à fait éboulés. Des débris, des poutrelles de palmier et des branches, annoncent que ce monument a été couvert jadis. Des pierres dressées et des drapeaux déchirés par les vents, disent au voyageur que ce lieu conserve sa sainteté, malgré les ravages du temps.

A 7,000 mètres de Thiout nous rencontrons un défilé long d'une lieue et demie, resserré à l'est par les derniers contre-forts du Djebel-Mekter, à l'ouest par le Djara. Sa sortie serait surtout dangereuse, en cas d'attaque, à cause de la roideur et de l'élévation des montagnes qui la rétrécissent. Il est parcouru par l'Oued-Hadjej, dont il prend le nom. Ce ruisseau coule à l'ombre de dattiers, de tamaris et de lentisques qui forment une véritable oasis autrefois habitée, ainsi que l'indiquent quelques faibles débris de constructions et un tronc creusé de palmier servant d'aqueduc. La terre cultivable est tellement resserrée, en quelques endroits, entre les rochers et les bords de l'Oued, qu'une ligne mince de palmiers peut à peine s'y allonger; mais par intervalles elle se renfle et forme des marécages couverts de roseaux épais et élevés. Nous pensons que, malgré ces étranglements, sa superficie égale celle de l'oasis d'Asla ou la surpasse même. Les fléaux du ciel, la misère, l'inhumanité du vainqueur ont chassé, détruit peut-être les familles qui habitaient autrefois cette oasis : le silence et la terreur ont remplacé le mouvement et la sécurité, et les ruines s'appellent aujourd'hui Ksar-el-Krouf, le Ksar de la Peur. Les djinouns (démons) s'y livrent le soir à leurs ébats infernaux; les spectres et les fantômes errent sous les arbres et épouvantent les passants. Ces contes fantastiques se traduisent ainsi : les fourrés et les roches de l'oasis abandonnée servent de refuge à des bandits qui dépouillent les voyageurs et plantent leurs têtes sanglantes sur les tamaris qui bordent la route. Le feu a plusieurs fois ravagé les jardins, et quand on passe sous les voûtes obscures et touffues des dattiers, on croit visiter un hypogée funèbre : les palmes flétries ont la couleur des vieilles pierres des caveaux, et les troncs calcinés des dattiers ressemblent à des colonnes de marbre noir; la terre est jonchée de débris à demi brûlés, et des eaux sombres dorment dans le creux des rochers. Le chamelier pousse ses animaux et hâte le pas, en jetant un regard effrayé sur tout ce qui l'entoure, mais partout ses yeux rencontrent des objets qui lui rappellent de terribles histoires.

Ces pierres jaspées de veines ocreuses — comme le bassin de l'Alhambra dont les plaques rougeâtres sont, au dire de votre cicerone, des taches du sang des Abencérages — ces pierres ont été teintes par le massacre d'une petite caravane. Plus loin, existait jadis un tamaris dont les sept branches avaient été coupées à quelque distance du tronc et taillées en pointe : les plus terrifiants souvenirs se rattachaient à ce tamaris. Sept frères, de la puissante tribu des Hamian-Cheragas, regagnaient leur patrie, après avoir fait fortune à Figuig, dans le Maroc. Ayant rencontré, dans le défilé, un Thioutien qui venait de prendre femme à Moghard-Tahtania, ils tuèrent le mari et firent périr la jeune épouse sous leurs ardentes caresses. A peine leur victime avait-elle expiré, qu'une nuée de monstrueuses fourmis ailées s'abattit sur les meurtriers et leur rongea la chair jusqu'aux os. La nuit les Djinouns les accrochèrent par la tête aux sept branches du tamaris, et longtemps leurs squelettes se balancèrent au vent en s'entre-choquant avec des bruits sinistres. Un jour le chef des Sidi-Chicks, qui passait par là, fit jeter les vieux ossements dans une fosse.

A gauche, en sortant de la gorge, on rencontre quelques dunes, chamelles métamorphosées en monceaux de sable par un marabout offensé. Un Arabe revenait de Moghard avec trois chamelles. Arrivé à l'Oued-Hadjej, il s'arrêta pour laisser boire ses bêtes. Le saint vieillard faisait, un peu plus haut, les ablutions qui précèdent la prière et troublait l'eau du ruisseau. Fils de juif, lui cria le chamelier, viens faire tes simagrées au-dessous de moi, ou bien attends que toutes mes chamelles aient bu. Le marabout se leva, étendit les mains, et les chamelles, ainsi que leur conducteur, se réduisirent en poussière. On entend, chaque nuit, le chamelier demander pardon au marabout qui demeure inexorable, et l'on voit les chamelles, reprenant leur première forme, bondir sur les rives et courir sur les flancs de la montagne, secouant ainsi le long repos qui les enchaîne tout le jour.

Au sortir du défilé, on longe l'Oued-Sélam, dans lequel s'est jeté l'Oued-Hadjej. Les eaux sont assez abondantes, mais un peu salées; elles se perdent dans le sable après avoir parcouru 6,000 mètres à l'ombre des tamaris. Plus loin, on ne trouve plus que quelques flaques entourées d'un peu de verdure. Le thalweg du Sélam s'agrandit et atteint près de 100 mètres de largeur; le fond est formé de sable très-fin qui nous fouettait la figure et nous aveuglait. On rencontre quelques tamaris, des retems blancs et jaunes, et trois plantes fort curieuses que nous n'avons jamais vues dans le Tell, mais qui commencent à se montrer ici et deviennent très-abondantes entre les deux Moghard. Elles ont à peu près la taille, l'apparence et le port du retems; leurs tiges sont minces, partout vertes, presque sans feuilles, mais leurs fleurs ne sont point papillonacées. Nous regrettons vivement qu'on ait égaré nos échantillons avant que nous eussions eu le temps de les déterminer.

Nous campons dans le lit de l'Oued-Sélam, où nous sommes obligés de nous allonger en colonne, à cause de son étroitesse en cet endroit. On envoie les animaux boire à une demi-lieue plus loin, et on distribue à chaque homme trois litres d'eau provenant de l'Oued-Thiout. Le général dépêche, le soir même, quatre parlementaires à Moghard-Tahtania [1], pour engager les habitants à nous attendre, comme l'ont fait les Asliens.

27 avril.

Thermomètre : 5° à cinq heures du matin ; 32° à quatre heures ; 15° à sept heures et demie du soir.

L'un de nos quatre parlementaires est seul revenu ; les autres ont été attirés dans le ksar et lâchement assassinés. Nous marchons sur l'oasis de la trahison : 4,000 mètres seulement nous en séparent. On s'approche avec les précautions qu'il convient de prendre quand on est en état d'hostilité. Après une reconnaissance assez difficile et qui pouvait être fort périlleuse, on occupe les hauteurs qui dominent le ksar, et l'on envoie quelques obus pour savoir s'il est abandonné, ou si les Moghariens l'occupent encore et sont prêts à le défendre. Les projectiles pénètrent avec une extrême facilité à travers les murs de terre, et éclatent au milieu de tourbillons de poussière soulevés par les bâtisses croulantes. Vingt ou trente Berbers s'étaient réfugiés dans la mosquée; mais, épouvantés de ce fracas et de la puissance inouïe de ce globe destructeur qu'ils ne connaissaient point

---

[1] Moghard-Tahtania, ou Moghard-el-Tahtani, signifie Moghard inférieure, ou d'en bas ; Moghard-Foukania, ou Moghard-el-Foukani, signifie Moghard supérieure, ou d'en haut. Dans sa carte du Sahara algérien, le colonel Daumas écrit Mererar au lieu de Moghard.

encore, ils se précipitent hors des murs et parviennent à s'échapper, malgré quelques coups de fusils tirés par les postes qu'on avait échelonnés pour leur couper la retraite.

L'oasis de Moghard-Tahtania verdit au fond d'une dépression, de sorte qu'elle se trouve environnée de chutes de terrain qui la protègent; mais elle est en outre encaissée par des monticules de grès rouge. Elle a 30 hectares de superficie; entre les extrêmes palmiers qui la terminent au nord et au sud, nous avons compté 3,000 pas. Les jardins et les céréales se partagent son étendue; mais il existe, en outre, de larges espaces sablonneux plantés de dattiers serrés, qui forment une véritable forêt. Il y a bien 14,000 dattiers à Moghard-Inférieure; c'est, de toutes les oasis de cette contrée, celle qui donne les fruits les meilleurs et les plus abondants. Dans la forêt de Moghard-Tahtania, les dattiers croissent sans ordre; mais, dans les jardins, ils ont été plantés symétriquement, de manière à former des allées et des quinconces.

Quelques tours et des pans de murs isolés ne peuvent être considérés comme constituant une ligne continue de défense. Les jardins sont entourés et divisés comme à Asla et à Thiout; ils contiennent une assez grande variété d'arbres fruitiers, mais peu de vignes. Les sources de l'Oued-Moghard, limpides et fraîches, sont peu abondantes; elles naissent dans l'étroite bande de dattiers qui termine l'oasis au nord, et forment un faible ruisseau qui coule dans un lit de sable et se perd, après avoir formé quelques flaques, sans atteindre la limite méridionale des cultures. Des puits abondants suppléent à l'exiguïté de ce filet d'eau. Si l'on devait camper sous Moghard et qu'on s'attendît à une résistance assez sérieuse pour qu'on n'espérât pas la vaincre rapidement, on devrait s'occuper de suite à creuser des puits dans le lit de l'oued, en aval de l'oasis : on trouverait très-certainement la nappe à une faible profondeur. Ces mêmes réflexions sont applicables à Moghard-Foukania et, jusqu'à un certain point, à S'fissifa.

Le ksar est séparé par un groupe de jardins, de la rive gauche de l'oued. Il est dominé de tous côtés, excepté à l'ouest, où il touche à l'oasis. Nous l'avons bombardé du sommet d'un monticule rocheux qui s'élève au nord ; c'est de là aussi que notre vue a été prise. La terre a servi à édifier toutes les maisons ; la mosquée seule est en pierre. Un minaret dépouillé de tout ornement surmonte la nef ; celle-ci est composée de galeries semblables à celles de Thiout. Sur l'un des murs de la cour qui précède la mosquée, nous avons trouvé un cadran solaire dont les divisions nous ont paru exactement établies. Nous nous sommes demandé si ce ne serait pas là l'ouvrage de quelque déserteur qui aurait pénétré jusque dans ces contrées lointaines. Moghard-Tahtania possède, dit-on, une casbah ; mais nous avouons n'avoir trouvé aucune construction qui méritât, par sa conformation spéciale, le titre de citadelle. Nous avons découvert, enfouies dans un trou pratiqué sous les murs de l'école, une quantité de pancartes écrites, et des omoplates de mouton sur lesquelles on avait aussi tracé des modèles d'écriture pour les enfants. A côté, probablement dans l'étude du tabellion de l'endroit, nous avons trouvé tous les contrats et titres des propriétés de l'oasis : ils étaient roulés et enfermés dans l'intérieur de gros roseaux, dont une extrémité avait conservé son nœud, tandis qu'on bouchait l'autre avec un chiffon de papier tortillé dans les mains. Après avoir été certainement le plus riche propriétaire du Sahara, nous

nous trouvons aujourd'hui sans un pied-à-terre; car, à notre arrivée à Tlemcen, nous avons généreusement distribué nos domaines avec nos contrats, à tous nos amis. Et c'était bien des contrats en bonne forme, ainsi que nous l'a appris M. Thomas, interprète, qui nous les a déchiffrés avec autant d'habileté que de complaisance.

Après notre exploration des régions inférieures, nous avons entrepris l'ascension du minaret pour juger de l'ensemble du ksar et de l'oasis. Il est construit sur le même modèle que tous les minarets du Tell, et son escalier est conçu selon un plan tout à fait semblable. Arrivé au sommet, nous avons été effrayé de la minceur de ses murs, et, pareil au maraudeur perché sur une branche tellement grêle qu'il n'ose ni avancer ni reculer de peur de la rompre, nous sommes resté un instant immobile, craignant de sentir le frêle et long édifice se plier sous notre poids comme une tour de carton. Nous aimerions mieux être moueddin partout ailleurs qu'à Moghard-Tahtania, si toutefois il se trouve, dans ce ksar, un homme assez peu soucieux de sa conservation pour se hisser quotidiennement sur le vacillant minaret. Nous avons été dédommagé de notre folle crainte d'un instant par la vue qui se déroulait autour de nous : nous planions sur le ksar et sur l'oasis. Le ksar est isolé de tous côtés, et quelques tours rondes flanquent ses murailles.

Les rues sont à peu près semblables à celles de Thiout, et les maisons possèdent également de petites cours intérieures. Je pense qu'on peut porter ces maisons à deux cents; ce qui nous donnerait 1,000 habitants. Du haut de notre observatoire, nous apercevions un marabout blanchissant sur la rive droite de l'oued, et les têtes des palmiers, légèrement ondulées par les vents, ressemblaient à une mer qui moutonne sous les algues et les varecs.

Le général Cavaignac, pour venger l'assassinat de ses émissaires, ordonne le sac du village. La foule s'y précipite.... Dans la première rue, on trouve les murs teints de larges taches de sang; puis, à quelques pas de là, les cadavres de nos parlementaires percés de nombreux coups de sabre et de couteau. Le pillage et la destruction commencent!

Oserons-nous tracer le portrait du soldat français aux passions duquel on a abandonné les rênes en lui disant : Va, pille, saccage et brûle! Montrerons-nous la rage de destruction qui le saisit alors et le transporte; dirons-nous que les deux plus puissants mobiles capables de le pousser s'écrivent ainsi : Se venger, et surtout piller!

Si nous mettons en relief la face de la médaille, en contant le courage et la longue abnégation du soldat, nous nous croyons tenu de ne pas laisser son revers tout à fait dans l'ombre : montrer les choses à moitié, c'est tromper; toute réticence est un mensonge quand on trace un portrait.

La gloire est bien peu de chose; les triomphes sont bien pâles aujourd'hui en Afrique. Les plus redoutables ennemis sont les éléments, les fatigues, les intempéries des saisons : on lutte contre eux par la patience, la résignation et la froideur de la force morale; on leur résiste, on ne les vainc jamais. La gloire n'est donc presque nulle part; les privations, les souffrances sont partout. En un mot, le soldat d'Afrique est aujourd'hui un humble ouvrier qui se livre à de pénibles et obscurs labeurs, et auquel il n'est que bien rarement donné d'exécuter de brillants travaux qui puissent illustrer son nom. A défaut de la gloire, l'ambition, le désir d'avancer sont un stimulant pour les gens dont l'esprit est cultivé et dont les passions remuent le cœur ; mais que reste-t-il au pauvre soldat pour le tirer de l'engourdissement de sa résignation monotone ? quel appât, quel désir pourront soulever en lui des émotions ? Le sac et le pillage. Qui aurait la cruauté et l'injustice de lui en faire un crime ? Les circonstances et l'enchaînement des choses le veulent ainsi : à toute existence il faut une passion ; il subit celle que lui impose sa condition, et ne la choisit pas.

Je ne sais sur quelle pente fatale se trouve celui qui a commencé l'œuvre de destruction : si l'odeur de la poudre enivre, la fureur du pillage transporte et rend fou. Voyez ce soldat, si pacifique et si paisible tout à l'heure : l'œil en feu, le front couvert de sueur, la poitrine haletante, il saisit la pioche, abat les murailles, bouleverse tout ce qu'il rencontre, fouille tous les coins, frappe à coups redoublés. S'il trouve le plus minime objet, il laisse éclater une joie enfantine ; s'il ne rencontre rien, il se dépite et se désespère. Il s'anime et s'excite de plus en plus ; il brise et détruit pour le plaisir de la destruction. Ce n'est plus une intelligence qui pense avant d'agir, c'est un esprit égaré par une passagère mais furieuse folie. Malheur alors si, dans ce moment d'aberration, il lui tombe sous la main quelque malheureuse créature ! son bras levé pour frapper s'abaissera et frappera ; puis, un instant plus tard, ses bons instincts reprendront le dessus, et, s'il trouve une femme effrayée ou un enfant pleurant dans les décombres, il les prendra sous sa protection et partagera même avec eux sa maigre ration. Que de fois nous avons vu ces bizarres contrastes et ces sentiments si opposés se succéder dans un court espace de temps !

Nous avons pu représenter ces scènes avec toutes leurs nuances, car nous nous sommes rué avec la multitude, pour l'étudier et la connaître; nous avons hurlé avec les plus forcenés pour que, nous croyant un des leurs, ils hurlassent sans contrainte; avec eux nous avons pris la hache, la pioche, le fusil même et le brandon enflammé. Pour surprendre ainsi la nature sur le fait, il nous a fallu surmonter bien des dégoûts, vaincre bien des répulsions.... Nous n'aurions jamais le courage de recommencer!

Lorsqu'une ville est abandonnée au sac, personne n'est plus maître d'arrêter la multitude; le mal et le bien ne font plus qu'un, et l'impossible ou la satiété sont les seules limites de la licence. Fixez rigoureusement les heures et les minutes pendant lesquelles durera le pillage, et la discipline militaire se pliera à votre prescription; mais on se bercerait d'un espoir irréalisable si l'on croyait pouvoir dire aux passions auxquelles on a abandonné les rênes : Ceci est permis, mais cela ne l'est plus; laissez-vous emporter jusqu'à cette ligne, mais ne la dépassez pas. La conduite du soldat, dans ces moments extrêmes, dépend donc de l'esprit qu'on lui a inculqué auparavant, et de la direction qu'on a donnée à ses instincts. Le général Cavaignac avait trop d'autorité et de popularité pour que ses généreux sentiments n'eussent point pénétré les masses; mais il existe partout des natures mauvaises ou réfractaires qui ne s'ouvrent jamais aux bonnes impressions.

Bientôt la poussière des terrasses qu'on démolissait et la fumée de l'incendie montèrent jusqu'à mon observatoire et me forcèrent à descendre. En traversant quelques maisons, nous rencontrâmes des groupes pillant les silos qu'ils avaient découverts : de l'un, on tirait des dattes, de l'orge, des haïcks [1], d'épaisses étoffes de laine rayée dont on fait des tentes, des tapis, des instruments à carder, des métiers à tisser ; de l'autre, des œufs d'autruche, des objets de sellerie, des bournous, des fusils et des pistolets enjolivés de plaques de cuivre ou d'argent repoussés, des manuscrits reliés en maroquin rouge gaufré ; ici on trouvait des paniers de halfa finement tressés, affectant toutes les formes, depuis les plus minimes jusqu'aux plus gigantesques ; là on tombait sur un magasin d'ustensiles de cuisine, de grandes jattes en terre, de marmites en fer et en cuivre, d'énormes sébiles creusées dans un tronc comme les canots des sauvages dans un arbre. Les Arabes de notre convoi découvrirent une grande quantité de ballots contenant des effets, cachés dans le creux des rochers voisins de l'oasis. Quelques soldats tirèrent d'un silos un magnifique tapis, qui orne aujourd'hui la tente ou les appartements d'un colonel, et une très-grande tente-marabout de fabrique marocaine, faite de toile blanche ornée de déchiquetures de toile bleue, et surmontée d'un grand globe en cuivre. Cette tente vraiment princière, et qui rappelle celle qui a été prise à Isly, et exposée sur le grand bassin des Tuileries, appartenait, disait-on, au grand marabout des Ouled-Sidi-Chicks. Le général Cavaignac la conserva pour la rendre, si elle était un jour réclamée par cette tribu puissante, dont les bons sentiments à notre égard étaient connus. Elle fut pendant quelque temps établie sur la place du Méchouar, à Tlemcen, jusqu'au jour où un Berber, venant du fond des oasis, arriva la réclamer dans cette ville. La finesse de son haïck blanc, le vaste bournous vert dans lequel il se drapait avec majesté,

---

[1] Longue pièce de laine blanche dont les Arabes s'enveloppent la tête, le cou et le torse.

ses traits réguliers et distingués, et la réserve de ses manières, tout trahissait sa haute position. C'était en effet un personnage important de la sainte tribu des Ouled-Sidi-Chicks. Il fournit de curieux et utiles renseignements au commandant Razaine, chef du bureau arabe, et repartit avec la tente qu'il était venu chercher de si loin.

Dans les jardins, les soldats faisaient ample récolte d'ognons, et l'on coupait, pour les chevaux et les bêtes de somme, les blés et l'orge presque mûrs. Des foyers à peine éteints et des objets de ménage épars dans quelques jardins nous prouvèrent que certaines familles avaient déjà fui leurs masures enfumées, pour venir s'établir, pendant le jour au moins, dans leur oasis, changeant leur étroite et méphitique demeure pour le grand air, l'ombrage des arbres et la fraîcheur des eaux. Le nombre considérable de tentes que nous avons trouvées dans les silos, et qui n'appartiennent pas toutes aux tribus dont les ksours sont les entrepôts, nous portent à penser que les ksouriens passent une partie de l'été sous leurs palmiers, et dressent probablement des tentes pour s'isoler davantage ou pour se garantir du froid des nuits. Desfontaines avait déjà remarqué cette petite migration annuelle des ksouriens, quittant chaque été leurs maisons pour les délices des jardins, puis désertant ceux-ci, aux approches de l'hiver, pour regagner de plus chaudes demeures. *Domos incolæ deserunt*, dit-il, *et sub umbrâ palmetorum vivunt*. Dans presque tous les pays dont la température est élevée, le même besoin se fait sentir pendant les ardeurs caniculaires : M. Polino, aujourd'hui sous-lieutenant à la légion étrangère, nous a conté bien des fois que, lorsqu'il servait le chah de Perse en qualité de lieutenant-colonel, il suivait chaque printemps le mouvement de la cour, quittant les palais de marbre pour les palais de verdure qui ombragent les versants des montagnes.

Nous avons trouvé à Moghard-Tahtania des dessins analogues à ceux de Thiout. L'un d'eux figure une truie et à ses côtés un marcassin lié encore au placenta ; d'autres placenta figurent aussi dans un tableau représentant une famille entière. Ces placenta et les images affreusement indécentes de Thiout semblent indiquer que l'auteur a voulu exposer le système de la création, de la génération et de la propagation de l'espèce, sujet si affectionné par les sociétés naissantes, et que le moyen âge a traité, dans nos vieilles cathédrales, d'une façon tout aussi naïve et tout aussi crue.

Le Koran défend de représenter la nature animée; pour cette raison et pour d'autres encore, on ne peut pas attribuer ces images aux musulmans, soit Arabes, soit Berbers. Leur antiquité empêche, d'un autre côté, qu'on cherche leurs auteurs dans les déserteurs qui auraient pu, depuis notre conquête, avancer jusque dans ces contrées dont l'abord est si difficile. D'ailleurs, il est bien probable que ces déserteurs auraient tracé des objets qui leur eussent rappelé la patrie absente. Enfin, nous ne pensons pas que la présence de l'éléphant doive faire remonter l'origine de ces sculptures jusqu'aux temps où la vieille Afrique se servait de cet animal dans ses combats contre l'Italie. Nous croyons qu'elles sont l'œuvre de quelque idolâtre fétichiste tombé, d'aventure en aventure et de caravane en caravane, du fond de l'Afrique jusque dans les oasis des Sidi-Chicks. Les Touareg, ces flibustiers du désert, n'auraient-ils pas poussé un jour jusque dans ces contrées ? On sait quelles prodigieuses distances ils parcourent sur leurs rapides méharis, et les oasis les plus riches et les plus populeuses, comme celles du pays des Touat, ont été quelquefois pillées par ces hardis pirates. Ils combattent avec la lance, l'arc et la flèche, et ne se servent que très-rarement de chevaux et de fusils : tout ce qui est représenté sur les roches est donc en parfait accord avec leurs mœurs et leurs usages. On s'explique avec une égale facilité les figures d'éléphant et de girafe, ces animaux se rencontrant dans quelques contrées du centre du continent africain. Les Touareg sont, il est vrai, mahométans, mais le fétichisme s'est mêlé chez eux aux pratiques du Koran.

28 avril.

9° à 5 heures du matin; 35° à midi; 17° à 5 heures du soir.

Les habitants de Moghard-Foukania nous ont fait provoquer : leur imprudente fanfaronnade attirera notre colère sur leur oasis. Deux chemins conduisent de Tahtania à Foukania : le premier, que nous suivions en allant, est tracé dans la montagne : il est difficile, rocailleux, quoique praticable à la cavalerie; le second, qui a 10 kilomètres de longueur, est bien plus aisé, mais, sous le rapport militaire, il est inférieur au sentier de la montagne. Ce n'est autre chose que le lit du torrent qui, pendant l'hiver, roule les eaux qui vont de Foukania à Tahtania, d'où elles se dirigent ensuite plus loin. On est dominé de tous côtés par des hauteurs qui se rattachent aux monts Demgah et Taouinza; puis, un peu avant d'atteindre le ksar, on arrive dans une plaine. Nos yeux s'arrêtaient avec plaisir sur les oliviers, les lentisques, les retems blancs et jaunes qui croissent au bord de l'Oued, et sur ces espèces si curieuses dont les échantillons perdus nous ont déjà arraché des doléances.

Moghard-Foukania, située à l'ouest de Tahtania, occupe

un angle ouvert au N.-E. formé par des montagnes, entre autres par le Djebel-Garouba, dont les pentes viennent mourir aux bords des jardins. La superficie des terres cultivables ne dépasse pas 20 hectares. Malgré cette faible étendue, on compte autant de dattiers qu'à Thiout, parce qu'ils sont aussi serrés qu'à Tahtania et occupent à peu près toute l'oasis, ne laissant presque pas de place pour les céréales. Les productions des deux Moghard sont semblables : dattes en abondance, fruits variés, peu de vignes. Une autre analogie consiste dans la rareté d'eau courante à la superficie du sol. Les sources de Foukania forment une très-petite flaque qui ne déverse aucun filet; mais il existe de nombreux puits qui ne laissent rien à désirer pour la quantité ni pour la qualité des eaux. Une enceinte protége toute l'oasis; elle est flanquée de quelques tours. Les jardins sont divisés et entourés comme partout ailleurs.

Le ksar contient approximativement 150 maisons et loge 750 habitants. Il est tout à fait isolé dans une partie de son concours; dans d'autres points les arbres des jardins viennent jusqu'au pied de ses murailles. Comme il n'y a aucune solution de continuité dans les bâtisses, la défense est possible. On trouve une tour à l'angle de réunion de deux faces. Les murs sont en terre, excepté ceux de la mosquée. Celle-ci est semblable à celle de Thiout, mais un peu moins grande; elle ne possède ni minaret, ni cour d'honneur. Le caravensérail est un misérable bâtiment disposé en carré et dont chaque face s'ouvre, sur la cour intérieure, par des arcades que des poutres soutiennent. Nous l'avons représenté dans l'*Illustration;* et si nous parlons ici de cette planche, c'est pour la rectifier. Le graveur a peuplé la cour de chameaux; or la porte est si étroite, qu'il serait presque aussi difficile à cet animal d'y entrer que de passer par le trou dont parle la parabole évangélique.

Une colline pierreuse s'élève au nord-est du ksar : un marabout la surmonte, c'est celui qui figure au premier plan de notre vue. Ce fut là qu'on plaça l'artillerie. Les Berbers s'étaient réfugiés dans un petit vallon séparant un rideau rocheux de la montagne principale à laquelle ce rideau est adossé. Quelques obus adroitement dirigés débusquèrent les ennemis, et les chasseurs à pied achevèrent de les pousser de l'autre côté du ksar, sur les crêtes qui le dominent à l'occident. La légion reçut ordre de les y poursuivre. Les premiers qui arrivèrent commencèrent l'attaque sans attendre ceux qui les suivaient; fatigués, haletants, ils s'élancèrent néanmoins avec impétuosité sur les rochers qui servaient de refuge aux Moghariens. Mais ce massif escarpé est creusé d'une foule de grottes dont les ouvertures se confondent avec les crevasses du roc : nos soldats ne voyaient pas l'ennemi dans l'ombre des cavernes et recevaient des balles, presque à bout portant, quand ils tentaient de pénétrer dans une fissure ou d'escalader les rochers. Notre petite troupe ne perdit que deux hommes et eut quatre soldats grièvement blessés; c'est peu si on songe aux difficultés de l'ascension et à la position éminemment avantageuse de l'ennemi. Le colonel Mélinet et le chef d'état-major, accourus pour diriger le mouvement, furent exposés à de réels dangers. Je regrette de ne pas connaître le nom de l'officier de la légion étrangère qui commandait l'attaque; son sang-froid et son courage méritent tout éloge. Surpris par deux ennemis, il se débarrassa de l'un d'un revers de sabre; de l'autre, d'un coup de fusil. Presque en même temps il tuait, de son second coup, un Berber qui, après avoir abattu un soldat de la légion en lui traversant la cuisse d'une balle, s'était précipité sur le malheureux et commençait à lui scier la tête avec un mauvais petit couteau.

Nous estimons à seize les combattants que l'ennemi a perdus. On le poursuivit dans quelques grottes, mais la prudence commanda de ne pas s'aventurer dans les autres. Bientôt notre petite troupe quitta le sommet de la montagne et regagna l'oasis en emportant ses morts et ses blessés.

Pendant que la légion se conduit vaillamment sur la montagne, on abat les dattiers des jardins [1]. La hache frappe à coups sourds et redoublés le bois mou et spongieux : à chaque secousse le panache tressaille en entrechoquant ses palmes, et de longues vibrations communiquent un léger mouvement ondulatoire au tronc élancé et grêle. Bientôt la tige se rompt : le panache s'incline, d'abord avec lenteur et majesté; puis sa chute s'accélère : il brise sur son passage les branches des arbres, écrase les touffes de grenadiers, et entr'ouvre en larges brèches les murs de pisé qui volent en poussière.

Je regardais avec tristesse tomber ces superbes dattiers, ouvrage de bien des siècles peut-être; et pourtant je restais là, comme malgré moi, à contempler ce spectacle qui me pénétrait d'une vague mélancolie.

Il est de ces pensées tellement inhérentes et spéciales à chaque nature, il est de ces sentiments si intimes, qu'on devrait toujours les tenir secrets et s'y complaire solitairement, sans chercher jamais à les faire partager aux autres : telles sont les attractions, je dirais presque les sympathies

---

[1] Nous avons coupé à peu près 100 dattiers.

qui nous rapprochent des différents objets de la nature. L'un trouve un charme inexprimable dans un site que le passant regarde à peine, l'autre dans une forêt ou un hameau ; celui-ci aime une fontaine, celui-là un arbre ou un rocher. On les aime non pas tant pour ce qu'ils sont, que pour ce qu'on les a faits, en leur infiltrant une existence au gré de ses rêveries, en leur prêtant une signification, en s'habituant à y voir un symbole. Chaque fois qu'on les retrouve, ils réveillent l'idée qu'ils représentent ; et si cette idée, mélancolique ou gaie, a pour vous des charmes, la vue de ces objets est toujours une source de nouvelles jouissances [1].

Les arbres, solitaires ou groupés, ont pour nous un attrait tout particulier ; nos plus chers souvenirs sont pour les oasis du Sahara, et nos regrets pour leurs beaux palmiers qui tombaient en foule sous la hache du soldat.

Lorsque les oasis se font la guerre entre elles, il existe une sorte de convention tacite par laquelle on respecte les palmiers des vaincus ; sommes-nous donc plus cruels que les barbares du désert ? Dans ces sables, empire de la stérilité et de la mort, les oasis sont semées comme autant d'hôtelleries que la Providence ouvre au passant. Vaincus ou vainqueurs, voyageurs qui ne faites que paraître ou citoyens de l'oasis, chrétiens ou mahométans, disputez-vous à qui jouira des fruits, de l'ombrage et de l'eau ; mais l'arbre qui produit les fruits, qui répand l'ombre et qui abrite le ruisseau, respectez-le ; la Providence l'a fait naître pour tous, personne n'a le droit de l'abattre.

---

[1] Personne n'a été plus pénétré que Bernardin de Saint-Pierre et Chateaubriand de ce sentiment de la nature ; personne n'a, mieux que l'auteur du *Cosmos*, saisi et exprimé les rapports qui unissent l'homme à tout ce qui l'entoure.

Ma sorte de tendresse pour la nature et mon respect pour ses œuvres sont loin de s'étendre au travail des hommes. Vengez-vous en détruisant les ouvrages sortis des mains de votre ennemi : qu'importe que vous les détruisiez, pourvu qu'un intérêt artistique ne s'y rattache pas! qu'importe! demain rétablira ce que vous avez ruiné hier.

Je voyais avec impassibilité les maisons s'écrouler et les flammes voler de terrasse en terrasse; je me glissai même parmi les incendiaires et je présidai à l'embrasement de la mosquée. Nous entassâmes dans un angle des poutres de palmier, des portes, de la paille, et nous y jetâmes un brandon; la flamme grimpa le long de la pyramide combustible et atteignit bientôt les bois secs qui soutiennent la terrasse. Du sommet de la masse embrasée s'échappent des serpents de feu qui sillonnent les roseaux du plafond dans tous les sens, entourent les pilastres, contournent les arcades et se répandent en torrents de flamme. La lueur de l'incendie ne pénètre point pourtant dans quelques réduits éloignés, dont l'ouverture se dessine en noir sur les murs rougis; d'autres figures rampent sur la terre, ce sont les pilastres qui allongent leur ombre ou les arcades qui arrondissent leur obscure silhouette. Les soldats, tantôt perdus dans les ténèbres, tantôt inondés de vive lumière, vont et viennent, paraissent et disparaissent : c'est une scène à la Rembrandt dont je me mets à tracer un rapide croquis, de concert avec le capitaine Nicolas, du 10ᵉ chasseurs à pied, aussi habile artiste qu'exact topographe.

Mais déjà la fumée nous suffoque, les débris croulants nous menacent et nous forcent à nous échapper de la mosquée. Malheureusement la rue est aussi envahie; nous nous précipitons à tout hasard au milieu des tourbillons pour gagner une porte ; nous nous égarons et l'incendie redouble. L'étroite ouverture du caravansérail se présente, et nous cherchons un refuge dans sa cour encombrée de paille et de débris que l'incendie n'a pas encore atteints ; mais une flammèche tombe près de nous et le feu se propage rapidement. Nous saisissons alors un tronc de palmier et nous battons en brèche un mur par une fissure duquel nous avons aperçu un arbre qui nous fait espérer que les jardins sont derrière ce mince obstacle. Au cinquième coup de ce bélier improvisé que nous faisons manœuvrer avec énergie, l'ouverture est praticable et nous nous élançons dehors : il était temps, car les tourbillons de fumée nous enveloppaient de plus en plus, le feu nous gagnait, et un commencement d'asphyxie nous donnait déjà des vertiges. Jamais l'air ne m'a paru si pur, si transparent, si doux à respirer, que celui de l'oasis au sortir de la fournaise.

Je m'assis un instant au pied d'une tour : près de moi le chirurgien-major de la légion étrangère, M. Eichacker, pansait le blessé qui avait eu la cuisse fracturée et un commencement de décollation. Le patient se croyait toujours sur la montagne et suppliait les Berbers de lui laisser sa tête ; revenu ensuite à lui, il ne pouvait se persuader qu'elle tînt encore sur ses épaules.

Six mois après, comme nous étions campés au bord de l'Isser, sur la route de Tlemcen à Oran, un convoi de malades qui passait vint s'établir à côté de nous pour la nuit, et nous reçûmes la visite du blessé de Moghard qui se traînait avec deux béquilles. « J'ai une grosse couture au cou, nous dit-il, et une jambe plus courte que l'autre ; mais... » et il compléta sa phrase par un geste qui nous désignait un ruban rouge à sa boutonnière.

Le soir, en quittant Moghard, le général Cavaignac laissa des embuscades cachées dans le ksar et dans les jardins ; les Berbers, croyant que toute la colonne s'était retirée, descendirent la montagne pour arrêter l'incendie qui continuait sa marche envahissante : nous tuâmes deux Moghariens seulement, nos premiers coups de fusil ayant fait rebrousser chemin aux autres. Le capitaine Alary, du 5e de ligne, commandait l'une des compagnies laissées en embuscade.

En arrivant à Moghard, nous avions tué douze personnes dans les jardins : en ajoutant les deux qui périrent par nos embuscades et le chiffre approximatif de seize représentant les pertes de l'ennemi sur la montagne, nous arrivons à un total de trente morts. De notre côté, nous avons eu deux tués, quelques blessures légères et quatre hommes très-grièvement atteints, dont l'un succomba à Sebdou : sa poitrine avait été traversée de part en part par une balle.

Les troupes de l'embuscade nous rejoignirent à quelque distance du ksar, et nous fûmes bientôt de retour à Moghard-Tahtania, où nous avions laissé tous nos bagages et une partie de la colonne. Nous étions un peu fatigués, mais surtout fort affamés après cette journée si bien remplie : un cœur de palmier, quelques ognons et un petit fragment de biscuit nous avaient paru plutôt une collation d'anachorète qu'un repas approprié à la circonstance.

Nous avons trouvé, dans les rochers de Moghard-Foukania, le céraste ou vipère à cornes, dont la piqûre est fort dangereuse. Dans le Tell on voit beaucoup de vipères-minutes, mais il faut aller jusqu'aux montagnes des Ouled-Sidi-Chicks pour rencontrer la première espèce. Le scorpion existe et dans le Tell et dans le Sahara ; sa piqûre est peu redoutable.

29 avril.

La hache, la pioche, le feu et le pillage achèvent l'œuvre de destruction commencée le 27 à Moghard-Inférieure, et bientôt le ksar ne présente plus qu'un amas de débris. Les jardins n'échappent pas à la dévastation : dans l'impossibilité d'abattre un assez grand nombre de palmiers pour faire éprouver une perte notable, on coupe tous les autres arbres fruitiers. Si l'on tenait absolument à laisser de plus cruels souvenirs que les Turcs et les Touareg, on trouverait facilement un moyen de condamner tous les dattiers de l'oasis à la stérilité. On sait que chaque oasis possède un très-petit nombre de dattiers mâles, et que leurs régimes sont précieusement cueillis et divisés en petits bouquets qu'on attache au sommet de chaque palmier femelle, pour le féconder par la chute du pollen. Si on pouvait découvrir les mâles à des caractères spéciaux ou se les faire indiquer par des guides qui connussent l'oasis, on aurait en son pouvoir les moyens de la plus terrible vengeance.

La misère des Moghariens n'en sera pas moins effrayante : nous avons saccagé et renversé leur ville, vidé leurs silos d'orge et de blé, coupé leurs céréales sur pied, brûlé leurs métiers à tisser, abattu leurs arbres fruitiers, et pris les objets de luxe qui eussent pu leur servir comme moyens d'échange pour leur procurer de quoi vivre. A qui demanderont-ils du secours ? Tous leurs voisins vont bientôt être réduits par nous à la même détresse, au même dénûment. Les tribus errantes, les maraudeurs du désert profiteront peut-être de ces tristes circonstances pour compléter notre ouvrage ; et qui sait si les colonnes qui visiteront ces lieux dans quelques années, trouveront autre chose à Moghard qu'à l'oasis d'El-Krouf : quelques murailles écroulées, des troncs noircis par le feu, et le silence du désert?

Mais il est plus probable qu'un certain nombre de silos auront échappé à notre dévastation, ceux, par exemple, qui sont dans les jardins ou qui ont été creusés sous les conduits dans lesquels les eaux circulent, cachettes que les ksouriens réservent pour les famines extrêmes. Ces premières ressources feront d'abord subsister la population, et, parmi les tribus voisines, celles qui ont le plus intérêt à voir le ksar se relever de ses ruines, viendront à son secours. Il y a une quinzaine d'années que Timimoum, capitale du Gourara, fut réduite à ces extrémités par les Berbers des montagnes : le pillage dura huit jours, les magasins de dattes furent incendiés, l'ennemi massacra tous les hommes en état de porter les armes qui ne purent s'enfuir; toutes les femmes et même les petites filles furent violées. Quelques silos, qui avaient échappé à l'ennemi, fournirent à tous de quoi vivre dans les premiers temps, grâce à un décret de la djema qui avait enjoint à chacun de déclarer ses ressources, et de les verser dans la masse commune pour les faire servir à une juste répartition. Les populations voisines apportèrent des dattes, des grains, des moutons; et, peu de mois après la catastrophe, dit le colonel Daumas, Timimoum renaissait de ses ruines et recommençait à vivre.

Avant de quitter Moghard-Tahtania, le général Cavaignac voulut pousser une reconnaissance jusqu'aux limites des montagnes. On atteignit le Djebel-Heymer, qui gît par 32° 34′ 05″ de latitude nord. C'est le point le plus septentrional que nos armées aient encore visité dans le Sahara algérien.

Sur ce sommet, que ne dépassera jamais, à cause de la rareté des eaux, une colonne nombreuse accompagnée de plusieurs escadrons de cavalerie, en vue de l'immensité du désert qui s'étend à nos pieds, il nous est peut-être permis de dire notre mot sur ces solitudes; nous avons d'ailleurs recueilli quelques documents nouveaux qui ne paraîtront sans doute pas sans intérêt.

CHAPITRE VII.

LE DÉSERT-CENTRAL OU FALAT.

Ce qu'on doit entendre par Tell, Sahara algérien, Désert-Central ou Falat. — Documents nouveaux sur les caravanes. — Météorologie, topographie et géologie. — Les grandes caravanes. — Principales routes qu'elles suivent. — Représentation graphique de ces routes. — Comparaison de la grande ligne occidentale avec la grande ligne orientale. — La province d'Oran est naturellement destinée à être le principal lieu d'approvisionnement des caravanes dans le Tell. — Les Touareg. — Une bataille dans le désert.

La vieille et classique comparaison du désert avec l'Océan, et des oasis avec des îles de verdure jetées sur la nappe sablonneuse, est aussi pleine de poésie que de justesse ; elle va nous servir à faire comprendre les grandes dispositions qu'offre le continent africain, sous le rapport de la répartition des terres improductives et des terres fertiles [1].

Le Tell représente la terre ferme, le continent habité par la race blanche : c'est une bande d'une trentaine de lieues d'épaisseur du nord au sud, bordée au nord par les plaines humides de la Méditerranée, et au sud par les flots brûlants du Sahara, qui viennent déferler contre sa lisière mé-

---

[1] Presque tous ceux qui ont parlé du désert ou qui l'ont chanté, historiens ou géographes, romanciers ou poëtes, l'ont aussi comparé à une peau de tigre ou de panthère. Cette image est fort ancienne : nous pensons que c'est peut-être à Strabon qu'il faut rapporter le mérite de son invention. (*Géographie de Strabon*, traduction Du Theil et Coray. 5 vol. in-4°. Tome I, page 364.)

ridionale, représentée par les dernières forêts du Petit-Atlas. Mais ces côtes méridionales du Tell sont flanquées d'une foule d'oasis groupées en archipels, et ce n'est guère qu'après avoir descendu, vers le sud, de deux à quatre degrés de longitude, qu'on parvient à la pleine mer, dont la surface ne présente plus que des îlots rares, petits et solitaires. Or, la portion de la mer de sable coupée de nombreux et vastes archipels, c'est le Sahara algérien; la pleine mer, c'est le Désert-Central ou Falat. Les escadres ou caravanes appareillent sur le rivage du Tell, qui est le continent des blancs; relâchent dans les îles du Sahara algérien, qu'elles approvisionnent et avec lesquelles elles commercent; elles quittent ensuite ces îles, mettent le cap au sud et cinglent, à travers le Falat, vers le continent des noirs, dont le port principal est Timbouctou. Les caravanes qui se contentent d'aller d'oasis en oasis, dans le Sahara algérien, font un simple cabotage; celles qui partent pour Timbouctou ou l'Haouça, entreprennent ce qu'on nomme un voyage de long cours.

En considérant les bassins d'une manière plus générale que nous ne l'avons fait à propos des Chott, nous reconnaîtrons trois grands systèmes : 1° bassin de la Méditerranée; 2° groupe des bassins de la bande septentrionale; 3° groupe des bassins de la bande méridionale du Sahara algérien.

Toutes les eaux du Tell se dirigent du sud au nord et tombent dans la Méditerranée; leur cours est peu considérable, puisque le Tell n'a guère que 30 lieues d'épaisseur; mais il existe une exception pour le Chéliff. Ce fleuve se trouve sur une sorte d'appendice que le Tell projette dans le Sahara algérien, comme un promontoire ou une véritable crête.

Le Sahara algérien ne forme pas un bassin unique, à

proprement parler, mais une réunion de bassins fermés, comme celui des deux Chott, d'Ouargla, d'El-Hodna, du lac Melrir, des deux lacs Zarez, etc.

Nous ne savons pas comment les eaux se comportent dans le Falat; pourtant il est bien probable qu'elles n'affluent pas vers un point unique, mais qu'elles ont des réservoirs multiples.

A partir de la lisière du Tell, la plaine commence à descendre, puis elle présente successivement des élévations et des cavités qui forment autant de bassins sans issue coupant la surface du Sahara algérien. Ces nombreuses dépressions sont partagées en deux groupes, l'un septentrional, l'autre méridional, par la longue chaîne du Grand-Atlas qui est la crête la plus élevée de cette vaste surface.

On peut donc représenter l'Algérie par deux arêtes séparées par deux sillons, se succédant dans cet ordre : première arête, le Tell avec ses montagnes; premier sillon, la bande septentrionale du Sahara algérien; deuxième arête, le Grand-Atlas; deuxième sillon, la bande méridionale du Sahara algérien; puis l'on arrive enfin au Falat, qui forme, au sud, la limite naturelle de nos possessions.

Les bassins des Chott, que nous avons décrits en détail, font partie du groupe septentrional. Ceux de la bande méridionale semblent décroître en altitude à mesure qu'on s'avance vers le Falat. Lors de l'expédition du général Marey-Monge, M. Fournel a trouvé, à l'aide d'observations barométriques, que la contrée qui s'étend entre le Mzi et Biskara, n'a que 75 mètres au-dessus du niveau de la mer. Connaissant la hauteur du lieu où naissent plusieurs oued, calculant la pente de la portion de leur cours qu'on a explorée, ainsi que la longueur totale présumée de ces thalweg, on arrive à établir d'une manière suffisamment exacte que le fond de plusieurs bassins de la frontière du Falat doit à peine présenter la même altitude que Biskara. L'oasis d'Ouargla, vers laquelle se dirigent l'Oued-Mia, rivière aux cents affluents, et une foule de thalweg qui marchent du nord-ouest au sud-est, cette oasis, disons-nous, est certainement un des lieux les plus déclives du Sahara algérien.

D'après ce que nous connaissons, nous sommes autorisés à croire que le Falat n'est pas un plateau élevé, comme ceux de la Haute-Asie ou comme celui du Mexique, ainsi qu'on se l'est longtemps imaginé en Europe. Plusieurs de ses parties sont très-probablement au niveau des mers; mais, à côté de ces véritables pertes de substance, il présente de grands soulèvements, entre autres celui qui a donné naissance au Djebel-Hoggar dont nous parlerons bientôt.

Le littoral de la Méditerranée, la frontière méridionale du Tell, le Grand-Atlas et la limite sud du Sahara algérien, sont tous dirigés suivant des lignes obliques du N.-E. au S.-O. Cette obliquité nous explique en partie pourquoi les espèces végétales ne se confinent pas exactement dans chacune de ces zones, mais se montrent quelquefois au delà ou en deçà.

Le Tell est le pays des céréales. Ce qu'on appelle vulgairement Petit-Désert et qui n'est que la bande septentrionale du Sahara algérien, bornée au nord par le Tell, au sud par le Grand-Atlas, n'est généralement favorable ni aux céréales ni aux dattiers. Les dattes ne commencent guère à être abondantes et de bonne qualité qu'à partir du versant méridional du Grand-Atlas, c'est-à-dire dans la bande sud du Sahara algérien, espace qu'on a à tort décoré du nom fastueux de Grand-Désert, puisqu'on n'est pas encore sorti des archipels d'oasis.

La ligne où cesse la bonne culture des céréales et où les palmiers deviennent productifs, n'est parallèle ni à l'équateur, ni au rivage méditerranéen; elle suit une direction intermédiaire, déterminée par la latitude, la nature du sol, l'élévation au-dessus de la mer et la moyenne de la température annuelle. Il résulte de là que, le Tell ayant à peu près partout la même largeur, du Maroc à Biskara, les céréales dépassent dans l'est sa limite sud, tandis qu'elles l'atteignent seulement, sans la franchir, dans l'ouest et dans ce que nous avons appelé le promontoire du Chéliff. Il suit également de là que l'on trouve le pays des dattes, à l'occident, aussitôt qu'on aborde les premiers versants du Grand-Atlas; tandis que, dans les provinces orientales, il faut, pour le rencontrer, s'avancer davantage vers le sud.

Le Falat ou Grand-Désert, la pleine mer, pour continuer notre comparaison, ne commence, avons-nous dit, qu'à partir du moment où l'on quitte les archipels d'oasis. Il est conséquemment circonscrit au nord par une ligne qui passerait par Souf, Tongourt, Temaçin, Ouargla, et suivrait l'Oued-Mia jusqu'à Insalah. Cette délimitation est la seule acceptable : elle est impérieusement dictée par la configuration, par la nature même du pays, aussi bien que par la répartition des différentes races.

Aucun des généraux qui ont poussé le plus loin au sud, n'a atteint le Falat. Le général Marey-Monge a dépassé le Grand-Atlas et a fait quelques pas dans la bande méridionale du Sahara algérien; les généraux Renaut et Cavaignac ont seulement aperçu cette région du sommet des dernières montagnes. Mais comme la chaîne se rapproche de l'équateur à mesure qu'on l'examine plus à l'ouest, il en résulte que, visitant sa partie occidentale, nous sommes parvenus plus au sud que les colonnes qui l'ont explorée à l'orient. Ainsi le général Marey-Monge a dépassé à peine le 34° parallèle, et le général Renaut n'est pas parvenu à 32° 34' 05" que nous avons atteint dans notre excursion sur le Djebel-Heimer; Bou-Semgroun, ksar le plus méridional qu'il ait visité, gît par 33° 04' 10".

Il est donc parfaitement établi que nos colonnes ne sont jamais arrivées aux limites du Falat; mais nous n'en avons pas moins joui d'un spectacle presque en tout semblable à celui du Grand-Désert, notre observatoire du Heimer étant précisément situé en face d'un vaste espace nu dans lequel on trouve, avant d'atteindre le Falat, la seule oasis de Guéléa, que son grand éloignement plaçait sous l'horizon.

Cette espèce de golfe projeté par le Désert-Central dans le Sahara-Algérien, est assez large pour que M. Carette ait cru pouvoir faire décrire au Falat un coude vers le Nord, coude dont la courbe touche la pente méridionale des montagnes des Ouled-Sidi-Chicks, et conséquemment le Djebel-Heimer. D'après ce géographe, nous aurions donc vu le véritable Falat. Malgré ce que cette délimitation aurait de flatteur pour notre amour-propre, nous la rejetons, parce qu'elle nous paraît beaucoup moins rationnelle que celle que nous avons proposée. Le Désert-Central s'arrête évidemment au pays des Touat, et au grand cours d'eau appelé Oued-Mia, en laissant Guéléa dans le Sahara algérien.

Avant d'entamer la question relative aux caravanes de long cours qui cinglent à travers le Désert-Central, il nous paraît opportun de dire quelques mots du trajet qui sépare le Grand-Atlas des extrêmes limites méridionales du Sahara algéro-marocain, les Ouled-Sidi-Chicks de Timimoum, capitale de Gourara. Ce chemin est une portion de la grande ligne que suivent les caravanes dans l'ouest; il est donc important de recueillir sur lui tous les renseignements possibles. Un indigène auquel tous ces pays sont familiers nous a donné, sur le lieu même, des documents nouveaux qui ne sont consignés nulle part.

Les deux oasis des Sidi-Chicks, d'où les caravanes partent le plus souvent, sont El-Biod, capitale visitée par le général Renaut, et Moghard-Tahtania. De cette dernière à Timimoum on compte 10 journées ou à peu près 80 lieues; 6 ou 7 de ces journées à la suite sont sans eau [1]. « Chaque jour, en été, » dit le capitaine Carette dans son excellent livre [2], « au fort de la chaleur, on fait une halte d'une heure ou d'une heure et demie. Ceux qui ont des chameaux dorment sur leurs chameaux; ceux qui n'en ont pas creusent le sable jusqu'à une profondeur d'environ 1 pied, pour le trouver moins brûlant : il serait impossible de dormir à sa surface. » Laissons parler maintenant notre guide. Le sable absolument privé de toute végétation ne se rencontre nulle part, excepté dans les dunes; mais partout la végétation est réduite à trois plantes : le drinn, la jeffa et le knigne [3]. En approchant de Gourara on passe une ligne de dunes ou areg, et l'on ne trouve plus que du drinn, si clair-semé et si chétif que les chameliers sont obligés de s'écarter du convoi pendant la marche, cueillant çà et là quelques brins qu'ils rassemblent pour en nourrir les chameaux pendant la nuit. On sait que, dans le Tell et dans la

[1] V. Daumas, *Sahara algérien*, page 307. Il donne à peu près le même itinéraire.

[2] *Recherches sur la géographie et le commerce de l'Algérie méridionale*, pages 38 et 140.

[3] Un individu de chacune de ces espèces figure dans l'herbier que nous avons formé pour le général Cavaignac.

bande nord du Sahara algérien, on ne jette jamais à ces animaux de brassées d'herbe recueillie par leurs conducteurs ; ils mangent suffisamment en route, et l'on n'a pas besoin de s'inquiéter de leur nourriture. Mais, dans les sables qui mènent à Gourara, ils ne trouveraient pas de quoi se soutenir, si les chameliers ne prenaient la précaution tout exceptionnelle dont nous avons parlé.

La conduite des caravanes est réputée fort difficile dans ces parages, et n'est jamais confiée qu'à des guides spéciaux, pris à peu près constamment dans la tribu des Chamba. Deux guides au moins sont nécessaires pour une caravane moyenne : l'un marche en tête du convoi et l'oriente, l'autre accompagne et dirige les chameliers qui moissonnent du drinn sur les flancs de la colonne. Quoiqu'on se masse et qu'on se serre le plus possible, il arrive pourtant parfois qu'une partie de la caravane se trouve séparée du noyau, par les nuages de poussière qui obscurcissent l'atmosphère, par le retard qu'amènent les bêtes de somme dont la charge se dérange, par la tombée de la nuit et enfin par la brume qui, au dire de notre guide, s'étend souvent sur ces contrées[1]. Quand la caravane est coupée par suite d'un évé-

---

[1] Quelques explications nous paraissent nécessaires au sujet des brouillards qui, selon l'indigène duquel nous tenons ces renseignements, troublent quelquefois, même dans les plus fortes chaleurs, l'atmosphère de ces plaines sablonneuses du centre de l'Afrique. Ces explications nous conduiront d'ailleurs à présenter, sur ces contrées peu connues, quelques considérations météorologiques que nous croyons devoir rejeter en note, à cause de leur caractère un peu scientifique.

Les bandes grisâtres qui s'étendent sur le désert comme des brumes que le vent aurait allongées en filaments parallèles, les opacités mamelonnées qui s'entassent à l'horizon comme des montagnes lointaines superposées, les particules mêlées à toute la masse aérienne dont elles détruisent la diaphanéité, tous ces phénomènes peuvent être dus à d'autres causes qu'à la suspension des vésicules aqueuses qui constituent les véritables brouillards et les nuages.

Le jeu variable des rayons lumineux réfractés en traversant des couches d'air

proche en proche jusqu'à la tête de la colonne ; celle-ci fait halte pour donner à ceux qui s'étaient égarés le temps de

chauffe peu à peu en passant sur les terres du continent africain, et, arrivé dans le désert, il trouve une masse d'air tellement chaude qu'il acquiert immédiatement lui-même une température élevée : son point de saturation est éloigné, et la vapeur ne saurait se précipiter sous forme de vésicules aqueuses. D'ailleurs l'humidité de ces vents du nord a été en grande partie absorbée par le Tell, qu'ils traversent avant d'atteindre le Sahara ; de sorte qu'ils sont à peu près tout à fait secs en arrivant à celui-ci. Aussi il n'y pleut jamais en été ; mais, pendant l'hiver, le ciel se couvre de nuages et la terre est abondamment arrosée. En effet, à cette époque de l'année, le sable se refroidit très-vite en rayonnant vers les espaces planétaires, et il arrive un moment où l'air du Sahara a une température moins élevée que celui de la Méditerranée, ou au moins de l'Océan. Dans de telles circonstances, un courant inférieur s'établit, du Désert à la Méditerranée, et donne lieu à un vent du sud, qui quelquefois paraît froid dans le Tell, mais surtout en Égypte, ainsi que nous l'apprennent tous ceux qui ont exploré ce pays. Un contre-courant atmosphérique prend naissance dans les couches supérieures de l'atmosphère ; il porte sur le Sahara les vents de mer, qui se refroidissent, arrivent au point de saturation, et laissent la vapeur d'eau se déposer sous forme de nuages.

Ces considérations sont applicables seulement au Sahara algérien : en s'enfonçant du nord au sud dans le Falat, les pluies diminuent d'abondance. Nous ne serions pas étonné qu'il existât des points où il ne plût jamais, ce qui ne serait pas, du reste, un phénomène sans exemple, Alexandre de Humboldt, entre autres, l'ayant observé dans les Desiertos du Bas-Pérou.

Quant au Djebel-Hoggar, ce massif de montagnes élevées qui surgit du centre même du Falat, il condense, en vertu de sa basse température, les vapeurs aqueuses que les courants atmosphériques charrient. Nous ferons soigneusement observer que ceux-ci en sont quelquefois très-chargés : s'ils paraissent secs, c'est à cause de l'énorme capacité pour la vapeur d'eau qu'ils acquièrent par leur haute température ; mais la même quantité de vapeur saturerait, et au delà, une masse égale d'air plus froid, qui nous semblerait conséquemment très-humide et s'obscurcirait d'épais brouillards.

A certaines époques il pleut beaucoup sur le Djebel-Hoggar, et des torrents impétueux roulent dans les ravins déchirés qui sillonnent les pentes de ces montagnes.

Il est bien évident que l'époque des pluies, au Djebel-Hoggar et dans la partie du Falat qui borde le Soudan, correspond à la saison sèche du Tell et du Sahara algérien. Ces régions doivent en effet présenter les mêmes périodes météorologiques que les pays soumis au règne des vents alizés. Bruce, Mungo-Park, Denham, Browne, Damberger, etc., nous ont appris que les choses se passent bien ainsi. Leur témoignage n'était pas nécessaire pour établir ce fait, le Nil l'a appris depuis longtemps à l'Égypte.

EXPÉDITION DU GÉNÉRAL CAVA[I

proche jusqu'à la tête de la colon
donner à ceux qui s'étaient éga

à peu en passant sur les terres du continent afri
trouve une masse d'air tellement chaude qu'il ac
température élevée : son point de saturation
ait se précipiter sous forme de vésicules aqueus
ents du nord a été en grande partie absorbée p
t d'atteindre le Sahara ; de sorte qu'ils sont à pe
celui-ci. Aussi il n'y pleut jamais en été ; mais
de nuages et la terre est abondamment arros
année, le sable se refroidit très-vite en rayon
et il arrive un moment où l'air du Sahara a u
elui de la Méditerranée, ou au moins de l'Océa
un courant inférieur s'établit, du Désert à la M
nt du sud, qui quelquefois paraît froid dans le
que nous l'apprennent tous ceux qui ont explo
osphérique prend naissance dans les couches s
orte sur le Sahara les vents de mer, qui se refr
aration, et laissent la vapeur d'eau se déposer s
lérations sont applicables seulement au Sahara
au sud dans le Falat, les pluies diminuent d
tonné qu'il existât des points où il ne plût ja
, un phénomène sans exemple, Alexandre de Hu
vé dans les Desiertos du Bas-Pérou.

Djebel-Hoggar, ce massif de montagnes élevées

se rallier, et pour que les tronçons de la caravane puissent se réunir de nouveau.

Toutes ces caravanes, notons-le bien, s'arrêtent dans le Gourara et ne poussent pas jusqu'à Timbouctou, à travers le Falat. Celles qui entreprennent le voyage de long cours sont organisées sur un bien plus vaste plan et disposées pour la défense. Quelques caravanes de cabotage, comme nous les avons appelées, se joignent à celles-ci en route, et augmentent ainsi peu à peu le noyau primitif.

Le Falat, tel qu'on le comprend vulgairement en Europe, est un rêve de l'imagination : on le représente comme une plaine unie, entièrement formée de sables arides sans eau et sans végétation, n'offrant, en un mot, aucune des ressources qui rendent la vie possible; puis, immédiatement après avoir tracé ce tableau de mort, on fait naître des palmiers dans l'empire de la stérilité absolue, et on peuple d'une multitude de bêtes féroces ces solitudes qu'on a dépouillées de tout ce qui pourrait les nourrir. Il importe de remplacer la fantaisie par la réalité.

Le Falat n'est pas nivelé comme la surface d'un lac tranquille, et ne constitue point une plaine uniquement formée de sables non interrompus : il est accidenté par des plateaux pierreux en général peu élevés, par des lignes de dunes ou de légers monticules, par des nappes de sable aride à côté d'espaces couverts de végétation rare, enfin par des dépressions constituant de véritables bassins. Si les circonscriptions entièrement stériles et privées de sources n'ont pas d'habitants sédentaires, mais sont de temps en temps sillonnées par les caravanes ou parcourues par des bandes pillardes de Touareg, d'autre part, les espaces qui offrent quelques faibles ressources sont parsemés de groupes de tentes, abritant une misérable population dont on conçoit à peine que la vie soit possible au milieu de cette avare nature.

Damberger[1] qui a traversé toute l'Afrique centrale, du Cap au Maroc, nous représente la partie occidentale du Falat sous des traits pareils à ceux que nous venons de tracer.

Le plus remarquable accident de terrain est le fameux Djebel-Hoggar, dont nous avons déjà parlé : ce repaire des Touareg, s'élève, comme une grande île, au sein de la mer de sable. La carte de M. James Richardson nous le représente comme recouvrant un immense espace triangulaire qui n'aurait pas moins de 200 lieues sur chacune de ses faces. A la pointe N.-E. de ce triangle, est située la ville de Rrat ou Gràt, que ce voyageur a visitée au commencement de 1846. Le plateau et les sommets du Djebel-Hoggar doivent être fort élevés, puisque les Touareg qui les habitent emploient, dit-on, mille précautions pour se soustraire au froid, s'habillent de vêtements de laine doublés de pelleteries et s'entassent sous des tentes circulaires en peaux, quoique cette contrée soit située dans la zone torride.

Les parties les plus arides et les plus sèches du Falat ne sont pas, comme on le croit généralement, celles où l'on rencontre des sables, mais plutôt les espaces dont le sol est pierreux, tassé et peu mobile, comme celui des Chott. Le plus souvent, les sables ne font que les traverser sous forme de tourbillons, ou s'y déposent en dunes temporaires que les vents déplacent bientôt et font rouler jusque dans les

---

[1] *Voyage dans l'intérieur de l'Afrique*, commencé en 1781 et achevé en 1797, par Ch.-Fr. Damberger; traduit de l'Allemand, par L.-H. Delamarre. Paris, an IX. 2 vol. in-8º.

parties déclives[1]. Parmi les 25 journées qui mènent d'Agabli, ville du pays des Touat, à Timbouctou, on en compte 8 à 10 sans eau. C'est la portion du trajet qu'on redoute le plus. Si le Sirocco y surprend la caravane et souffle quelque temps, elle épuise son eau et laisse souvent beaucoup de morts. Or, cet espace n'est pas sablonneux ; le sol est formé par une terre assez ferme et de couleur rouge qu'on appelle, je crois, tanezroufle.

C'est dans les endroits déclives, dans les bassins, que le sable s'amasse et séjourne : or, c'est précisément aussi dans ces bas-fonds qu'aboutissent définitivement les eaux qui ont arrosé le désert dans la saison pluvieuse ; c'est là qu'on creuse des puits et qu'on trouve quelques sources. On s'explique facilement pourquoi de rares herbes verdissent à peine au fond de ces bassins, pourquoi de belles oasis ne s'y épanouissent pas comme dans le Sahara algérien : si l'eau est une condition de fertilité, d'un autre côté l'accumulation des sables qui passent et repassent, dans certains lieux, sur tous les points du sol, est un puissant obstacle à la végétation. Les bas-fonds présentent donc simultanément des éléments de vie et des principes de mort. Il arrive même quelquefois que l'ouragan roule assez de sables sur les

---

[1] Telle est la règle, mais il existe aussi quelques grandes lignes de dunes sur certains plateaux. Voici comment nous nous rendons compte de leur formation : 1° elles peuvent s'accumuler dans les lieux où deux vents différents se trouvent ordinairement en conflit ; 2° sur les espaces qui sont un centre d'aspiration, vers lequel convergent des courants atmosphériques venant de divers points de l'horizon ; 3° enfin, si, par une circonstance quelconque, une dune vient à se former sur un plateau, et que, pendant un certain temps, il ne s'élève pas de tempête assez forte pour l'enlever, mais suffisante seulement pour rouler des sables qui soient arrêtés par ses flancs, il pourra se faire que cette dune acquière droit de domicile, devienne permanente, ayant insensiblement grandi de manière à braver les tempêtes qui n'eussent pas manqué de la déplacer dans l'origine.

puits et sur les sources, pour les ensevelir entièrement, et la caravane, qui comptait renouveler sa provision d'eau, meurt si elle ne parvient pas à les déblayer, ou si l'eau a pris une autre direction et a reparu dans un lieu ignoré.

Dans le Sahara algérien même, nous avons observé ce voisinage, cette sorte d'alliance des sables avec la végétation et l'eau ; par exemple : à Nebch, à Asla, à Lambâa, et à l'oasis de Aïn-Seufra incessamment menacée par les dunes qui s'avancent vers elle et empiètent peu à peu sur ses jardins.

Le Falat diffère du Sahara algérien en ce qu'on y trouve beaucoup plus de sables et beaucoup moins de végétation et d'eau ; en ce que, sauf le Djebel-Hoggar, il est bien moins accidenté ; par sa température beaucoup plus élevée et ses terribles tempêtes qui ont réellement englouti des caravanes entières ; enfin, parce que, loin d'être jaspé d'une multitude d'oasis souvent fort grandes et rapprochées, il ne présente que de rares puits disséminés quelquefois à 80 ou 100 lieues de distance les uns des autres. Nous ne devons pas omettre de faire figurer, au nombre des caractères distinctifs, la différence des populations qui habitent chacune des contrées que nous mettons ici en regard. On pense généralement que les Touareg du Falat sont de race berbère, comme les Sahariens ; mais ils ont un genre de vie, des mœurs, des habitudes tout à fait caractéristiques. Leur langage dérive du berbère, mais c'est un dialecte bien différent de celui qu'on parle dans les oasis ; il a une rudesse qui l'a fait appeler l'allemand du Désert, et semble avoir des analogies avec la langue des anciens habitants des Canaries, les Gouanches [1].

---

[1] Marsden, Venture, Malte-Brun, de Humboldt.

Le palmier ne croît pas dans les plaines arides du Falat. Sauf quelques espaces privés de toute végétation, on rencontre quelques plantes, clair-semées presque partout, mais qui se rapprochent dans les bas-fonds que le sable n'a pas envahis. Dans la bande septentrionale du Sahara algérien, la flore se compose des espèces dont nous avons fait l'énumération et tracé la géographie botanique; dans la bande méridionale oranaise, elles sont remplacées par le drinn, la jeffa et le knigne : nous ne savons pas ce en quoi elles consistent dans le Falat.

Sur les plages les plus arides du Falat, on rencontre peu d'animaux, mais sur ses bords et dans les montagnes on trouve des girafes, des autruches, des gazelles, des zèbres, des antilopes, des lions, des panthères, des serpents. Parmi les animaux domestiques, la chèvre et le mouton sont à peu près les seuls qui réussissent dans les contrées les plus ingrates.

La géologie du Désert-Central pourrait donner lieu à des considérations fort étendues; nous nous contenterons de présenter les points les plus saillants.

Nous avons dit que la surface du Falat est parsemée de plateaux souvent pierreux et très-étendus, mais en général peu élevés au-dessus de la plaine sablonneuse; de sorte que, à proprement parler, ils ne méritent guère le nom de plateaux que si on fait abstraction, par la pensée, des matériaux précipités dans les vallées qui, aux premiers âges du monde, séparaient les points culminants. Quelques endroits du désert des Chott présentent de pareils bancs rocheux, mais cette particularité géologique est plus difficile à saisir. Cette configuration est, au contraire, fortement accusée dans l'Asie centrale, au milieu des solitudes de

Shamo, qui séparent la Mongolie de la Chine. Ces plateaux de roche y sont appelés *try*. On en rencontre également dans les llanos de l'Amérique méridionale et dans les déserts du Bas-Pérou.

« On se demande avec surprise, dit M. de Humboldt [1], si quelque révolution extraordinaire a emporté le terreau et les plantes, ou si le noyau granitique de notre planète se montre à nu parce que les germes de la vie ne se sont point encore développés sur tous les points. » Nous pensons, s'il nous est permis de glisser notre mot dans une question aussi grave, et de hasarder une opinion sur ce sujet si obscur, nous pensons que ces plateaux rocheux, ainsi que d'autres circonstances que nous apprécierons, sont favorables à l'hypothèse d'un soulèvement qui aurait fait sortir du sein des mers les déserts actuels, postérieurement au travail plus ancien duquel seraient nés le Tell et le Soudan. La configuration qu'affecte encore aujourd'hui le sol, est précisément celle qu'il devait avoir lorsqu'il était sous-marin. Il est bien évident que les terres cachées sous l'Océan, incessamment balayées et fouettées par les eaux, doivent tendre à se niveler, par la dénudation des sommets dont les matériaux mobiles sont arrachés et précipités dans les bas-fonds, jusqu'à ce que les points culminants ne présentent plus qu'une masse rocheuse ou compacte difficilement attaquable par les eaux.

Pour accepter un instant la belle et grandiose idée de M. de Humboldt, serait-ce à cause du peu d'ancienneté du soulèvement qui a fait saillir le désert africain, que sa surface se présente désolée, aride et nue? Les parties de notre

---

[1] *Ouvrage cité*, p. 279.

planète aujourd'hui florissantes, auraient-elles présenté la même stérilité dans leur premier âge? Le Falat serait-il destiné à recevoir peu à peu le germe de la vie, et à voir, dans la suite des siècles, son silence remplacé par le bruit de cités populeuses? Quand on veut pénétrer dans ces époques si reculées qui appartiennent à la formation même du globe, quand on veut considérer les évolutions et les métamorphoses de celui-ci, dans le cours de siècles si nombreux que notre pensée en embrasse à peine le développement, on est réduit à des conjectures plus ou moins ingénieuses, que des hypothèses plus heureuses ne tardent pas à renverser, pour céder elles-mêmes la place à de nouvelles suppositions.

Au nombre des circonstances qui peuvent militer en faveur de l'hypothèse d'une mer intérieure qui se serait étendue jadis sur la place où l'on voit aujourd'hui le Désert, nous devons faire figurer les masses considérables de sel marin qu'on y rencontre, tandis qu'il n'en existe point dans le Soudan. De Gourara à Timbouctou, nous disait notre guide, on marche pendant longtemps dans une plaine remplie de sel, dont les caravanes font provision pour le vendre dans la Nigritie. Nous avons parlé de la véritable montagne de sel gemme que le général Marey-Monge a rencontrée sur les bords du lac Zachz. On lit dans Pline l'Ancien et dans Léon l'Africain que les habitants de certaines localités du désert taillaient le sel comme le marbre et s'en construisaient des maisons. Nous nous rappelons aussi avoir lu dans un historien bien antérieur à Pline, dans Hérodote, qu'une vieille race, dont le nom nous a échappé, se logeait également sous de semblables demeures; il ajoute même très-naïvement qu'il est fort heureux que la pluie soit rare dans ce pays-là.

Nous avons feuilleté les plus anciens auteurs, dans l'espoir d'y rencontrer quelques traces de la Méditerranée africaine : nous pensions que de vagues souvenirs avaient pu être recueillis par les prêtres égyptiens, et arriver jusqu'à nous grâce à l'intermédiaire des historiens grecs. Notre espoir n'était pas tout à fait vain. Ne serait-ce point en vertu d'antiques traditions que Strabon et Diodore de Sicile placent une mer, à laquelle ils conservent le nom d'océan Atlantique, sous les parallèles qui traversent aujourd'hui les sables du Sahara? On peut d'autant mieux en induire que la nappe qui baigne les côtes occidentales du Maroc traversait jadis le continent africain et allait directement baigner la péninsule arabique, que le vieil historien Hérodote affirme l'identité de cet océan Atlantique africain, avec la mer Érythrée, qui répond à notre moderne mer des Indes.

Malte-Brun a été assez heureux pour déterrer, dans Diodore de Sicile, un passage dont nous allons dire quelques mots, quoiqu'il nous ait été impossible de le retrouver dans les œuvres de l'auteur syracusain.

Diodore de Sicile parle d'un lac des Hespérides situé dans l'intérieur de l'Afrique, et ajoute que ce lac s'est desséché à la suite d'un affreux tremblement de terre. Malte-Brun pense que ce lac des Hespérides pourrait bien n'être autre chose que la Méditerranée africaine qui recouvrait jadis le désert. En acceptant cette hypothèse, la fameuse île Atlantide se retrouve facilement : ce n'était que le littoral africain, ou le Tell, compris alors, comme une véritable île, entre deux méditerranées. L'on n'est plus contraint, en accueillant cette interprétation, de supposer la submersion d'un continent ou d'une grande terre dont quelques points seulement auraient persisté; savoir, selon Bory de Saint-

Vincent : les Açores, les Canaries et Madère, derniers vestiges d'un monde englouti. Mais il nous semble que, malgré le désaccord qui règne entre les descriptions de l'Atlantide données par Platon, *in Timœo* et *in Critiâ*, on ne peut se refuser à placer cette terre dans l'océan Atlantique, au delà des colonnes d'Hercule. C'est pourquoi nous ne partageons pas la tendance qu'a Malte-Brun à voir l'Atlantide dans le Tell africain jadis battu par deux mers.

Les hauts intérêts commerciaux et la prospérité future de l'Algérie sont tellement liés à la connaissance des grandes routes suivies par les caravanes, à la recherche des moyens de les attirer sur notre territoire ou au moins de leur fournir nos productions, enfin à la détermination de la ligne la plus courte et la plus facile par laquelle on peut communiquer avec la Nigritie, qu'il est indispensable d'entrer dans quelques considérations sur ces divers sujets.

Après avoir ajouté les documents recueillis par nous sur les lieux, aux précieuses recherches de MM. Daumas et Carette et de quelques autres, nous sommes parvenu à formuler la marche générale des caravanes, d'une manière simple et précise qui en donnera une idée exacte et facile, et sauvera le lecteur de recherches fastidieuses dans des livres où l'intérêt est trop disséminé pour être soutenu.

Une erreur vulgaire consiste à croire que les caravanes ont pour rôle exclusif de s'approvisionner, dans le Tell, dans l'empire du Maroc et dans la régence de Tunis, d'objets qu'elles vont jeter dans la Nigritie qui, à son tour, leur fournit des denrées et des produits qu'elles rapportent au point de départ. Les choses ne se passent pas d'une manière aussi simple. Entre le Tell et le Falat, se groupent des oasis si nombreuses et si peuplées, que le chiffre de leurs habitants souffre la comparaison avec celui des tribus du Tell. On y voit des villes presque aussi grandes qu'Alger, telle est Gardaia, et d'autres centres de population qui paraissent à peu près aussi vastes qu'Oran. On comprend dès lors que ces oasis aient des besoins et soient des foyers d'active consommation. Comme elles sont séparées les unes des autres par des espaces stériles plus ou moins étendus, leur communication entre elles et avec le littoral ne se fait pas à l'aide d'incessantes allées et venues de voyageurs isolés, mais bien par les petites caravanes qui pratiquent ce que nous avons appelé le cabotage. Ces oasis absorbent une certaine quantité de produits du Tell, de l'Europe et de la Nigritie; puis, leur rôle de consommateur achevé, elles servent d'entrepôt. Elles sont l'intermédiaire obligé entre le Tell ou le continent des blancs, et le Soudan ou le continent des noirs. Les nombreuses mailles du filet de caravanes, dont les intersections si multipliées ont lieu dans chaque oasis, finissent par se réunir en faisceaux dans les principaux ksours qui occupent l'extrême limite méridionale du Sahara algérien; à savoir, de l'est à l'ouest : Souf, Tougourt, Temaçin, Ouargla, Guéléa et Insalah. Cette foule de petits ruisseaux, pour nous servir d'une autre comparaison également exacte, s'est donc groupée en quelques rivières qui se rendent dans chacune des villes déjà nommées. Mais ces rivières elles-mêmes vont encore converger, et ne courront vers le Soudan qu'après s'être résumées en deux grands fleuves, partant, l'un d'Insalah, pour l'occident; l'autre de R'Damès, pour l'orient. Insalah ne recueille pas seulement les courants commerciaux du Tell algérien, mais aussi ceux du Maroc, notamment de Fez; et R'Damès se trouve, de son côté, l'aboutissant des courants du Tell, de Tunis et de Tripoli. Notons ici que Insalah est encore dans le Sahara, non plus algérien, mais marocain, tandis qu R'Damès est déjà situé dans le Falat. C'est de Insalah et de R'Damès que partent, à peu près exclusivement, les caravanes qui entreprennent des voyages de long cours pour gagner le pays des noirs.

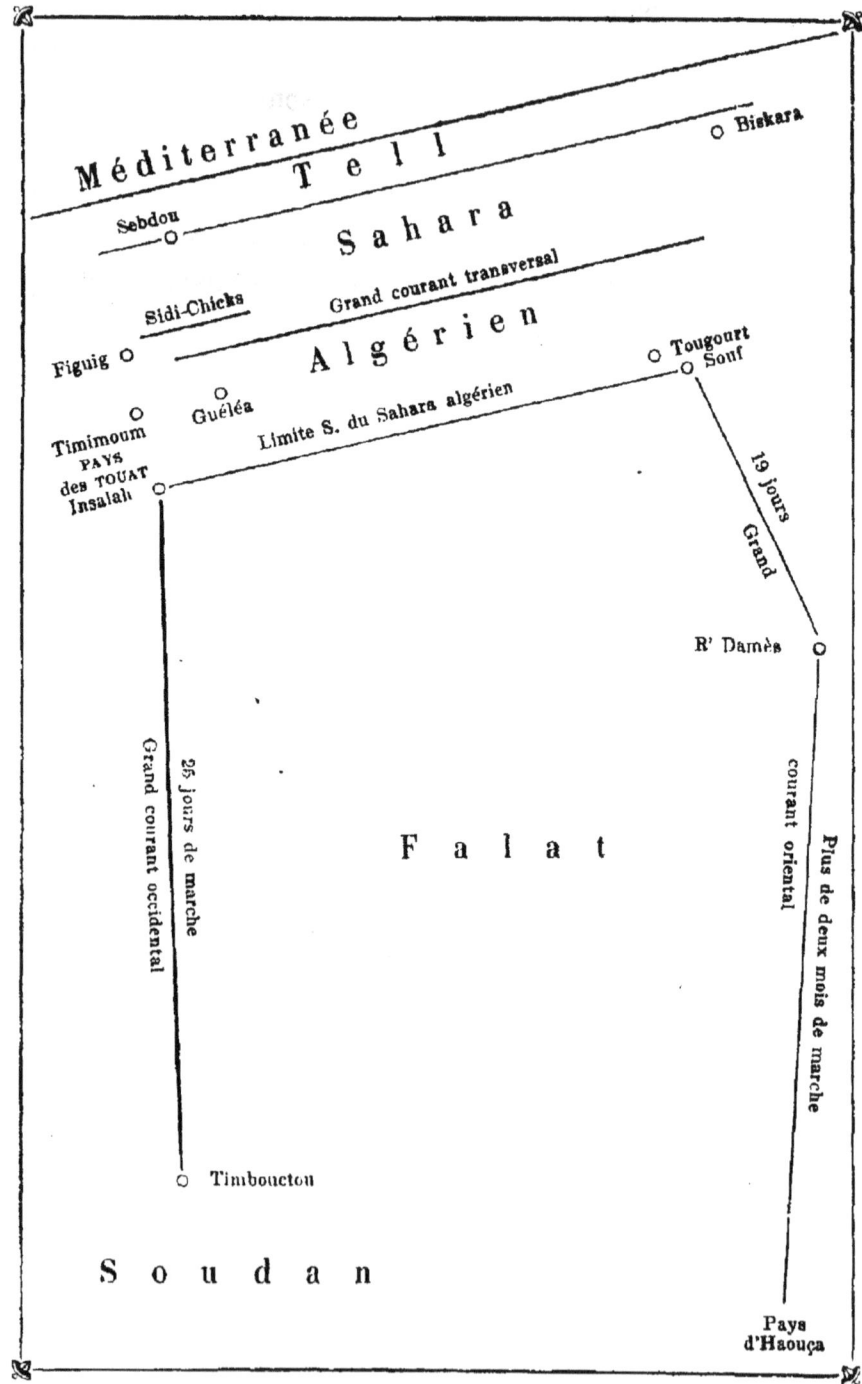

Le tableau ci-dessus est propre à donner une idée de la disposition des grandes lignes que suivent les caravanes ; on y voit figurer les deux grands courants occidental et oriental ; nous avons représenté par un courant perpendiculaire aux premiers le mouvement commercial des oasis du Sahara algérien. Nous ferons une remarque importante au sujet de cette dernière ligne : c'est que sa direction est bien plutôt de l'E. à l'O. que de l'occident à l'orient, le Maroc n'envoyant que très-peu ou même pas de marchandises à Tougourt pour les écouler dans l'Haouça ; tandis que Tunis en dirige, au contraire, une certaine quantité à travers le Sahara algérien, et pour les besoins de celui-ci, et pour approvisionner les caravanes qui appareillent à Insalah pour Timbouctou.

Timbouctou est certainement le principal centre du commerce de tout le Soudan, et jouit, sous ce rapport, de bien plus d'importance que le pays d'Haouça. Voilà un premier motif qui doit attirer spécialement notre attention sur le grand courant occidental. Mais cette ligne se recommande non-seulement parce qu'elle conduit à un foyer de consommation plus actif, mais aussi parce qu'elle est de beaucoup plus facile et plus courte que le trajet oriental qui conduit de Tougourt dans l'Haouça.

En effet, la limite méridionale du Sahara algérien est oblique du N.-E. au S.-O. et Insalah occupe la pointe d'une sorte de promontoire qui s'avance au sud ; et, d'un autre côté, la limite septentrionale du Soudan a une obliquité contraire, c'est-à-dire du S.-E. au N.-O. Donc, les deux continents, celui des blancs et celui des noirs, viennent, pour ainsi dire, au-devant l'un de l'autre[1], à travers la mer

[1] Cette disposition est encore plus marquée sur la carte de M. James Richardson

de sable, du côté de l'ouest, tandis que leurs rivages s'éloignent au contraire, quand on envisage la partie orientale de la carte. D'Agabli, extrême point sud [1] du Sahara algérien dans l'ouest, jusqu'à Timbouctou, il n'y avait que 25 jours de marche, d'après M. Carette; et, selon l'itinéraire donné par le même auteur, Souf, extrême point sud du Sahara algérien dans l'est, serait séparé par près de 3 mois de marche de Demergou, première ville septentrionale du continent des noirs dans l'Haouça. Ainsi le grand courant occidental n'offrirait que le tiers en longueur du grand courant oriental.

Voyons maintenant si la facilité des routes et l'abondance de l'eau compenseraient la longueur de la ligne orientale. Il n'en est rien. D'Insalah à Timbouctou, on trouve un espace sans eau qui n'est franchi qu'en 8 ou 10 journées très-pénibles; mais c'est bien pis sur le trajet de Souf à l'Haouça. De Souf à R'Damès on compte 138 lieues ou 19 journées de marche, et M. Daumas [2] place au quatrième jour *le seul puits de la route;* donc, on aurait 14 journées sans eau. Continuons notre ligne, en prenant M. Carette [3] pour guide : de R'Damès à Rât, 20 ou 21 jours, et eau 2 ou 3 fois seulement; de Rât à Ahir, 40 jours, et eau 3 fois; de Ahir à Agades, 7 jours, et eau chaque soir; de Agades à Demergou, 7 jours, et eau 1 fois.

---

que sur la carte si précieuse que le capitaine Gaboriaud a annexée au *Sahara algérien* par le colonel Daumas.

[1] Agabli, dont tant de voyageurs ont parlé, est à quelque distance au sud-ouest d'Insalah; mais cette dernière ville, à cause de son importance, doit être considérée comme le véritable point de départ.

[2] Daumas, *ouvrage cité*, page 156.

[3] Carette, *ouvrage cité*, page 142.

On voit que les difficultés et les espaces sans eau se multiplient[1] en suivant le grand courant oriental.

Après avoir mis en regard la partie des courants oriental et occidental qui traverse le Falat, établissons la même comparaison pour la portion comprise dans le Sahara algérien et dans le Tell, c'est-à-dire depuis le rivage jusqu'au Falat.

On va voir de suite que ce chapitre sur les caravanes en général se lie intimement au sujet spécial que nous traitons. En effet, les oasis des Ouled-Sidi-Chicks sont l'échelon intermédiaire entre le Tell oranais et le pays des Touat, cette immense oasis dont nous avons déjà nommé deux villes, Timimoum, capitale du Gourara, et Insalah, source du grand courant occidental qui va à Timbouctou.

Voici l'itinéraire qui nous paraît devoir être préféré à tous les autres. Les éléments de cette préférence sont puisés dans l'examen simultané des distances, des difficultés, et du plus ou moins de fréquentation par les indigènes, soit actuellement, soit à une époque antérieure.

De Ragegoun, port que nous avons abandonné après y avoir fait des constructions considérables, jusqu'à Tlemcen, approximativement.............. 12 lieues.

De Tlemcen à Sebdou........... 9

De Sebdou à Portus Gypsaria, sur la Méditerranée, on ne compte que 18 lieues.

De Sebdou à S'Fissifa, en suivant le même trajet que notre colonne............ 62

A reporter... 83

---

[1] Les caravanes ne parcourent pas une ligne aussi longue que celle que M. Carette a donnée dans l'intention de faire passer le lecteur dans les principales villes.

	Report...	83

En ligne droite, on ne compte que 50 lieues. Voir notre relation pour la répartition de l'eau sur cette route.

De S'Fissifa à Ich, premier ksar marocain.	7
De Ich au premier ksar de l'oasis de Figuig, El-Maïz................	15
De El-Maïz au pied des Areg.......	40
Du pied des Areg au puits de El-Hassian-Touïl qui commence le pays des Touat....	10 ?
On entre dans l'oasis des Touat et on descend, de ksar en kzar, jusqu'à Insalah [1]. .	100
Total......	255 lieues.

Ce trajet ne présente aucune difficulté sérieuse. Les trois journées réellement pénibles sont entre l'oasis de Figuig et celle de Touat; on met 3 jours à traverser les Areg, ligne de dunes dont les sables couvrent un espace qui n'a pas moins de 10 lieues de largeur et dans lesquelles les chameaux bien chargés s'enfoncent quelquefois jusqu'au poitrail.

Les lignes par Oran, Sidi-Bel-Abbès et Daya, ou par Mostaganem, Maskara, Saïda et le Djebel-Amour, aboutissent également aux oasis des Ouled-Sidi-Chicks, qui sont, comme on le voit, un véritable point de convergence.

Des Ouled-Sidi-Chicks, on peut gagner le Gourara par plusieurs chemins. Celui que nous avons indiqué est le plus fréquenté, à cause de l'absence de grandes difficultés, et parce qu'il dessert de populeuses oasis. Mais on peut aussi arriver au même point par une ligne plus courte, en s'em-

---

[1] V. Daumas, *Sahara algérien*, page 274.

barquant directement à Moghard-Tahtania pour Gourara. Nous avons déjà donné cet itinéraire. Enfin, on peut aussi passer par Guéléa, mais on se rejette alors un peu trop à l'est, de sorte que cette échelle est plutôt fréquentée par les caravanes qui partent du Djebel-Amour ou de Metlili, situés plus à l'orient que les Ouled-Sidi-Chicks.

Ayant comparé les courants commerciaux oriental et occidental, dans celle de leurs portions qui s'étend entre le Sahara algérien et la Nigritie, c'est-à-dire entre Souf et l'Haouça, d'une part, entre Insalah et Timbouctou, d'autre part, nous avons trouvé que ce dernier offre des avantages incomparablement supérieurs, parce qu'il est beaucoup plus facile et de deux tiers moins long.

La seconde portion de ces courants, comprise entre le littoral et la limite du Sahara algérien, se trouve dans des conditions contraires. Le trajet le plus direct du rivage [1] à Souf, est un peu plus court que celui qui sépare la mer [2] d'Insalah ; quant aux difficultés, elles sont à peu près égales de part et d'autre ; mais ce léger avantage de l'itinéraire oriental est trois fois compensé par la haute prééminence que la route occidentale a sur lui, quand on considère l'un et l'autre trajet dans le Falat et qu'on établit comparaison entre l'importance du point où ils aboutissent tous deux dans le Soudan.

Nous ajouterons que le chemin de Tripoli à R'Damès est de moitié plus court que la ligne qui part de notre littoral algérien pour se rendre dans cette oasis. M. James Richardson a franchi en 20 jours cette distance, qu'il évalue à 500 kilomètres ou 125 lieues. D'où il résulte que nous

---

[1] Vers Portus Gypsaria ou vers Ragegoun.
[2] Vers Gigelly ou vers Bougie.

sommes exposés à trouver de ce côté une concurrence qui pourrait nous être préjudiciable.

Conclusion : des deux grandes lignes commerciales qui conduisent du rivage dans la Nigritie, celle de l'occident est en tout préférable à celle de l'orient : elle est de beaucoup plus courte, plus facile et conduit à un foyer de plus active consommation.

Donc, la province d'Oran, qui occupe l'extrémité occidentale du Tell, est appelée à jouer un rôle fort important si nous parvenons à attirer de nouveau les caravanes dans nos possessions. Cette prééminence sur ses voisines est naturellement acquise, dans l'avenir, à la province d'Oran; elle ne sera point factice ni conventionnelle, mais forcément amenée par sa position même. Il est du devoir et de l'intérêt du gouvernement de favoriser ces tendances nécessaires, et de faire tous ses efforts pour ouvrir les voies sur les points qui s'y prêtent le mieux.

Malheureusement nous ne pouvons pas aujourd'hui nous occuper à perfectionner, il faut créer de toutes pièces : les caravanes ont fui notre territoire, au grand bénéfice des sujets d'Abd-er-Rhaman. Les embarras qu'amène la guerre, cet ennemi mortel du commerce; le peu de sécurité des chemins et la difficulté des communications dans un pays bouleversé par les hostilités presque continuelles; la ruine de l'agriculture, la dispersion des tribus telliennes et l'impossibilité qui s'en est fatalement suivie, pour les caravanes du désert, de s'approvisionner de céréales et d'objets manufacturés : telles sont, avec l'antipathie du musulman pour le chrétien, les principales causes qui ont chassé le commerce de chez nous.

Mais, si la pacification se consolide, comme tout porte à

le penser; si nous asseyons notre autorité sur les peuplades du Sahara algérien; si les Arabes du Tell reflorissent, certes alors les caravanes nous visiteront de nouveau, car elles trouveront dans nos provinces tous les approvisionnements qu'elles recherchent, et elles rencontreront chez les tribus soumises à la France plus de sécurité qu'à travers les hordes pillardes qui habitent la frontière du Maroc, et qui ne reconnaissent, de fait, aucune souveraineté. Il faut ensuite observer que les nombreux petits chefs sur le territoire desquels les convois passent, leur font payer un droit, et que la multiplicité de ces exigences finit par grever les marchandises. Nous ajouterons enfin que les Marocains exigent souvent un impôt considérable des Sahariens qui veulent être autorisés à s'approvisionner chez eux.

La question du bon marché est une des plus importantes. Il faut évidemment que nos produits manufacturés, rendus à Insalah, puissent soutenir la concurrence avec ceux que Fez envoie dans cette ville. Or ce bon marché peut s'obtenir de deux façons : par le peu de frais de transport, du littoral à Insalah, et, sous ce rapport, je crois que nous pourrions lutter; en second lieu, par l'exiguïté du prix d'achat primitif, et, sous ce point de vue, nous éprouverions peut-être des difficultés, car l'Angleterre jette dans le Maroc des marchandises que nous ne pourrions fournir à aussi vil prix. Quelques économistes espèrent que la continuation de relations amicales avec le Maroc pourra un jour nous donner, à nous exclusivement, des franchises qui compenseraient ainsi la différence du prix des provenances anglaises et françaises; mais le Maroc ne consentira jamais à un traité qui lui enlèverait peut-être le monopole du commerce avec Timbouctou, commerce tellement bien organisé aujourd'hui, que les négociants de Fez ont des maisons et des représentants à Timbouctou.

Nous ne pouvons pas quitter le désert sans dire un mot de ses habitants, les Touareg [1].

Les Touareg ne sont pas une tribu, c'est une grande nation qui occupe toute l'immensité du Falat. Leurs familles habitent des villes au S.-E. du désert et le long du Soudan, ou des huttes dans le Djebel-Hoggar; mais dès le printemps les hommes deviennent nomades : ils font les transports sur la ligne de R'Damès à Demergou, et la piraterie sur celle de Timbouctou à Insalah. Plus souvent encore ils sont forbans partout : ce sont les écumeurs, les pirates de l'océan de sable.

Les Touareg suivent le mahométisme, comme toute la race berbère à laquelle on les rattache, mais ils ont singulièrement altéré la pureté primitive de cette religion en y introduisant du fétichisme.

Chassés probablement du Tell, puis du Sahara algérien, qu'ils occupaient, selon toute vraisemblance, dans les premiers temps, chassés par les invasions successives des conquérants qui ont paru en Algérie, ils semblent vouloir se venger aujourd'hui sur les descendants de ceux qui les ont relégués autrefois dans le désert. Ce sont des ennemis dont l'occupation habituelle consiste à guetter les caravanes et à les attaquer si elles ne sont pas assez fortes pour organiser une résistance sérieuse.

Le Touareg est de race blanche et son type offre des analogies avec celui du Berber; mais sa constitution est en général tellement sèche, son corps tellement grêle, que le surnom de *poutre* lui est partout donné dans le désert.

[1] On dit *un Targui* et *des Touareg*, pour simplifier nous avons employé le mot *Touareg* au singulier et au pluriel.

Les Touareg sont divisés en blancs et noirs, non pas d'après la couleur de leur peau, mais d'après leur costume : les Touareg blancs s'habillent à peu près comme les Arabes, mais il n'en est pas de même des noirs; chez ceux-ci tout a un cachet particulier : vêtements, mœurs, armes, montures et habitations.

Leurs villes principales sont Rât, Ahir et Agades. Agades est bâtie comme Tunis, mais Ahir est composée de maisons rondes, en pierres rouges, surmontées d'une coupole en chaume, et percées de quatre portes tournées vers les quatre points cardinaux. Les Touareg voyageurs et ceux qui habitent les monts Hoggar demeurent sous des tentes circulaires en peaux.

Les Touareg noirs portent un pantalon à la française, retenu à la taille par une coulisse et par une ceinture de laine. Ils vont nu-pieds par la raison qu'ils ne marchent presque pas et se hissent toujours sur leurs méharis pour se transporter d'un lieu dans un autre. Ceux qui ne possèdent point de monture chaussent des espèces d'espadrilles fixées par des cordons. Les Touareg se couvrent d'un nombre variable de vêtements taillés en forme de blouse ou de robe et faits d'une étoffe de coton diversement rayée, large seulement de quelques pouces, étoffe appelée saie et qui vient du pays des nègres. En ville ou dans leurs camps, ils mettent ordinairement trois blouses (djellaba, sâmia, lebni), dont l'une, celle qui recouvre les deux autres, est richement ornée de broderies en or, formant des dessins irréguliers, massés surtout sur le sein gauche et sur l'omoplate droite. Quand ils entrent en campagne, ils ajoutent deux autres blouses de couleur obscure, et s'enveloppent la tête et le cou d'un long haick foncé qui ne laisse que leurs yeux à découvert. Cette étoffe est enduite d'un verni gommeux qui empêche le sable de s'y attacher. Ils se rasent la tête et ne laissent qu'une longue mèche. Ils portent un chechïa qui disparaît sous les plis du haick, de sorte que, de loin, le Touareg ressemble à un point noir glissant sur les sables étincelants du désert.

Il s'arme d'une très-longue lance, d'un sabre large à deux tranchants, d'un poignard contenu dans une gaîne fixée à l'avant-bras, d'un arc et de flèches, enfin d'un bouclier de peau d'éléphant. Ainsi équipé en guerre, il monte sur son méhari, bien décidé à faire une bonne prise, dût-il guetter la caravane pendant deux ou trois jours, accroupi derrière un pli du sable, et souffrir la soif et la faim.

Ce que l'on raconte du méhari sent les récits des temps héroïques. Cet animal n'a été vu que très-rarement dans le Tell; il y meurt empoisonné, dit-on, par une plante vénéneuse appelée drias, plante tellement semblable à une espèce alimentaire qui croît dans le Falat, qu'il ne peut en faire la distinction et périt victime de son erreur. La patrie du méhari c'est le désert central : sa vitesse prodigieuse est appropriée à l'immensité des plaines de sable. Les Berbers classent les méharis en dix catégories : la première comprend ceux qui ne font que dix lieues dans un jour, la dernière ceux qui franchissent cent lieues dans le même espace de temps. En faisant la part de la fable, on peut assurer qu'un bon méhari parcourt trente lieues dans un jour et recommence les jours suivants. Lorsque l'animal naît, on l'enterre jusqu'au cou dans le sable meuble et fin, pour éviter à ses os encore flexibles de supporter le poids du corps qui pourrait les incurver; et, pendant quatorze jours, on le soumet à un régime, formé surtout de beurre et de lait, dont la composition et la quantité, variables de jour en jour, sont déterminées par une règle bien connue. Il est surtout l'objet des soins les plus attentifs s'il descend d'une mère renommée pour la rapidité de sa course, parce qu'il est reçu, dans le désert, que le jeune méhari hérite des qualités maternelles. Ce n'est guère qu'à la fin du premier mois qu'on le laisse courir. On lui passe alors dans le nez l'anneau de fer qui doit servir à le guider, puis on entreprend son éducation.

L'instinct d'un méhari bien dressé se développe singulièrement. Quand il plaît au Touareg, emporté par une course rapide, de planter sa longue lance dans le sable, l'animal, toujours attentif et toujours épiant les moindres désirs de son maître, doit tourner autour de la lance fichée dans le sol, jusqu'à ce que ce cavalier soit parvenu à la saisir; puis, sans rien diminuer de sa vitesse, le méhari reprend sa route dans sa première direction. Quand le guerrier tombe dans le combat, son fidèle compagnon n'abandonne pas le champ de bataille; il s'approche du Touareg, se traîne sur le sable comme un chien caressant qui rampe aux pieds de son maître, cherche à saisir s'il donne encore un signe de vie, et semble l'engager à monter sur son dos pour fuir le champ du carnage. Si le Touareg reste immobile et muet, le méhari reprend le chemin de la ville ou du douar; et quand la famille le voit revenir avec sa selle vide, les femmes commencent les plaintes de la mort et les enfants poussent des cris aigus. L'inquiétude se répand dans la peuplade, et chacun interroge l'horizon avec anxiété : quelques points noirs se dessinent, grandissent et se rapprochent : ce sont d'autres méharis qui regagnent le village sans leurs maîtres, et qui, messagers de malheur, confirment la nouvelle de la défaite et du massacre de la troupe.

Laissons de côté tous ces récits qui se sont parés des couleurs de la fable en nous venant de si loin.

Il est certain que le méhari ne vit guère dans le Tell, soit à cause de l'herbe vénéneuse dont nous avons parlé, soit à cause de la difficulté de l'acclimatement. Le général Marey, qui paraît en avoir vu trois individus, pense qu'ils sont tout simplement au chameau ordinaire ce que le cheval de course est au cheval de trait. L'allure habituelle du méhari est un trot aussi allongé que le grand trot d'un bon cheval, et il peut tenir cette allure un jour entier. Il est sec, nerveux, maigre, élancé, très-sobre et soumis. Il se laisse diriger avec la plus grande docilité à l'aide d'une longue rêne passée dans l'anneau ou accrochée à la petite tige métallique qui lui traverse le museau.

Quand le printemps renaît, le Touareg s'arrache au repos qui l'a retenu tout l'hiver dans sa famille : les flottes de caravanes vont cingler à travers le Falat; il faut qu'elles lui payent un droit moyennant lequel il les protégera, ou bien elles doivent s'attendre à être attaquées par des bandes de forbans.

Le Touareg se munit de quelques faibles provisions et d'une outre remplie d'eau ; il s'arme de sa lance, de son arc et de son bouclier, bien rarement d'un fusil; il s'enveloppe dans les longs plis de son haick bleu et enfourche une espèce de selle placée entre la bosse et le garrot du méhari. Il jette un dernier adieu à sa famille, en poussant son coursier; mais celui-ci l'emporte si rapidement, qu'il est déjà loin quand sa femme et ses enfants lui répondent par des souhaits de réussite : les paroles se perdent avant d'arriver à son oreille.

La troupe de pirates, dans laquelle on compte depuis quelques centaines jusqu'à 2,000 individus, ne marche que la nuit en se guidant d'après les étoiles; elle évite ainsi la trop grande chaleur du jour et arrive plus sûrement près des caravanes sans être aperçue. Le matin ils interrogent au loin l'espace et éventent une caravane à la distance de dix lieues au moins : quand les chameliers ont quitté leur bivouac et se sont mis en marche, le silence ordinairement si profond du désert est troublé, non par des cris, pas même par une vague rumeur, mais par un je ne sais quoi qu'on ne peut caractériser, par des espèces de vibrations aériennes que les sens du Touareg peuvent seuls apprécier. La horde pillarde avance alors avec précaution, et bientôt un nuage de poussière lui annonce qu'elle ne s'est pas trompée. L'attaque est projetée pour le lendemain matin.

Mais la caravane a aussi ses éclaireurs, qui se sont glissés, comme des serpents, derrière les ondulations du sable, pour reconnaître le nombre des Touareg. Campée autour de quelques puits, elle attend patiemment le retour de ses explorateurs. Si les brigands sont tellement nombreux qu'elle juge imprudent de s'aventurer seule dans le désert, elle restera là, près de l'eau, plusieurs jours, quelques semaines et même plusieurs mois, jusqu'à ce que d'autres caravanes viennent à passer : elle se joindra à elles, et la masse devenue respectable se remettra en route. Si, au contraire, les forbans ne lui paraissent pas bien redoutables, elle continuera son chemin, sauf à se voir harceler, et à perdre quelques hommes et quelques chameaux chargés.

Cependant quelques lueurs pointent à l'horizon et le disque du soleil se montre presque aussitôt, car, dans ces contrées, l'aurore et le crépuscule ne durent qu'un instant très-court. Les chameaux accroupis, le cou tendu et collé sur le sable, sont réveillés par leurs conducteurs et poussent leur affreux grognement. Les uns se laissent charger docilement, les autres se lèvent et tentent de faire quelques pas ; mais les petits coups que les chameliers leur donnent dans le creux du jarret, les ont bientôt fait coucher de nouveau. Le Cheick-el-Bakal, capitaine de la flotte et maître absolu sur son bord, donne l'ordre du départ, et les Ménaïr, vieux voyageurs expérimentés qui servent de guides, prennent la conduite de la caravane qui s'ébranle et se met en marche. Les éclaireurs ont vu les Touareg s'éloigner, sans doute pour chercher un autre butin : les forbans se sont peu à peu effacés dans le lointain et ont fini par se perdre dans les teintes chaudes de l'horizon.

Mais les marchands ont pris pour une retraite définitive la feinte de leur ennemi. Les Touareg, avertis par un des leurs, se transportent près de la caravane, en franchissant 40 lieues en une nuit. Au point du jour un immense cri de guerre, rauque, sauvage et sinistre, trouble le silence du désert : c'est le signal de l'attaque. Une lutte désespérée s'engage dans la solitude troublée; le sable est le champ de bataille, le sable sera le tombeau de tous les vaincus sans exception. Heureux celui qui tombera sous un coup mortel; malheur à ceux que leurs blessures laisseront survivre! Le vainqueur n'achèvera personne : il sait que le désert consommera son œuvre et que la lente agonie du désespoir et de la soif est plus cruelle que toutes les tortures que pourrait inventer sa féconde imagination. Après le massacre vient le pillage; puis la troupe victorieuse, emmenant son butin et ses chameaux chargés, disparaît derrière les dunes.

Le soir, le soleil couchant inonde de rouges et chaudes

lueurs le ciel et les sables; ces teintes éclatantes brunissent insensiblement et l'on n'aperçoit déjà plus, entre l'ombre qui voile le ciel et l'obscurité qui pèse sur la terre, qu'un trait de feu à l'horizon. On entend, dans la nuit, des plaintes, des prières et des blasphèmes; mais bientôt le musulman se replie sur lui-même dans la passive résignation qui est un de ses traits distinctifs : il se laissera mourir sans se révolter contre son arrêt fixé dès sa naissance par le destin. Si quelques plaintes s'exhalent encore, c'est le cri involontaire que la souffrance arrache au blessé; si l'on voit des ombres s'agiter, se traîner pour retomber ensuite immobiles, c'est la dernière convulsion des mourants.

Un bruit sourd s'élève, grandit et s'approche; l'atmosphère devient lourde et aride; le souffle du vent suffoque comme les bouffées qui s'échappent de la bouche d'un four embrasé, et les particules de sable qu'il fouette à la figure semblent brûler comme les étincelles qui s'élancent d'un brasier qui pétille. C'est le sirocco ! Les sables roulent les uns sur les autres leurs grains impalpables; la surface du désert se ride d'abord comme une fontaine tranquille qu'un insecte vient agiter par sa chute; les ondulations se prononcent et se creusent davantage; bientôt on dirait une mer houleuse, et des tourbillons s'élèvent, contournés comme une vrille à leur base, épanouis en gerbe à leur sommet, et se grossissent, dans leur course, du sable qu'ils pompent dans leur tournoyante spirale.

Le bruit décroît, s'éloigne et s'efface; la houle s'affaisse; l'atmosphère agitée se calme, et la fraîcheur de la nuit remplace le souffle ardent du sirocco. Mais le sable a englouti les débris de la caravane : la lune n'éclaire qu'une plage unie, et rien ne trouble le silence de la solitude.

CHAPITRE VIII.

LES OASIS.

Retour à Thiout. — Un mariage musulman à Tlemcen. — Épisodes. — L'art de trouver les silos. — Portraits militaires.

30 avril.

15° à cinq heures du matin; orage à midi; l'orage cesse; 33° à l'ombre à deux heures et demie; 24° au soleil à quatre heures; 16° à huit heures du soir.

Nous quittons le ksar dévasté pour retourner à Thiout. Le soir nous campons sur l'Oued-Selam, à l'endroit où il débouche du défilé de l'Oued-Hadjej. Comme l'eau a une légère salure, quelques groupes d'hommes vont puiser à une fontaine qui coule au pied de la montagne, à 500 pas seulement des avant-postes; mais les Maghariens, qui nous suivent sur les crêtes, se glissent derrière les rochers, parviennent près de la source et tirent de très-près sur nos soldats. Un jeune Coulouglis [1] est blessé mortellement; appelé pour lui donner mes soins, je reconnais Sliman, mon voisin de

---

[1] *Coulouglis*, descendant des Turcs et des femmes arabes.

Tlemcen : mes treilles passent sur le mur mitoyen et ombragent sa cour, ses treilles franchissent aussi la séparation et se mêlent aux miennes; le même conduit fournit de l'eau à nos bassins et nous partageons en bons frères les fruits d'un vieux figuier de Barbarie (*cactus opuntia*) qui croît dans une brèche du mur.

Quelques mois auparavant j'assistais à sa noce. C'était le soir : il parcourait les rues de Tlemcen, enveloppé d'un bournous blanc aux longs glands de soie, et cheminait processionnellement, monté sur un beau cheval caparaçonné avec luxe qu'un nègre conduisait par la bride; chaque caouadji (cafetier), quand on passait devant son échoppe, versait une tasse de café aux pieds du cheval, antique hommage réservé aux grands personnages qui entrent dans la ville et aux jeunes mariés lorsque leur cortége nuptial parcourt triomphalement les rues. Le cortége avançait dans les étroites ruelles du quartier des Hadars, à la lueur de grands candélabres en bois hérissés d'une foule de bougies de cire jaune; des musiciens précédaient le marié, frappant en cadence sur leurs tambours [1], raclant leur violon [2], soufflant dans leur hautbois [3] et pinçant leur rustique mandoline [4] : étrange et sauvage concert que la foule accompagnait de ses chants et les enfants de leurs cris aigus, musique

---

[1] Le tambour, *trabouka*, est l'instrument de prédilection des Arabes : c'est un cylindre ordinairement en terre cuite, à une extrémité duquel est attaché un morceau de peau de tambour. L'instrument est placé sous l'aisselle; le musicien le frappe avec les doigts des deux mains, quelquefois pendant des journées entières, et la joie des auditeurs va toujours en croissant.

[2] *Kémengiah*, violon à trois cordes.

[3] *Guessebah*, espèce de hautbois dont le bout est garni d'un jeton qui s'applique sur les lèvres.

[4] *Kouïtra*.

primitive et sans art dont les simples mélodies ont toujours eu pour nous des charmes indicibles et dont le souvenir nous reporte bien mieux dans le désert que les beaux morceaux de Félicien David. La nuit la fête continua : les hommes, accroupis sous les arcades qui ceignent la cour, fumaient de longs sipsi [1] en prenant le café; les femmes rangées sur les terrasses et sous les ceintres du premier étage, ne laissaient voir qu'un œil noir qui pétillait dans l'ombre. L'orchestre continuait son monotone concert. De temps en temps un des assistants appelait *le déclamateur*, lui donnait une pièce d'argent et faisait publier à haute voix les louanges de sa maîtresse inconnue ou les qualités de son ami; puis l'ami répondait par la bouche du déclamateur, et un combat de politesse s'engageait, tout chamarré de brillantes fleurs orientales, tout plein de métaphores et de riantes figures.

Je fis mettre le jeune Coulouglis sur un brancard et je l'accompagnai à l'ambulance. En chemin, tous les souvenirs que je viens de retracer se présentaient en foule à ma mémoire; je ne sais vraiment en vertu de quelle étrange aberration dans l'association des idées, l'image de la mort menaçante pouvait ainsi jeter dans mon esprit les couleurs de ce joyeux tableau.

Arrivé à l'ambulance, Sliman me baisa affectueusement la main, marque de respectueuse amitié qu'il ne m'avait pas donnée depuis quelque temps, car il était devenu jaloux et prétendait — oh! bien à tort! — que j'allais beaucoup trop souvent regarder dans sa cour, sous prétexte de soigner notre commun figuier de Barbarie. Je passai toute la soirée au-

[1] Pipes.

près du pauvre Coulouglis, qui me répétait à chaque instant : « Je dois mourir cette nuit, tu ne peux rien contre mon mal. Tu me soignes comme ton frère... Va voir tes autres malades. » Le lendemain il n'était plus.

Pendant la nuit on tira sur notre camp plusieurs coups de fusil qui ne nous firent pas de mal.

1ᵉʳ mai.

5° à 4 heures du matin; 30° à midi au soleil; 17° à 6 heures. Orage dans la journée; ondée le soir.

Nous avons dit que le défilé de l'Oued-Hadjej est fort dangereux à cause des montagnes qui le surplombent et le resserrent. Le général Cavaignac a soin de faire occuper les hauteurs à mesure que la colonne s'engage dans la gorge. L'arrière-garde est un peu inquiétée et tue un homme à l'ennemi.

Nous arrivons à Thiout d'assez bonne heure. Les habitants ne sont pas revenus; mais ils offrent d'entrer en accommodement et de payer le tribut, non pas en argent, parce que ce numéraire est fort rare dans le Sahara, mais en nature : ils versaient autrefois aux Turcs des haicks et des négresses esclaves; ils sont disposés, disent-ils, à nous livrer des effets confectionnés par eux, pour s'acquitter envers nous. Le général déclare qu'il n'entrera en pourparlers définitifs que lorsque les Thioutiens auront rejoint leur ksar. Pour prouver que nous savons respecter les biens de nos amis, des avant-postes sont échelonnés dans les jardins et autour du village, de sorte qu'aucune déprédation n'est commise.

2 mai.

7° à 5 heures du matin; 23° à 11 heures; 30° à 2 heures; 16° à 6 heures du soir.

Les Thioutiens persistent à ne pas vouloir rentrer. Les Hamian-Gharabas et les Zegdou, puissante et nombreuse tribu qui habite les confins du Maroc, les ont menacés de complète extermination s'ils se rendaient aux Roumis. Thiout, ajoutent-ils, est beaucoup trop faible pour essayer de leur résister. D'ailleurs ces tribus ont voix délibérative dans toutes les grandes affaires, par la raison que beaucoup de jardins et de champs de l'oasis appartiennent aux Hamiars et aux Zegdou, qui les font cultiver par les Ksouriens. On comprendra facilement, en acceptant ces récits comme véridiques, que Thiout devait choisir le moindre des deux maux qui la menaçaient; car la colère d'un jour d'étrangers qui ne reviendront peut-être jamais, a dû leur paraître moins terrible qu'une guerre prolongée avec les populations qui habitent le même territoire.

Ces longueurs menaçant d'être interminables, le général Cavaignac abandonne aux fourrageurs les champs de blé et d'orge qu'on lui indique comme appartenant aux Hamiars et aux Zegdou ; mais on respecte le ksar et les propriétés des Thioutiens.

8 mai.

6° à 5 heures du matin ; 14° à midi; vent frais; 15° à 6 heures du soir.

Nous avons positivement été joués. Les Thioutiens ont profité du temps qu'on leur a accordé pour enlever chaque nuit les objets de prix qu'ils avaient laissés dans le ksar, et presque tous les individus qui étaient restés comme parlementaires ont disparu. Il n'y a plus à hésiter : le pillage est permis; mais la démolition et l'incendie sont défendus.

Quand la foule se rue dans un ksar qu'on abandonne à son avidité, les premiers regards sont pour les coins obscurs des maisons; mais il est assez rare qu'on y découvre quelque chose, et l'on procède immédiatement à la recherche des silos. On sait qu'on donne le nom de silos, en arabe matmor, à des trous creusés dans la terre, rétrécis à l'ouverture et allant en s'évasant à mesure qu'on pénètre profondément : c'est dans ces magasins que les indigènes mettent leurs céréales et en général tous les objets dont on ne se sert pas journellement; en temps de guerre ils en font des cachettes dans lesquelles ils entassent tout ce qu'ils veulent dérober à l'ennemi.

Les vieux Africains, surtout les zouaves, ont fait un art, ou plutôt une véritable science, de la recherche des silos. Les procédés qu'ils emploient et les règles qui les guident ont un tel cachet de spécialité originale, que nous croyons devoir en tracer le tableau : dans les contrées lointaines que nous faisons parcourir au lecteur, nous sommes tenu de mettre en relief tout ce qui peut caractériser les mœurs, les hommes et les choses. Devenir bon découvreur de silos, c'est une des perfections que le soldat africain est le plus impatient d'atteindre. Pour une expédition au bout de laquelle on lui fait apercevoir des silos à vider, il double le pas et force la marche; un silos, c'est sa petite richesse à lui, c'est son butin et ses trophées, c'est le moyen de se procurer quelques faibles jouissances dont il a tant besoin au milieu de ses privations et de ses fatigues journalières; le silos, en un mot, est une bénédiction pour le soldat africain.

Les silos ne se rencontrent que dans les endroits secs; les Ksouriens cachent pourtant quelquefois sous les dalles des conduits, les provisions qu'ils réservent pour les grandes famines, et qu'ils n'entament que dans les cas extrêmes; nous avons vu que ce sont ces cachettes qui ont sauvé Timimoum d'une entière destruction. C'est dans les appartements et quelquefois dans les jardins que les silos sont creusés; on en trouve aussi quelques-uns entre les rochers des montagnes voisines des Ksours. Les nomades du Tell établissent leurs greniers souterrains sur un monticule, dans un lieu qu'ils visitent souvent dans leurs pérégrinations, ou bien au pied d'un marabout dans le voisinage duquel des tentes existent en permanence. Des coteaux entiers sont criblés de silos; et quand le hasard ou la main de l'Arabe en ont recouvert l'entrée de branchages et de terre, il arrive quelquefois que les hommes et même les chevaux disparaissent engloutis dans ces énormes trous.

Dans les Ksours ce ne sont pas les grandes pièces donnant sur la cour ou sur la rue, qui récèlent le plus de cachettes, mais bien les réduits obscurs qui ne communiquent avec le premier appartement que par une étroite ouverture. L'entrée des silos se trouve ordinairement à une certaine distance des murs, à moins que la cavité ne s'étende sous les appartements voisins, à travers les fondations. On rencontre rarement des silos dans les pièces divisées, par de petits murs minces et peu élevés, en compartiments qui servent de lits, selon les uns, et de magasins, d'après nos observations. Ils sont aussi très-rares dans les écuries : les Ksouriens craignent l'humidité entretenue par le fumier, et surtout l'infiltration des urines dans la terre. Quelques silos, qu'on n'ouvre qu'à des intervalles éloignés, se trouvent pourtant sous les latrines et sous le foyer; cette position insolite est un moyen de les dérober aux recherches des pillards. Les silos établis dans ces conditions sont ordinairement bouchés par une solide et imperméable maçonnerie. Il faut remarquer que dans le cas où les Berbers sont obligés de creuser des silos à la hâte pour enfouir leurs effets, ils allument du feu et jettent des cendres sur le sol qui les recouvre, pour faire croire que cet emplacement est depuis longtemps affecté à d'autres usages, et pour empêcher que la terre fraîchement remuée ne trahisse la cachette.

Voilà pour la topographie des silos; voici maintenant pour l'art de les découvrir.

Les médecins frappent la poitrine à petits coups, percutent, pour me servir de l'expression technique, afin d'obtenir un son dont le timbre est l'expression de l'état normal ou morbide du poumon. Si le son est naturel, c'est la preuve que l'organe de la respiration est sain; s'il est mat, il indique que des liquides ou des productions solides ont envahi la poitrine; s'il est clair, on doit craindre que de l'air ne séjourne dans des cavités accidentelles, par exemple dans les cavernes qui se creusent dans le poumon des poitrinaires (phthisiques). Eh bien ! le chercheur de silos percute la terre, comme le médecin percute la poitrine de ses malades, et il n'est pas moins habile à saisir et à interpréter les variétés du son produit. La crosse du fusil frappe brusquement, sèchement et à petits coups, le sol des appartements : les endroits qui résonnent, qui sonnent le creux, sont soupçonnés de contenir des cavités souterraines. Mais la finesse des perceptions est ici nécessaire, car il existe un son creux *vrai* et un son creux *faux* : ce dernier est produit par la vibration de la couche superficielle des appartements, dure, compacte et tassée, reposant sur d'autres couches de terre meuble et sans cohésion. Les docteurs ès-silologie, pour me servir de l'expression d'un vieux zouave très-expert dans la partie, les docteurs ne s'y laissent pas tromper. Mais cette première distinction ne suffit pas, d'autres complications vont se présenter ; il peut exister des silos là où le son est mat, ce qui arrive quand on a rempli entièrement la cavité d'objets denses entassés jusqu'à l'embouchure : comme des céréales, des dattes, etc.

Pendant que le vieux zouave professait, son nez, aussi rouge que son chéchia, était entraîné par tous les mouvements de sa bouche qu'il suivait ponctuellement, ce qui produisait un effet réjouissant et tempérait la sévérité de son exposition scientifique : écoutons-le donc et regardons-le parler.

Après avoir choisi son lieu d'exploration, d'après les principes que je vous ai exposés, et après avoir étudié le son en frappant le sol, on saisit les instruments propres à sonder.

La baïonnette est d'abord employée ; elle écorche la croûte et remue légèrement le sol jusqu'à ce qu'on sente une résistance moindre qu'ailleurs. On quitte alors la baïonnette pour la baguette du fusil, qui, plus longue, pourra explorer plus profondément, et, moins aiguë, induira moins en erreur pour une pénétration trop aisée dans les terres. Si l'espace dans lequel la résistance est moins forte qu'aux alentours est de forme ronde ; si, surtout, il semble s'évaser, s'agrandir à mesure qu'on progresse vers la profondeur, on devra redoubler d'activité : on est sur la bonne voie. C'est en ce moment qu'on s'armera de la pioche pour enlever la terre. Il sera bon de percuter encore de temps en temps avec le manche de l'instrument, car des variétés de son imperceptibles à travers une couche épaisse deviennent saisissables quand il ne reste plus qu'une mince écorce. Plusieurs sensations indiquent que la sonde est parvenue dans un silos. Ou bien, après avoir vaincu l'obstacle opposé par l'opercule, elle s'enfonce d'elle-même, ce qui indique qu'on est dans une cavité; ou bien on sent une résistance qui n'a point de rapport avec celle qu'on éprouvait en traversant la terre : molle, élastique, dépressible, cette résistance indique des vêtements, des étoffes; nette, dure et polie, elle trahit des vases de terre ou de métal, des livres reliés, des armes, des métiers, etc. Après chaque 10 ou 12 pelletées, il faut, chemin faisant, prendre un peu de terre dans le creux de sa main, et examiner son aspect : est-elle déliée, menue ou en grumeaux bien séparés? elle a été fraîchement remuée et l'on redoublera d'ardeur; mais si elle se présente dure, serrée, il y a peu d'espoir, à moins qu'on ne compte sur un ancien silos. La profondeur à laquelle il faut s'arrêter varie beaucoup; car si quelques cachettes sont superficielles, d'autres ne présentent leur ouverture qu'à 1 mètre de la surface du sol.

Ces règles sont bien précises et bien catégoriques, continua le professeur, dont le nez rouge exécutait des mouvements d'ascension et de descente d'autant plus marqués que sa démonstration devenait plus animée; ces règles sont bien précises, mais il existe de nombreuses exceptions; aussi, après avoir exploré selon l'art et par principes, est-il sage de s'abandonner à son inspiration, de fouiller partout, de remuer toutes les terres, de soulever toutes les pierres, de sonder toutes les murailles et de visiter tous les coins ; bien plus, le kzar épuisé, il convient d'interroger les jardins.

Il ne suffit pas de découvrir un silos, il faut s'en assurer la propriété. Voyez, ajouta le vieux zouave au nez rouge, cette fourbe rapace et malhabile, elle connaît mes talents et se défie des siens ; elle s'attache à mes pas, comme le requin au sillage du navire négrier, comme les corbeaux à la suite des armées qui vont combattre. Si je découvre un silos, chacun veut donner un coup de pioche pour achever de le déblayer ; si je suis au fond du trou, c'est à qui m'aidera à hisser dehors le premier objet venu ; puis ces officieux intéressés me diront : Nous avons mis la main à l'œuvre, nous avons des actions, partageons….

C'est dans les campagnes difficiles et semées d'événements imprévus, comme fut la nôtre, qu'on peut voir se dessiner avec netteté les mœurs et le caractère des différents corps de troupes. En France, l'infanterie, la cavalerie et les armes spéciales ont des allures et des habitudes bien distinctes ; en Algérie, les corps qui séjournent en permanence, comme les zouaves, la légion étrangère, les chasseurs d'Afrique, acquièrent un type tout particulier.

En donnant aux zouaves le surnom de *chacals,* on a eu en vue non pas tant la sauvagerie de leurs mœurs que leur infatigable activité. Dans les expéditions difficiles et pénibles, au sein des plus dures privations, dans les temps pluvieux et par les chemins défoncés, comme sous les coups d'un soleil ardent, par la poussière brûlante et par le sirocco, partout et toujours le zouave marche avec ardeur à l'ennemi ; il franchit les ravins, escalade les rochers, pour surprendre, au lever du jour, la tribu qu'on doit raser, ou bien il prend sa course rapide à la poursuite de l'ennemi qui fuit dans la plaine; et, après sa journée si bien remplie, on le dirait frais et dispos, alors que les troupes nouvellement arrivées de France succombent à la fatigue. Mais, rentré dans les villes, le zouave devient quelquefois turbulent, querelleur, ivrogne; il a presque des velléités d'indiscipline et des tendances à la paresse.... Vite, qu'on le remette en campagne, qu'on le replace dans son élément, et il se montrera ce qu'il est : *le meilleur soldat pour les expéditions guerrières en Afrique.*

La légion étrangère est un corps un peu hétérogène, formé d'Allemands, d'Espagnols, d'Italiens, etc., dont les uns ont fui leur patrie parce que leurs vices les en ont chassés, ou parce que leur paresse les empêchait de s'y créer une position, mais dont le plus grand nombre est venu essayer une vie agitée et aventureuse, ou s'est exilé pour échapper à des persécutions politiques. Il a fallu des hommes qui joignissent l'esprit de conciliation et un tact remarquable à la sévérité et à une rigoureuse justice, pour faire concourir à un même but ces nombreux rouages peu disposés à fonctionner avec ensemble, et pour donner de l'unité à cet assemblage d'éléments si divers. Le regrettable colonel Mouret a commencé cette difficile besogne, que le colonel Mélinet continue avec autant de succès que de zèle.

On ne saurait croire combien d'hommes capables et distingués se rencontrent dans les rangs des soldats de la légion étrangère; on y recruterait une académie de musique : on y trouve des peintres, des littérateurs, des poëtes et d'habiles ouvriers d'art dans tous les genres. Quand on a établi un poste nouveau dans un lieu éloigné, sans ressources, presque sans communications avec les villes, on y jette la légion, parce qu'on sait que les constructions s'élèveront rapidement et que le bien-être, presque le luxe, succéderont bientôt au dénûment et à la pénurie. Si le zouave brille en campagne, le soldat de la légion n'a rien qui l'égale quand il s'agit de créer, de toutes pièces, presque avec rien, à force d'industrie et de sagacité, une forteresse, un poste et même une ville. En expédition, l'hétérogénéité de sa composition produit ses effets inévitables; tandis que ses compagnies d'élite méritent tout éloge, les compagnies du centre laissent sur le chemin des traînards qui fatiguent de sollicitations les chirurgiens d'arrière-garde pour se faire recueillir par les cacolets.

En résumé, ni la légion, ni le zouave n'offrent, chacun en particulier, la réunion des qualités voulues pour mener à bonne fin notre colonisation et notre conquête; aux derniers, la destruction et la guerre; aux premiers, l'organisation et l'assiette des bénéfices de la victoire. Mais, en réunissant leurs efforts combinés, ils peuvent satisfaire à tous les besoins et remplir toutes les exigences.

L'infanterie, base et fondement de toute armée en Europe, joue un rôle tout aussi important en Afrique; elle présente tous les éléments nécessaires pour la conquête et pour la colonisation. Après de rudes épreuves, après de nombreuses pertes et des souffrances qui se prolongent plusieurs années quelquefois, elle se bat et marche comme le zouave et lutte d'industrie avec la légion étrangère. Nous aimons à lui rendre un hommage si bien mérité.

L'esprit militaire jette une telle uniformité sur la superficie, les échos qui nous viennent d'Afrique sont tellement mis à l'unisson par les bulletins officiels, qu'on ne se fait, en France, sur la population militaire algérienne, qu'une idée d'ensemble dans laquelle on englobe bien des détails disparates. Nous avons pensé qu'il ne serait point sans intérêt de faire ressortir ceux-ci.

On a sans doute pressenti que, sitôt Thiout livré au pillage, je courus à la maison du savant de l'endroit ; en qualité de confrère en médecine, je lui devais aide et protection. Je fus bientôt tranquillisé sur le sort du couple respectable ; il avait eu le temps de fuir pendant notre expédition de Moghard. Malgré mon empressement, je n'étais pas arrivé le premier ; un silos, contenant quelques vieilles hardes et un sac de dattes, avait déjà été découvert dans l'école, et le petit coin de jardin où Beaucis avait cueilli l'ognon de l'hospitalité, était tellement ravagé que l'excellente femme sera condamnée à recevoir sans les fêter les hôtes qui la visiteront.

Non loin de la maison du taleb (savant), je m'enfonçai, à travers d'étroites ouvertures, dans un dédale de caveaux, de porches et de cachettes. Dans un coin entièrement obscur, encombré de paniers de halfa, de grandes gamelles de bois, et de nattes tressées, je heurtai quelque chose qui se mit en mouvement et poussa un gémissement prolongé ; en voulant me retirer, je marchai sur un corps cylindrique, et mon pied glissa ; je tombai à demi, et ma main rencontra une sphère élastique et résistante. J'enflammai une allumette dont la lueur me montra, sous le monceau d'ustensiles et de nattes, une jeune femme et son petit enfant. J'avais d'abord heurté l'enfant qui avait poussé un cri, puis j'avais foulé la jambe de la mère, et ma main, dans ma chute, était tombée sur son sein nu. La femme saisit mon caban et le baisa à plusieurs reprises. Son visage était d'une beauté pure et d'une expression énergique, tempérée par la pâleur de son teint un peu maladif et par la douceur de ses yeux abattus. L'enfant pleurait, et la mère, saisie de frayeur, tremblait de tous ses membres. Mon allumette s'éteignit, et je quittai cette scène navrante en souhaitant que personne ne pénétrât dans la cachette. Mais, un quart d'heure après, je rencontrai les deux malheureuses créatures que des soldats traînaient dans les rues du ksar. Ils menaçaient la mère de la tuer si elle ne leur montrait les silos. Elle me reconnut, s'échappa par un brusque mouvement et se précipita à mes pieds en baisant de nouveau mon caban. J'eusse voulu la sauver à tout prix de la profanation qui la menaçait, mais la ville était au pillage... Pendant que j'hésitais, les soldats la faisaient brutalement relever et la traînaient sous un porche obscur. L'autorité morale, à défaut de toute autre, est l'apanage incontesté de notre profession ; je courus vers le porche et je fis un signe, me disposant à hasarder quelques paroles en faveur de la malheureuse femme. Au même instant, le rappel battit, les soldats désertèrent le ksar, et je me trouvai de nouveau seul avec la jeune mère et son enfant qui pleurait toujours. Elle crut sans doute que j'étais un chef puissant qui commande aux hommes, ou un marabout qui dispose des événements à son gré ; elle leva les yeux au ciel et les reporta sur moi, soit pour me remercier, soit pour montrer qu'elle me prêtait une puissance surnaturelle ; puis, toujours prosternée, elle détacha de son cou un collier de clous de girofle, le seul bijou qu'elle avait sans doute, et me le donna avec une ineffable expression de reconnaissance et de respect. J'acceptai le collier, en me promettant de le garder précieusement en souvenir d'une des scènes les plus saisissantes de mon expédition lointaine.

Pendant la nuit, on tire sur les avant-postes. Un groupe d'Arabes qui se glissaient derrière les palmiers, pour surprendre des zouaves, est aperçu par ceux-ci ; une balle, qu'un des ennemis reçoit en plein front, délivre ce poste de toute tentative pour le reste de la nuit. Mais une grand'-garde, fournie par la légion et placée sur un tertre, reçoit des balles qui partent du fond des jardins, et l'un de nos soldats est tué.

4 mai.

Thermomètre : 7° à 5 heures du matin ; 32° à 2 heures ; 16° à 8 heures du soir.

Nous ne retournâmes pas au village dans la journée ; nous redoutions de rencontrer la Thioutienne dans les mains de la soldatesque. Il est de ces événements qu'on redoute de voir arriver, mais qu'on ne peut prévenir ; on aime alors à rester dans une incertitude qui permette de se bercer de suppositions qui satisfassent l'esprit et le cœur. Nous espérions que la jeune femme se serait échappée par les jardins, pendant la nuit, à la faveur de la solitude qui règne lorsqu'on a retiré, le soir, tous les avant-postes. Comment a-t-on pu abandonner ainsi, avec son enfant, cette femme jeune et belle ? Sans doute qu'au moment de l'évacuation de Thiout par ses habitants, peu avant notre seconde invasion, cette femme se sera trouvée dans l'impossibilité de fuir, par suite d'une subite maladie ; le mari aura préféré utiliser ses moyens de transport pour sauver des objets précieux, que pour mettre sa femme en lieu de sûreté. L'enfant a dû rester avec sa mère, qui le nourrissait encore. On espérait probablement qu'après notre séjour passager à Thiout, on les retrouverait tous deux dans leur cachette obscure et éloignée.

Comme on devait partir le lendemain, nous allâmes pourtant le soir à Thiout, pour prendre quelques croquis.

Il y a foule sur la terrasse d'une maison située au bord des jardins, sous un épais bosquet de dattiers. La curiosité nous sollicite à entrer : nous rencontrons des soldats qui nous regardent d'un air tout singulier; mais, pensant que ce coup d'œil, accompagné d'un sourire un peu moqueur, est un défi à notre agilité, nous nous élançons sur le tronc de palmier échancré qui sert d'escalier, et, en deux bonds, nous avons atteint la terrasse. Deux vieux pans de muraille la surmontent, et la lumière est à demi interceptée par des palmes touffues qui la recouvrent comme un berceau. Après quelques instants, mes yeux s'habituent à cette obscurité ; j'aperçois une douzaine de soldats de toute arme, et, au milieu d'eux, une femme étendue par terre, échevelée, profanée, mourante... Le cadavre d'un enfant gisait à côté d'elle. Je retins à grand'peine un cri d'horreur et me précipitai sur l'escalier. En rentrant dans ma tente, je cherchai instinctivement le collier de la malheureuse mère, mais ce fut en vain ; je l'avais égaré ou on me l'avait pris. J'eusse voulu perdre avec le collier le souvenir qui s'y rattache, car ce souvenir a désormais pour moi plus de tristesse que de charmes.

Le bruit et le tumulte du camp s'harmonisaient peu avec les impressions pénibles sous le poids desquelles je me trouvais alors; je repris le chemin de l'oasis, quoique le soleil, dont les dernières lueurs coloraient l'horizon, m'avertît que les grand'gardes placées autour des jardins allaient rentrer bientôt. Après avoir erré quelque temps le long des tamaris qui bordent le ruisseau, j'entrai machinalement dans le premier jardin qui me présenta son étroite ouverture. Le premier objet qui me frappa fut un cadavre dont la vue évoqua des souvenirs qui, pour être moins navrants que ceux que je voulais fuir, n'étaient pourtant pas de nature à changer le cours de mes idées.

Tout un petit drame se rattache à ce cadavre.

C'était le 1er mai. J'entraînai mon ami X., intrépide et habile chasseur, à me servir d'escorte, en lui indiquant, à tort ou à raison, comme très-giboyeux, les environs d'un site que je voulais dessiner. C'est une petite rouerie dont il n'est pas du tout dupe, mais qu'il feint toujours d'accepter, par suite de sa bonne amitié et de sa complaisance pour moi. Comme aujourd'hui, la nuit allait tomber ; mais c'est le moment que je préfère. J'aime les grandes ombres qui descendent des coteaux sur la vallée, et les lignes sombres que les palmiers tracent sur les champs de blé rougis par les dernières lueurs du jour. L'oasis, à cette heure, est silencieuse et déserte ; on n'y voit plus cette foule d'uniformes qui rappellent trop la civilisation et nous semblent dépouiller le paysage de sa couleur locale et la nature de son parfum primitif et sauvage.

Je m'assieds à quelque distance d'un beau groupe de palmiers qui sont bientôt jetés sur le premier plan de mon dessin. D'autres touffes occupent le lointain : tandis que je cherche à rendre leur éloignement par leur moindre dimension, par l'absence des détails et le vague des contours, tout à coup mon ami me donne une brusque et forte secousse, et mon crayon trace un gros tronc noir bien accusé, de sorte que mon croquis ne ressemble pas mal à la fameuse critique des tableaux sans perspective, par l'anglais Hogarth. Je lève les yeux et les porte dans la direction que m'indique la main de mon ami : un Berber, entièrement nu, comme c'est leur coutume quand ils veulent tenter un coup, se glisse le long des murs, un yatagan à la main. Il ne nous avait pas aperçus dans la touffe de dattiers où nous étions assis silencieusement. Mon compagnon se précipite sur ses pas ; le Berber, fatigué sans doute, se laisse gagner. Ayant perdu quelques secondes à ramasser mes crayons, je reste un peu en retard ; je dégage mes pistolets de ma ceinture et m'élance à mon tour. Arrivé à un endroit où le chemin est embarrassé par la chute d'un mur, le fugitif semble hésiter sur la direction qu'il prendra ; au même instant je franchis le ruisseau, j'enjambe deux petits murs et je tourne l'obstacle. Désespérant de nous échapper, le Berber essaie de se hisser sur un mur assez élevé qui nous sépare de jardins touffus, à travers lesquels nous ne l'eussions certainement pas poursuivi. Mon ami X. approche toujours : soixante pas seulement le séparent du fugitif, qui a atteint le sommet du mur. En ce moment j'arrive dans un fourré de tamaris qui arrêtent ma vue, et un coup de feu se fait entendre.

— Eh bien ! avez-vous touché ? m'écriai-je.

— Oui, je le crois. Mais j'entends des bruits dans les jardins ; les rumeurs approchent... La garde de l'oasis est rentrée et nous sommes seuls. Demain nous viendrons voir ce qu'il est devenu.

Le lendemain nos occupations nous portèrent ailleurs. Le troisième jour nous revînmes ensemble dans les mêmes lieux. Mon ami monta sur le mur, examina quelque temps avec une sorte d'anxiété, et me dit ensuite avec une hésitation mal déguisée : Il y a du sang, mais le Berber a disparu.

Comme je demandais quelques explications et quelques détails à X., il ne me les donna pas avec la promptitude de réponse, avec la netteté et la précision qui caractérisent un narrateur véridique. Je conçus quelques soupçons, mais je n'osai les lui manifester.

Le 4, ce fut mon ami qui m'engagea à aller herboriser de ce côté, quoiqu'il sût parfaitement que j'en avais déjà épuisé la flore très-restreinte. Mes soupçons redoublèrent. Parvenu au mur, il le gravit sans rien dire, puis, arrivé au sommet, il s'écria :

— Il râle ; il n'ira pas loin.

— Comment, il râle ? Mais il est donc là ?

— Eh ! mon Dieu, oui.

— Pourquoi me l'avoir caché ? Pourquoi l'avoir ainsi laissé mourir seul, abandonné, sans secours, mourir de douleur, de faim et de soif ? C'est de la cruauté.... Il eût mieux valu l'achever tout de suite.

— Pourquoi ? parce qu'il me répugnait de l'achever, et que, d'un autre côté, si je vous eusse dit les choses telles qu'elles étaient, vous eussiez voulu le faire transporter à l'ambulance : c'était là nous compromettre gravement peut-être.... Mais il n'ira pas loin ; il ne fait aucun mouvement et ne m'aperçoit pas. Hier, quand je montai sur le mur, je vis le malheureux étendu sur le dos ; à mon aspect, il essaya de se lever pour fuir, mais il avait probablement la colonne vertébrale brisée, car, tandis qu'il remuait les bras, les membres inférieurs restaient immobiles.

J'écoutai quelques instants : j'entendis le râle du mourant; et, quelques heures après, lorsque j'errai dans l'oasis pour fuir le souvenir de la pauvre mère profanée, un cruel hasard me conduisit dans ce jardin, où je ne trouvai plus qu'un cadavre dans un bournous blanc ensanglanté.

CHAPITRE IX.

LES OASIS.

Aïn-Seufra. — Combat de Aïn-Seufra. — Daoudi-Boursali. — El-Bridj. — S'fissifa.

5 mai.

10° à cinq heures du matin; 35° au soleil et 34° sous la tente à midi; 20° à sept heures du soir.

De Thiout à Aïn-Seufra il n'y a que trois lieues et demie. Après avoir perdu beaucoup de temps à défiler péniblement, presque un à un, par un étroit passage resserré entre l'Oued et les escarpements de grès rouge, on atteint une large et commode vallée parcourue par l'Oued-Seufra, tributaire de l'Oued-Thiout. Le mont Heirech s'élève à droite, c'est-à-dire au N.-O.; les derniers contre-forts du Mekter sont à gauche ou au S.-E. Le sol est formé par un sable fin sur lequel croissent quelques touffes de retem, de chiah, de halfa et quelques herbes. Des dunes, que nous apercevions déjà depuis Thiout, arrêtent les yeux au fond de la vallée. C'est le renflement terminal d'une longue ligne de monticules de sable, dirigée du N.-E. au S.-O. Comme tous les grands systèmes de dunes de ce pays, elle est presque adossée à une haute chaîne dont elle est séparée par un vallon. Cette suite non interrompue de dunes n'a pas moins de trois lieues de longueur.

Le ksar de Aïn-Seufra est bâti au pied des dunes, dans une espèce d'anse que la chaîne forme en s'incurvant. Aucune ville du désert ne présente à un si haut point ce frappant contraste de la vie et de la mort, de la richesse du sol et de la stérilité absolue. Quand la tempête tourbillonne dans les dunes, l'air se charge d'une telle quantité de particules sablonneuses qu'il en est obscurci; et, lorsque le calme renaît, le Seufrien voit avec inquiétude que le pied des dunes s'est avancé d'un pas vers son habitation, que le sable s'est déposé en couches épaisses dans les rues du ksar et a pénétré jusque dans les réduits les plus reculés de sa maison. Mais cette première impression est fugitive; la sécurité renaît bientôt, et l'on vit presque tranquille devant la perpétuelle menace de la mort. Toutes les grandes émotions s'émoussent et s'usent quand elles se répètent souvent: Naples chante et rit aux pieds du Vésuve, près des cendres d'Herculanum, et les habitants des Andes chiliennes éprouvent à peine un émoi passager, à chacune des secousses qui agitent si fréquemment le sol tremblant qui les porte. Le Berber de Seufra se contente de balayer son ksar, et de rejeter de l'autre côté du mur le sable qui s'amasse dans son jardin, sans se demander dans quel coin de la terre il pourra planter ses palmiers et faire vivre sa famille, quand la verdure de son oasis aura disparu sous les flots du sable. Un temps viendra sans doute où le ksar et les jardins seront engloutis, où les sources tariront, où toute végétation disparaîtra; l'homme fuira alors, et le désert reprendra son empire.

En arrivant à Seufra, nous trouvâmes l'ennemi disposé à nous attendre de pied ferme. Chacun se serait réjoui de cette occasion qu'on rencontre bien rarement, si la longueur de la route qui nous restait à faire et la dureté des moyens de transport ne fussent venues nous donner de justes craintes pour ceux de nos soldats qui pourraient être blessés dans l'affaire. La cavalerie ennemie paradait dans la plaine ; avec une lunette on pouvait découvrir des groupes jusqu'aux bornes de l'horizon, et l'on apercevait, à l'œil nu, des rassemblements qui n'étaient guère qu'à un kilomètre de notre avant-garde. J'estime à 400 ou 500 au moins le nombre des cavaliers ennemis qui se sont montrés.

Les fantassins kabyles s'étaient retranchés derrière une ligne de monticules, sur la crête desquels ils avaient disposé, en plusieurs endroits, des pierres en forme de créneaux. Cette petite chaîne a 10 à 20 mètres de hauteur, sur moins de 3/4 de lieue de longueur. Elle est escarpée et rocheuse, mais accessible en beaucoup de lieux à l'infanterie, et même, à la rigueur, à la cavalerie sur quelques points circonscrits. Une petite vallée, dont le fond est plus élevé que la plaine, la sépare du mont Heirech, de sorte que la pente par laquelle on descend dans cette vallée est moins longue, moins difficile que l'ascension. Si ces dispositions topographiques eussent été connues, notre cavalerie eût facilement atteint l'ennemi, soit en se lançant sur les monticules mêmes, soit en tournant la ligne à droite et à gauche et en se précipitant dans le vallon. L'état-major ayant cru que ces monticules n'étaient que le premier gradin des hautes montagnes, la cavalerie ne donna pas. Après avoir placé les bagages sous bonne garde, nous nous étendîmes au pied de la chaîne, sous le feu assez peu redoutable des ennemis qui garnissaient les crêtes, mais qui nous tiraillaient à trop forte portée. Quelques hommes reçurent des blessures légères qui ne les empêchèrent pas de continuer leur marche. Nous nous divisâmes bientôt en deux colonnes d'attaque qui se présentèrent perpendiculairement aux monticules, l'une en tête, l'autre à la queue du rassemblement de kabyles, de manière à les cerner et à en laisser échapper le moins possible. Aux premiers rangs nous apercevions le colonel Mélinet, et notre ami le commandant Topin, tout joyeux d'inaugurer cette sérieuse affaire qui, dans la pensée de plusieurs officiers supérieurs, ne devait pas nous rendre maîtres de la situation sans nous coûter moins de cent cinquante morts ou blessés.

Quelques obus, que le capitaine Auger fit diriger avec son habileté ordinaire, jetèrent le trouble parmi les kabyles; et, profitant de ce tumulte, les bataillons escaladèrent au pas de course les rampes roides et rocheuses. L'ardeur de nos troupes et surtout leur admirable ensemble firent reculer l'ennemi, qui abandonna sa position, franchit la vallée et prit la fuite sur les montagnes d'Heirech, après avoir laissé 6 ou 7 des siens sur le champ de bataille. La retraite des Berbers ne fut pas tellement précipitée que plusieurs groupes ne pussent être rejoints. Les plus fanatiques d'entre eux, d'ailleurs, avaient attendu l'abordage pour mourir en versant le sang des Roumis. Ce fut sur ce dernier groupe qu'arrivèrent, les premiers de tous, le commandant Bazaine, chef du bureau arabe, ses interprètes et quelques cavaliers indigènes [1] de sa suite, entre autres Sidi-Daoudi-Boursali.

---

[1] *Criala.*

Le commandant Bazaine a, depuis longtemps, un double brevet d'homme capable et d'homme courageux ; notre assentiment ne peut rien ajouter à sa juste réputation.

Ne faisant pas un rapport officiel, nous jouissons d'une latitude et d'une indépendance extrêmes ; mais notre héros nous est naturellement indiqué par l'obligation que nous nous sommes imposée, dans cette relation, de peindre surtout les hommes et les choses qui présentent un cachet spécial, la couleur locale du pays, pour ainsi dire. Notre héros, c'est l'opulent Daoudi-Boursali, premier cavalier du bureau arabe, comme La Tour d'Auvergne était premier grenadier de France.

Un ample bournous amarante, tiré d'un silos de Moghard-Tahtani, flotte en longs plis sur ses épaules anguleuses, mais larges et robustes, et son haick de fine mousseline blanche rayée ondoie autour de sa tête. Son mollet nu presse les flancs d'un cheval petit et vieux, auquel les chabirs et les exclamations du maître redonnent, pour un instant, la force et la rapidité de la jeunesse. Son beau cheval de bataille est mort avant le combat, mort par la chasse au lièvre à bride abattue, mort par la parade et la fantasia. Notre héros est brun, non pas d'un brun mat et sans effet, mais doré et chatoyant, à reflets riches et chauds. La pureté sans mélange de son origine turque est fort problématique ; ses ancêtres ont sans doute mêlé leur sang au sang noir d'une fille de la Nigritie. Son angle facial est loin d'avoir la rectitude de celui du Jupiter-Olympien ; ses maxillaires saillissent un peu en promontoire ; son nez compense peut-être trop par sa largeur ce qui lui manque en longueur ; mais, qu'importe, l'intelligence et un air de distinction règnent dans l'ensemble de sa physionomie mobile ; et ses lèvres, souvent relevées par le sourire, prennent alors une expression moqueuse et spirituelle qu'on croirait, au premier abord, incompatible avec leur épaisseur.

Notre héros se précipite à l'assaut comme un tigre se rue sur sa proie ; en le voyant, penché sur le cou de son cheval, brandir son fusil, pousser son cri de guerre et agiter son yatagan, dont les scintillations se croisent avec les éclairs fauves de ses yeux, chacun admire et s'écrie : C'est bien le fils de l'Aigle, c'est bien l'héritier de Boursali !

Boursali, père de Daoudi, fut un grand chef dont les Coulouglis de la province ne parlent qu'avec admiration. Kalifa, c'est-à-dire lieutenant ou premier ministre du bey d'Oran, lors de notre conquête, il nous servit ensuite avec zèle et distinction, contre Abd-el-Kader qui connaissait ses talents et redoutait fort son influence. Boursali fut, jusqu'à sa mort, notre kalifa à Tlemcen ; il commandait, sous notre direction, toute la population indigène, dont il recevait le titre de sultan.

Vous voyez que rien ne manque à notre héros, et que nous pouvons dire de lui comme Horace à Mécènes :

Atavis edite regibus.

Voilà Daoudi dans la bataille ; nous le retrouverons bientôt prenant son café et fumant son sipsi, en contant naïvement ses aventures ou en déclamant des ballades vaporeuses comme les tourbillons qui sortent de sa pipe.

Quelques bataillons poursuivent les fuyards sur les montagnes d'Heirech, et se fatiguent beaucoup sur ces rampes roides, coupées de ravins taillés à pic. Les Berbers, serrés de près, se dépouillent d'abord des provisions qu'ils portent, puis de leurs armes, qu'ils jettent à terre, et enfin de tous leurs habits, qu'ils quittent successivement et sèment un à un sur leur chemin : c'est là un moyen d'accélérer leur course, et un stratagème pour retarder nos soldats occupés à recueillir les dépouilles abandonnées. Après nous être convaincus que nous ne pouvions atteindre l'ennemi et après lui avoir envoyé de nombreuses décharges, qui lui firent peu de mal, nous commençâmes à descendre. Il était près de cinq heures lorsque le camp fut établi à quinze minutes du ksar de Seufra, sur les bords de l'Oued. C'est de ce point que nous avons pris la vue de la ville et de l'oasis.

Pendant que nous nous fatiguions sur la montagne, presque sans résultats, la cavalerie et le bataillon de zouaves tournaient le groupe sur lequel nous poursuivions l'ennemi : le général Cavaignac avait supposé avec beaucoup de justesse que les fugitifs, craignant d'être serrés de trop près, quitteraient ce massif, traverseraient la vallée et tenteraient de se jeter dans d'autres montagnes. La prévision de notre commandant en chef se réalisa : la cavalerie atteignit quelques cavaliers berbers et joignit les fantassins qui franchissaient la vallée. Une trentaine d'ennemis à peu près périrent dans cette affaire. Notre cavalerie indigène (goum) éprouva quelques pertes : deux ou trois blessés et deux morts, au nombre desquels figurait le neveu et fils adoptif de l'un de nos agas arabes les plus recommandables. Notre chef d'état-major, le capitaine aujourd'hui commandant Anselme, courut les plus grands dangers : il le remarqua à peine, mais chacun en trembla et pour lui et pour soi : il eût été bien difficile de le remplacer par un homme qui réunît, à un égal degré, l'esprit au jugement, l'obligeance à la justice, l'amabilité dans le monde à la gravité dans le travail.

Lorsque le camp fut assis, tous les ennemis avaient disparu. Je pense qu'on peut porter à huit ou neuf cents au moins les Kabyles à pied qui nous combattirent.

Un escadron de cavalerie qui arrivait au trot sur le camp, nous a offert un des phénomènes les plus curieux que le mirage puisse présenter. Tout à coup, en atteignant certains endroits, les chevaux s'enlevaient en l'air et continuaient à trotter à 1 mètre au-dessus du sol. Jamais je n'avais vu les caprices du mirage produire des effets aussi fantasmagoriques. Mais, depuis cette époque, en feuilletant un de mes auteurs de prédilection, j'ai trouvé que ces étranges erreurs d'optique avaient déjà été signalées. Un grand troupeau de moutons traversait les llanos : les uns marchaient par terre, les autres semblaient trottiner dans l'espace, à une distance variable de la terre. Ce phénomène, qui peut avoir lieu sans le renversement des images, est produit par la différence de la densité de l'air, variant brusquement d'un endroit à un autre [1].

A notre arrivée à Seufra, le matin, nous avions reçu deux parlementaires, qui nous avaient représenté que le ksar est habité par des marabouts pacifiques, plus occupés des affaires du ciel que des choses d'ici-bas; que jamais ils n'avaient payé de tribut, en vertu de leur sainte origine, à aucun des dominateurs qui se sont succédé dans ces régions; enfin que les ennemis qui nous attendaient n'étaient pas enfants du ksar, mais un rassemblement de Zegdou, de Hamian-Gharabas et de quelques autres tribus limitrophes du Maroc. Le général Cavaignac avait promis le respect absolu des personnes et des biens, et avait annoncé qu'il

---

[1] De Humboldt et Bonpland, *ouvrage cité*, page 164.

ne demanderait que l'impôt nécessaire pour établir la vassalité du ksar; mais la première condition posée par le général était la rentrée des habitants dans leur ville. Elle ne fut point observée; nous trouvâmes le ksar désert. Pendant que nous poursuivions l'ennemi sur la montagne, les Seufriens avaient fait de nombreux voyages pour enlever leurs effets précieux et les transporter derrière les dunes. C'est dans le vallon intermédiaire à celles-ci et aux hautes montagnes qu'ils s'étaient réfugiés : on eût pu les y atteindre, car leurs chevaux et leurs mulets chargés n'enfonçaient dans le sable que jusqu'aux genoux; ces dunes sont donc à la rigueur praticables.

Malgré la fatigue de la journée, la foule se précipita dans le ksar et dans l'oasis, aussitôt que l'autorisation fut donnée de piller la ville et de couper les céréales.

Seufra est le ksar le mieux construit et le mieux fortifié de tous ceux que nous avons visités. Beaucoup de bâtisses sont en pierres; les rues sont plus larges et mieux aérées qu'ailleurs; les maisons sont plus spacieuses, mieux disposées, plus propres, presque confortables. Le ksar est presque partout entouré d'un mur d'enceinte indépendant, bâti en terre et en pierres, et d'un fossé de 2 à 3 mètres de profondeur sur une largeur de 3 à 4. En quelques endroits le fossé manque, et les maisons, empiétant sur le chemin de ronde intérieur, se confondent avec le mur d'enceinte. Vis-à-vis notre camp l'enceinte est double : on pénètre par une première porte dans une cour communiquant avec la ville à l'aide d'une seconde porte; celle-ci n'est pas percée en regard de la première, système suivi, comme on le sait, dans nos modernes fortifications européennes. Un beau marabout, vaste et soigneusement blanchi, se trouve près de la porte extérieure; on dit qu'il n'existe pas de mosquée dans la ville, ce qui nous paraît très-peu vraisemblable, vu l'importance du ksar et le caractère religieux de ses habitants. J'estime à neuf cents le nombre de ceux-ci, et je porte le chiffre des maisons à cent quatre-vingts. Il serait possible que mon approximation fût un peu forte, un égal espace contenant ici moins de maisons que dans les autres ksours, à cause de l'étendue des habitations et de la largeur des rues.

L'oasis, vue à vol d'oiseau du sommet du Djebel-Heirech, ressemble à une tache verte, jetée sur le sable, et affecte la forme d'un L renversé, dont l'extrémité supérieure est occupée par le ksar. Les terres cultivables ont quarante-cinq hectares de superficie; elles sont entourées d'un mur de terre présentant, de distance en distance, des tours rondes ou carrées. L'oasis a une physionomie particulière, due à l'abondance des arbres fruitiers, au-dessus desquels se balancent quinze ou vingt palmiers seulement. L'Oued-Seufra, dont l'eau est bonne, traverse la partie figurée par la branche horizontale du L. Il se perd après un court trajet. D'autres sources naissent sous les murs du ksar.

Sitôt notre camp établi, notre premier soin fut de songer à apaiser les cris de notre estomac vide depuis la veille; aussi ne pûmes-nous visiter Seufra que très-tard. Quelques croquis nous ayant retenus en route, nous n'entrâmes dans le ksar qu'un peu avant la retraite. Déjà l'ombre commençait à obcurcir le fond des rues et les appartements. Une lumière nous attira dans une maison, où quatre soldats de la légion étrangère exploitaient deux silos creusés l'un au-dessous de l'autre, et communiquant avec une troisième cavité large et profonde. C'était un véritable labyrinthe souterrain qui promettait de nombreuses richesses; malheureusement l'air était si peu renouvelé et si pauvre en oxygène dans les profondeurs, que les lumières s'y éteignaient et que les travailleurs étaient obligés de venir respirer à la surface. La prudence nous engageait doublement à la retraite : je craignais l'asphyxie pour les soldats obstinés à vouloir descendre jusque dans le troisième silo, et je redoutais quelques surprises des ksouriens qui se glissent, la nuit, dans leur ville pour achever de sauver les effets qui s'y trouvent encore. La nuit était noire. Nous avions laissé dans la cour d'entrée nos chevaux et nos ordonnances ; nous trouvâmes ceux-ci tout tremblants. « Depuis quelques instants, nous dirent-ils, nous entendons du bruit dans le fossé et nous voyons des têtes se montrer aux meurtrières. » A peine eûmes-nous enfourché nos montures, que trois coups de fusil furent tirés sur nous, à quinze ou vingt pas de distance. A ce sifflement bien connu, mon cheval partit spontanément et m'emporta au grand galop vers le camp, franchissant, dans l'ombre, les plus hautes touffes de halfa et les anfractuosités de terrain. A peine étais-je descendu, que je vis arriver avec étonnement deux soldats à pied qui revenaient du ksar avec nous. C'est dans les rêves seulement que la peur coupe les jambes. Je ne me vantai à personne de ma très-peu glorieuse expédition, dont tout le butin se réduit à un petit panier de halfa qui figure aujourd'hui, malgré sa chétive apparence, parmi les objets précieux rangés sur une étagère de la maison paternelle, où sa vue fait souvent redire : Mon Dieu ! peut-on s'exposer pour cela ! Ce qui n'empêche pas le petit panier de jouir du privilége de soins plus assidus que les bronzes et les cristaux ses voisins

6 mai.

10° à cinq heures du matin; 33° à trois heures au soleil et 34° sous la tente, le vent s'élève; 20° à sept heures du soir.

Nous quittons Aïn-Seufra, malgré la possibilité où nous eussions été d'atteindre l'ennemi ou au moins de lui laisser des traces durables de notre passage; mais des espions ont annoncé qu'une résistance formidable nous attend à S'fissifa, et le général Cavaignac veut profiter de la terreur qu'a répandue notre victoire de la veille.

Nous faisons deux lieues et demie seulement, cheminant, le long de l'Oued, entre les dunes de Seufra et le Djebel-Heirech. Le terrain est toujours très-sablonneux et meuble. Nous campons à El-Bridj : on a donné ce nom à un endroit de l'Oued où l'on trouve de l'eau en toute saison. Le ruisseau est bordé de seunra et de quelques herbes, mais aucun arbre n'ombrage ses rives.

Le vent qui soulevait des tourbillons de sable nous a beaucoup incommodés. On comprend, en éprouvant ces rafales, la construction des maisons des ksours, contenant des appartements reculés qui n'offrent que de petites portes, s'ouvrant elles-mêmes sur des pièces également abritées. C'est là le seul moyen de se soustraire aux brûlantes poussières que la tempête engouffre dans les rues du ksar. L'obscurité de tels appartements ne serait pas compatible avec notre vie remplie de travaux; mais elle s'allie très-bien avec le far niente du Berber, qui passe ses jours, accroupi dans l'ombre, à se bercer de rêves capricieux.

7 mai.

11° à quatre heures du matin ; 35° dans la journée ; 18° à sept heures du soir. Cinq lieues nous séparent de S'fissifa.

La ligne de dunes cesse avec le Mekter. Cette chaîne est séparée du Mir-ed-Djebel par une grande coupure. Nous rappellerons que nous avons fait figurer ces coupures au nombre des conditions topographiques nécessaires pour qu'une ligne de dunes puisse se former. La vallée qui s'étend entre le Mekter et le Mir-ed-Djebel pourrait servir de passage pour aller de Moghard supérieure à S'fissifa; le trajet se ferait en deux étapes ou en une assez forte journée.

En approchant du ksar, le sol n'est plus composé de sable fin et meuble; le terrain se tasse, se sème de pierres et devient semblable à celui du désert des Chott. La chiah et le halfa recommencent à être abondants quand on a passé, par un petit col, une chaîne de collines qui coupe la vallée. Les montagnes se rapprochent un peu; au milieu du passage s'élève un mamelon qui laisse un chemin facile à droite et à gauche. Ces détails topographiques ont une certaine importance, car il y aurait indication d'occuper ici plusieurs hauteurs, si l'ennemi tentait de défendre ces passages. Des montagnes semblent fermer entièrement la vallée dans le sud : ce sont les Djebel-Mir, S'fissifa et Bou-Achmoud, ainsi que les monticules roides qui s'étendent entre ces noyaux principaux. Le paysage est d'une extrême aridité : la végétation est rare et fanée; on trouve peu de chiah, pas de halfa et quelques veines seulement d'armen et de metnehem. Les montagnes stériles ont une couleur rougeàtre coupée d'intervalles blancs, sur lesquels pointent de petits rochers pâles à leur base et noircis à leur sommet. Cet aspect est tout à fait caractéristique. Le ksar paraît enfin entre deux montagnes avec lesquelles il se confond par la similitude des teintes. Il déroule déjà devant nous une face tout entière [1], et nous n'apercevons encore aucune trace de verdure. En avançant nous découvrons la pointe méridionale de l'oasis : quelques maigres carrés de céréales sur un fond de sable, pas d'arbres, aucun palmier, et un ruisseau à sec. Quoi! c'est là S'fissifa qu'on nous a représentée comme la reine des oasis, comme la plus riche, la plus splendide et la plus belle parmi toutes ses sœurs! Si, dans notre curiosité de voyageur nous éprouvons une déception amère, soldat nous sommes aussi frustré de notre espoir, car l'ennemi annoncé ne se montre nulle part. On s'approche pourtant avec précaution; mais le ksar est abandonné, et les Sahariens ont muré, en se retirant, toutes les portes extérieures.

L'oasis de S'fissifa occupe le fond d'un vallon tortueux, tour à tour renflé et rétréci, long de trois quarts de lieue à peu près, du nord au sud, et encaissé par des plateaux sablonneux ou par des monticules rocheux dont les chutes sont à pic. C'est une véritable fissure dont le fond est plus déclive que le plateau; l'Oued s'en échappe le long d'une vallée moins abrupte qui continue la crevasse. Il est fort remarquable que toutes les oasis que nous avons visitées, si ce n'est Seufra et peut-être Moghard-Foukania, verdissent dans de véritables fissures à parois verticales continues ou échancrées par des déchirures secondaires. Le

---

[1] Voir la lithographie.

défilé de l'Oued-Hadjej ne fait pas exception. Nous sommes très-porté à considérer ces longs ravins comme de véritables crevasses qui se sont opérées dans les terres du plateau, lors du soulèvement général. Le mécanisme de leur production ne diffère pas de celui qui a présidé aux deux grandes déchirures qu'on a appelées Chott : la cohésion de l'écorce terrestre distendue et repoussée par les forces expansives du foyer intérieur, a été vaincue, et il en est résulté de nombreuses crevasses. Si elles ne sont pas toujours régulières, c'est que la différence des terrains, sablonneux ou rocheux, compactes ou meubles, a dû nécessairement amener des dissemblances dans la manière dont ces parties non homogènes ont cédé ou résisté, et se sont comportées postérieurement. Il est arrivé en quelques endroits, à Thiout, par exemple, qu'une seule des deux lèvres de la plaie est restée saillante, tandis que l'autre est retombée ou s'est arrondie par des éboulements successifs ; ailleurs, comme à S'fissifa, elles ont persisté l'une et l'autre avec leurs parois verticales.

L'oasis de S'fissifa a 45 hectares de superficie. La partie méridionale, que nous avons aperçue en arrivant, est protégée par quelques tours éparses que ne relie aucune muraille d'enceinte; les carrés d'orge et de froment sont entourés de petits murs en terre qui ont à peine deux ou trois pieds d'élévation. En allant vers le centre de l'oasis, on trouve des jardins mieux clos et de nombreux arbres fruitiers, mais il n'existe peut-être pas cinq palmiers dans toute l'étendue des terres cultivées. Au nord, l'oasis se termine par deux cornes ou prolongements dominés par trois ou quatre tours et par un groupe de marabouts. Les arbres ont disparu pour faire place aux céréales; l'aspect est plus verdoyant qu'au sud, à cause du ruisseau qui naît dans la corne occidentale. Le prolongement oriental se continue avec un thalweg dont le fond est tapissé d'armen et égayé par quelques lauriers roses : c'est par là que nous avons quitté S'fissifa. L'Oued est à peu près de la force de celui d'Asla, mais il se perd avant d'avoir atteint l'extrémité de toutes les terres mises en culture. Outre ce ruisseau, il y a probablement quelques sources qui naissent à un niveau supérieur, ainsi que l'indiquerait un aqueduc en bois qui traverse le ravin au pied du ksar. Des puits nombreux, larges et abondants, sont creusés dans les jardins. Toutes ces eaux sont excellentes.

Le ksar occupe l'extrémité méridionale d'un plateau rocheux. A l'ouest il est inabordable et il surplombe l'oasis, qui verdit sous les flancs verticaux de la terrasse. On le domine de plusieurs endroits d'où il serait facilement canonné. La pierre et la terre entrent dans sa construction. Il n'a point, comme Seufra, un mur d'enceinte isolé et indépendant du massif; il se présente, comme Asla, sous l'aspect d'un pâté percé de petites ouvertures et de quelques portes. Les habitants le défendraient facilement contre des assaillants qui n'auraient pas de canon. Les cours qui touchent les murs extérieurs semblent avoir été ménagées larges et libres, pour la facilité de la défense. Plusieurs terrasses donnant sur le dehors avaient été couronnées de pierres sèches, entre lesquelles on avait conservé des ouvertures pour les fusiliers. Ces ouvrages étaient de récente construction : les S'fissifiens les avaient peut-être élevés dans l'intention de nous attendre à leur abri. Nos espions nous apprennent que, saisis de terreur à la nouvelle de notre victoire de Seufra, ils avaient renoncé à nous combattre, et qu'ils se disposaient même à nous attendre pacifiquement et à nous payer l'impôt, quand les tribus marocaines sont venues, ce matin même, les forcer à abandonner leur ville et les ont entraînés à Ich, ksar situé à quelques lieues seulement, sur le territoire d'Abd-er-Rhaman.

Les rues et les maisons de S'fissifa sont semblables à celles de Seufra, mais un peu moins confortables cependant. Dans quelques cours on trouve des puits, de sorte que les ksouriens ne manqueraient pas d'eau, quand même, serrés de tout près, ils ne pourraient aller jusqu'au ruisseau qui coule aux pieds du ksar. La mosquée est plus grande que celle de Thiout, mais son architecture n'en diffère en aucune façon. Elle est surmontée d'un minaret sans aucun ornement. C'est par erreur que le colonel Daumas dit que la mosquée de S'fissifa ne possède point de minaret, et que le moneddin appelle à la prière du haut de la terrasse.

Les maisons peuvent être au nombre de 260, et les habitants atteindre le chiffre de 1,300. Il paraît qu'à S'fissifa, comme à Seufra, une partie de la population est mobile et n'habite le ksar que pendant certains mois de l'année. S'fissifa a été riche, florissante, opulente même; elle était renommée pour son commerce, et son crédit était grand sur les marchés du Sahara; mais, depuis quelque temps, elle a déchu de sa splendeur.

De nombreux groupes de marabouts flanquent la ville, ou blanchissent sur les hauteurs voisines. Nous en avons rencontré dont la construction n'a d'analogue dans aucun de ceux que nous avions vus jusque-là dans le Tell et dans le Sahara. C'est un étroit cube de maçonnerie pleine, surmonté d'un dôme aigu, élancé, également plein, qui ressemble tout à fait à un clocheton. Le plus beau de ces groupes est situé au sud-est de la ville; il figure dans notre dessin. On en trouve aussi d'assez jolis sur le plateau sablonneux qui encaisse l'oasis à l'occident.

La ville fut abandonnée au pillage et les jardins à la dévastation. Le général avait défendu l'incendie ; mais bientôt la fumée qui s'élevait des terrasses lui indiqua qu'on avait violé ses ordres : l'entrée du ksar fut alors interdite. Le sac n'avait duré que peu de temps.

Comme S'fissifa est bâtie sur le roc, on n'a pu y creuser qu'un petit nombre de silos. Les ksouriens cachent leurs richesses dans des espèces de caveaux obscurs situés les uns à la suite des autres ; puis ils murent leurs ouvertures de communication, quand la ville est menacée d'envahissement. Ils avaient aussi établi des cloisons au-dessus du niveau des eaux de leurs puits, et avaient comblé ceux-ci après y avoir entassé leurs objets précieux.

Cette absence de silos et la facilité de trouver leurs cachettes expliquent comment quelques heures ont suffi pour piller à peu près tout ce qui existait dans le ksar.

En parcourant les habitations, nous fûmes témoin d'une de ces scènes affligeantes qui passent presque toujours inaperçues, parce que bien peu des hommes qui pourraient les retracer, se mêlent, comme nous l'avons fait, à la foule en délire.

Deux soldats avaient trouvé une vieille femme sur une terrasse : leur première idée fut de la jeter dans la cour. Quand nous entrâmes, la vieille, tout étourdie encore, cherchait à se relever, et sa tête blanche ruisselait de sang. Jamais je n'ai vu vieillesse si infirme, misère si grande et maigreur si affreuse ; la malheureuse femme était la réalisation de ces grêles personnages qu'on trace à l'aide de simples traits noirs, sous le nom de diableries. Elle était presque nue, et cherchait en vain, dans sa pudeur instinctive, à réunir, tantôt autour de ses seins flétris, tantôt autour de sa ceinture, un haick en lambeaux : les deux bouts ne pouvaient jamais se rencontrer après avoir entouré son corps squelettique. Courbée par l'âge, ruinée par la misère et par les ans, étourdie encore par sa chute, aveugle d'ailleurs et glacée par la crainte, elle ne pouvait marcher, pas même se tenir debout. Un fantassin lui prit le bras. Montre les silos! hurlait-on à son oreille. Tremblante, à demi morte, elle voulait saisir tous ceux qui se trouvaient à sa portée, pour les implorer et baiser leurs vêtements. Elle prodiguait les noms les plus doux à son jeune cavalier : Soleil des jours sans brume, ombrage au bord de l'eau, fontaine du désert.... — Montre les silos! criait-on plus fort. — Fleur dans le sable, palmier fécond, répétait la vieille. — Tout cela ne nous avance guère, dit un homme de la troupe en armant son fusil, dont les ressorts crièrent à l'oreille de la pauvre infirme. Elle tressaillit et se mit en marche; elle palpa les murailles, interrogea de la main les angles des rues, compta les portes, et conduisit la troupe dans une cour. Elle défaillit alors, et quelques petits coups de pointe de baïonnette ne purent la réveiller. Mais, en tombant, elle avait indiqué une porte murée : c'était la cachette, et le pillage commença. Quand on eut épuisé la cachette, on secoua la malheureuse femme qu'on avait oubliée et laissée étendue par terre; elle poussa un cri plaintif, et le sang jaillit de ses blessures; on la poussa encore, mais elle demeura muette : elle n'était plus de ce monde.

8 mai.

13° à cinq heures du matin; 38° au soleil à onze heures; et 42° à une heure; 23° à sept heures et demie.

Nous avons fait séjour le 8 mai. En traversant une rue que nous n'avions pas visitée la veille, nous trouvâmes quelques familles juives qui n'avaient pas abandonné S'tissifa. Un vieux juif présentait aux passants un billet, signé par l'état-major, ordonnant de respecter les maisons qu'habitaient ces familles. Plus loin nous rencontrâmes un vieillard lépreux qui se traînait par terre et cherchait le soleil : il était resté deux jours caché dans un ancien puits; le froid l'en faisait sortir. Le soldat qui, la veille, avait piqué de sa baïonnette la vieille femme lorsqu'elle défaillit, s'était introduit dans le ksar, comme beaucoup d'autres, malgré la défense et la garde : il s'appitoyait fort sur le sort du vieux lépreux, lui donnait un biscuit et jetait sur ses épaules nues un tapis qu'il venait de tirer d'un silos. Ce mélange d'humanité et de barbarie, nous l'avons déjà signalé comme l'un des traits du caractère du soldat abandonné à lui-même. Chacun a dans le cœur une part de bons et de mauvais instincts; c'est à l'éducation morale et intellectuelle à faire prédominer les premiers, et à étouffer la voix des seconds. La classe de la société de laquelle sortent en général les soldats, n'a pas joui du bénéfice de cette éducation; mais la discipline militaire y a suppléé, jusqu'à un certain point, en traçant avec netteté la limite du bon et du mal, en entourant le premier du prestige des honneurs, et en mettant en regard du second la liste des peines qu'il fait encourir. Aussi les impulsions louables dirigent habituellement le soldat, et l'on doit considérer comme des exceptions les faits hideux que nous avons contés. Si ces derniers paraissent nombreux dans notre relation, c'est parce que nous les avons tous recueillis, à cause de leur couleur dramatique qui nous a paru de nature à animer notre récit; mais ce ne sont que des épisodes clair-semés parmi les jours si pleins de résignation, d'abnégation et de dévouement, du soldat en Afrique.

CHAPITRE X.

COUP D'OEIL SUR LE SAHARA ALGÉRIEN EN GÉNÉRAL, ET EN PARTICULIER SUR LE SAHARA ALGÉRIEN ORANAIS.

Populations : les Berbers et les Arabes. — L'harmonie est entretenue par le besoin qu'ils ont les uns des autres. — Le Sahara algérien est naturellement sous la dépendance du Tell. — Les céréales et les dattes. — Climat. — Les Hamian et les Ouled-Sidi-Chicks. — Formes gouvernementales des oasis du Sahara algérien. — Corporations religieuses. — Influence politique de ces corporations, notamment de celles des Tedjini et des Ouled-Sidi-Chicks. — L'autorité des Ouled-Sidi-Chicks est le lien qui réunit les diverses peuplades du Sahara algérien oranais.

Deux populations, différant par leur origine et par leur genre de vie, se partagent aujourd'hui le Sahara algérien : les Berbers qui habitent les ksours, et les Arabes aux tentes nomades.

Les Berbers sont les véritables autochthones. Ils sont le produit de la fusion des deux peuples primitifs qui occupaient l'Afrique septentrionale dans les premiers temps; savoir : les Libyens à l'est, et les Gétuliens à l'ouest. Mais, dans la suite, les Romains, et surtout les Vandales postérieurement, se sont fondus avec cette race, qui nous représente aujourd'hui plusieurs éléments que la succession des générations et la multiplicité des croisements ont intimement combinés et confondus en un tout homogène. Les Berbers ont conservé, malgré leur contact journalier avec les Arabes, des caractères tout à fait distincts; ils ne sont pas nomades et pasteurs, mais sédentaires et agriculteurs; ils parlent une langue tout à fait différente de l'arabe; enfin leur physionomie et en général leur constitution physique offrent aussi de notables dissemblances. Les deux peuples ne sont pas non plus liés par de bien étroites sympathies; la concorde ne règne bien franchement entre eux, que là où elle doit bénéficier aux deux parties. Nos rapports ne sont pas semblables avec l'une et l'autre nation[1]: l'Arabe se soumet, se révolte et se soumet de nouveau, pour recommencer la même succession de rébellion et d'obéissance, selon ses intérêts ou ses impulsions du moment, selon que ses marabouts et ses chefs restent silencieux ou excitent son fanatisme; le Berber aime son indépendance; mais, une fois qu'il a senti la puissance de nos armes et qu'il a compris notre supériorité, il garde plus fidèlement la foi jurée. L'Arabe peut presque toujours fuir notre colère en emportant ses tentes vagabondes et en emmenant ses troupeaux; le Berber a des habitations fixes et tient au sol qu'il cultive. La religion est peut-être le seul point réellement commun à ces deux races; mais elle semble avoir subi quelques modifications chez les Berbers du sud. Les Touareg, qui passent pour être d'origine berbère, ont un culte mêlé de mahométisme et de fétichisme : le premier domine chez les Touareg du nord; mais le second a presque étouffé

---

[1] Voir *De l'acclimatement et de la colonisation en Algérie*, par Topin, chef de bataillon au 73ᵉ de ligne, et Félix Jacquot, médecin-adjoint à l'armée des Alpes. In-8º. Chez V. Masson, place de l'École-de-Médecine. Paris, 1849. *Id.* dans le *Spectateur militaire* et dans la *Gazette médicale de Paris*. 1848.

les pratiques du Koran, chez les Touareg qui habitent les limites méridionales du Falat, près de Timbouctou et sur la frontière de l'Haouca.

Nous nous en tiendrons à ces principaux traits, qui suffisent pour faire comprendre l'ethnographie de la région limitée qui est l'objet de notre exploration.

Les migrations de Mèdes, d'Arméniens et de Perses, qui arrivèrent en Afrique sous la conduite de chefs confondus par la fable sous le nom d'Hercule, ces migrations se mélangèrent en partie aux Berbers, de manière à former les Maures à l'occident, les Numides à l'orient; mais elles refoulèrent aussi dans l'intérieur beaucoup de peuplades de la race régnicole.

Les Arabes, bien longtemps après ces temps fabuleux, s'établirent en conquérants et repoussèrent la population primitive, qui s'est réfugiée dans les montagnes du Tell, dans le Sahara algérien, et même dans le Falat, puisque l'on englobe les Touareg dans la grande famille des autochthones.

Quelques hordes des nouveaux conquérants, fidèles à leurs instincts vagabonds, se sont bientôt aventurées jusque dans la zone des oasis, et y ont rencontré les vaincus déjà établis dans les parcelles de terre cultivable. Éloignés du littoral d'où ils eussent ainsi difficilement tiré des secours, imbus d'ailleurs d'une antipathie innée pour la vie sédentaire et presque de mépris pour l'agriculture, les Arabes se sont répandus dans les plaines, après s'être emparés d'une partie des terres des oasis, mais en laissant les Berbers paisibles possesseurs des ksours. Devant cette ingrate nature qui refuse presque de nourrir ses enfants, vaincus et vainqueurs ont compris que leurs différentes aptitudes avaient leur utilité et devaient être simultanément mises à profit dans l'intérêt commun. La paix a surgi de la nécessité, et les deux races vivent aujourd'hui côte à côte dans des rapports que nous allons essayer de faire connaître.

Le ksourien a besoin du nomade, et le nomade se passerait difficilement du ksourien : c'est sur cette base, la plus solide de toutes, que la bonne harmonie est fondée.

Les Arabes ne peuvent transporter avec eux, dans leurs continuels déplacements, leurs provisions et leurs objets précieux : ils les déposent dans les ksours, et en confient la garde aux Berbers qui les habitent. Ainsi que nous le verrons bientôt, les déplacements des tribus nomades ne sont pas circonscrits, comme pour les peuplades du Tell, dans un espace restreint; car, d'un côté, les immenses troupeaux tondent assez rapidement des terrains fort étendus, de sorte que le douar doit se mobiliser presque journellement; et, d'autre part, les migrations annuelles de la tribu tout entière ont lieu sur une échelle extrêmement vaste, puisqu'elle s'étend de la lisière du Tell jusqu'au sud des oasis des Ouled-Sidi-Chicks. Il fallait donc, de toute nécessité, que les peuplades voyageuses possédassent des dépôts, et, de plus, que ceux-ci fussent à l'abri des déprédations des maraudeurs et des tribus ennemies : les ksours remplissent toutes ces conditions.

Nous avons dit que les conquérants avaient dépossédé les Berbers d'une portion des jardins des oasis; mais ces jardins réclament des bras pour devenir productifs, et les dattiers en particulier exigent des soins assidus : voilà de nouveau le ksourien nécessaire, car le nomade ne sait ni ne veut cultiver. On voit que le Berber est souvent fermier et l'Arabe propriétaire; mais le premier possède aussi une partie de

l'oasis, le conquérant ayant senti, dès l'origine, qu'il ne devait pas déposséder entièrement la population qu'il voulait utiliser, et les ksouriens ayant acquis dans la suite des jardins à prix d'argent. Du reste cette répartition des terres fertiles entre les mains des nomades et des citadins varie beaucoup dans ses proportions : dans quelques pauvres oasis dénuées de moyens de défense et privées d'industrie qui pourrait les enrichir, les premiers ont presque tout accaparé; tandis que certaines villes riches et puissantes de la partie orientale du Sahara algérien, possèdent à peu près toutes les plantations qui les entourent.

Enfin les Arabes ont encore besoin des Berbers, parce que c'est dans les ksours seulement qu'on fabrique les vêtements fins et qu'on rencontre d'habiles forgerons, des armuriers, des selliers, des bijoutiers, etc.

D'un autre côté, les habitants des oasis ne peuvent se passer des nomades. Ce sont eux qui, grâce à leurs pérégrinations continuelles et aux migrations qui les portent depuis les oasis méridionales jusqu'au Tell, mettent les ksours en communication les uns avec les autres et les font entrer en relation avec le littoral. Or, les Berbers du Sahara ont besoin des ksours du Sud qui leur fournissent des dattes, et du Tell où ils s'approvisionnent de céréales. Les objets manufacturés par la civilisation et les produits naturels du Soudan sont également transportés par les tribus voyageuses. Sans celles-ci, les ksours devraient renoncer à leur commerce lucratif. Enfin les troupeaux des Berbers ne trouveraient pas longtemps à paître aux alentours de l'oasis; ils sont confiés aux Arabes nomades. Ces troupeaux ne servent pas seulement à l'alimentation; mais leurs toisons sont une des principales ressources des ksouriens, qui en fabriquent des bournous, des haïcks, etc. Certaines oasis qui possèdent peu de moutons, se procurent des laines par voie d'échange : elles rendent tant de vêtements confectionnés pour un nombre déterminé de toisons.

Après avoir spécifié les rapports qui existent entre les habitants du Sahara algérien, citadins ou nomades, essayons de mettre en relief ceux qui lient cette contrée avec nos provinces du littoral.

Abstraction faite des oasis et de quelques espaces peu étendus, le Sahara algérien ne produit que des pâturages; la viande et le lait des troupeaux sont donc la seule ressource alimentaire qu'on puisse tirer du pays. Mais les pâturages mêmes viennent à manquer à certaines époques, tondus par les troupeaux et rôtis par le soleil du midi. C'est là une première cause de migration : elle porte les nomades dans le sud, au printemps, époque où l'on trouve des herbes à peu près partout, et elle les fait ensuite remonter vers le nord, pendant l'été, pour y chercher des pâturages que les troupeaux n'aient pas encore touchés et qui ne soient pas entièrement flétris par un soleil brûlant. Mais il existe encore d'autres causes qui les sollicitent à ces migrations; savoir : d'une part, la nécessité de s'approvisionner de céréales dans le Tell, après les moissons, c'est-à-dire en été; d'autre part, le besoin d'acheter des dattes et d'autres provenances du sud. Enfin les nomades se déplacent ainsi en masse, chaque année, pour faire des échanges et pour se livrer au commerce. Ne pouvant puiser dans leur sol ingrat de quoi se nourrir, et leur fabrication de grossiers tissus de laine ne leur rapportant pas assez pour qu'ils puissent, à la faveur de ce bénéfice, se procurer les denrées nécessaires à la vie, il faut qu'ils en demandent les moyens au commerce et surtout aux échanges. Or, dans le Sahara, pendant la cueillette, on donne de deux à trois charges de dattes pour une charge de blé, et, dans le Tell, après la moisson, une charge de dattes vaut deux charges de blé. En s'approvisionnant dans ces deux régions des denrées qu'elles produisent, à l'époque où elles sont au plus bas prix, et en les versant ensuite d'un pays à l'autre, en temps opportun, les nomades obtiennent un bénéfice d'autant plus net que les moyens de transport ne leur coûtent rien, et que les droits qu'ils payaient jadis dans le Tell étaient très-peu considérables. Ces échanges suffisent, et au delà, pour faire vivre ces peuplades, dont la sobriété est d'ailleurs proverbiale à juste titre.

Non-seulement les nomades ne manquent pas du nécessaire, mais beaucoup étalent une véritable opulence, grâce à la vente des laines de leurs immenses troupeaux, et au prix élevé de la dépouille des autruches qu'ils tuent dans leurs chasses, grâce à leur rôle d'intermédiaires entre le Tell et le Falat, dont ils établissent les rapports commerciaux, et grâce enfin à leur fréquentation des principaux marchés du voisinage, avec lesquels ils établissent un trafic lucratif. Les Hamian-Garabas, qui sont la principale tribu nomade de la partie du Sahara algérien que nous décrivons, ont pour territoire propre la bande qui s'étend entre les deux Chott, au nord, et les montagnes des Ouled-Sidi-Chicks, au sud ; mais ils ne passent que l'hiver dans leur pays : les migrations dont nous avons parlé les portent au sud des oasis au printemps, et dans le Goor, jusqu'au Tell, en été et en automne.

Les céréales qui croissent autour des ksours sont insuffisantes pour les besoins des populations sédentaires et des nomades, et il existe même, sur la frontière du Falat, des oasis où le blé et l'orge ne viennent plus du tout. Or, comme l'achat de céréales est à peu près indispensable, il s'ensuit que le Tell est le grenier du Sahara, et que les habitants du littoral sont naturellement les maîtres, les suzerains des peuples du désert. Les Sahariens sont tellement convaincus de cette nécessité, qu'ils répètent souvent ce dicton : « Nous ne pouvons être ni musulmans, ni chrétiens, ni juifs; nous sommes forcément les amis de notre ventre; » ou encore : « La terre du Tell est notre mère; celui qui a épousé notre mère devient notre père et notre maître. »

Les exigences alimentaires, c'est-à-dire les premiers besoins de la vie, mettent donc sous notre puissance ces peuplades vagabondes qui, au premier abord, semblent devoir toujours échapper à notre domination, en laissant entre elles et nous leurs grandes plaines sans eau, toujours difficiles à franchir pour nos colonnes, et en fuyant dans le désert avec une rapidité que nous ne pouvons égaler. Les Hamian-Garabas ont bien pu se soustraire pendant quelque temps à cette nécessité, en allant demander au Maroc ce qu'ils recevaient plus facilement du Tell; mais les peuples ne sacrifient jamais que temporairement leurs véritables intérêts, ceux qui tiennent sous leur dépendance la fortune, la force et même la vie de la nation, à des considérations d'animosité, d'antipathie politique et religieuse. On pouvait donc prédire que les Hamian-Garabas reviendraient à nous, comme l'avaient déjà fait leurs frères, les Hamian-Cheragas; notre expédition dans le Sahara et la prise d'Abd-el-Kader, à la fin de 1847, ont hâté leur soumission. Ils ont commencé à se soumettre au commencement de l'année suivante, mais avec lenteur et hésitation, car on nous écrivait de Tlemcen, en juillet 1848, que soixante-quinze tentes seulement, sur un total de huit cents, s'étaient déclarées nos tributaires [1].

Les limites naturelles de nos possessions algériennes ne sont pas la lisière du Tell, ainsi qu'on pourrait le croire en ne prenant en considération que les données seules de l'orographie; nous devons nous étendre dans le sud jusqu'aux limites du Falat. Nous tenons le Sahara algérien par la famine et par le commerce. Il est même très-remarquable que certaines oasis de l'extrême frontière [2] aient accepté les kalifa que nous leur désignions, alors qu'elles n'étaient pas encore menacées par nos armes; tandis que certaines populations du littoral ne subissent notre souveraineté qu'après avoir été ruinées et saccagées bien des fois par nos troupes. Cette différence de conduite ne paraîtra plus singulière après les considérations qui précèdent : les Telliens peuvent facilement se passer de nous, mais les Sahariens sont nos sujets nés.

Nous avons représenté les tribus du désert d'Anghad et de la chaîne des Ouled-Sidi-Chicks comme les tributaires du Tell, qui leur fournit des céréales, et des oasis du sud, qui leur donnent des dattes. Mais faisons de suite remarquer que les obligations qui les unissent à ces dernières sont bien moins puissantes. En effet, si Seufra et S'fissifa ne possèdent pas de dattiers, les deux Moghard en ont plus que le nombre né-

---

[1] Vers la même époque, le général de Mac-Mahon, devenu commandant de la subdivision de Tlemcen, fit sur les Hamian-Garabas une razzia dont le résultat matériel se traduit par une prise de 8,000 moutons et de 200 chameaux, mais dont le résultat moral et politique restait caché dans les cartons du bureau arabe. On nous apprenait, par la même communication, que les ksours persévéraient à ne pas reconnaître notre suzeraineté, et que les gens d'Asla ne continueraient très-probablement pas à nous payer le tribut.

[2] Tougourt, par exemple.

cessaire pour leur consommation, et Thiout considéré simultanément avec Asla produisent à peu près en proportion de leurs besoins; d'où il résulte que ce groupe d'oasis pourrait presque, à la rigueur, se passer des dattes du sud, et qu'il s'en approvisionne plutôt pour en faire le commerce que pour sa consommation. Les oasis méridionales, au contraire, regorgent de dattes, mais les céréales leur font presque entièrement défaut, de sorte qu'elles se trouvent dans l'obligation d'avoir recours aux peuplades plus septentrionales qui leur versent les blés du Tell. Ainsi donc toutes les oasis en général sont unies entre elles par le lien de leurs mutuels besoins; et le Sahara algérien, considéré en bloc, dépend des possesseurs du Tell.

La datte est un aliment bien inférieur aux céréales : il se prête à moins de transformations et de préparations culinaires; il finit par amener la satiété, le dégoût, et par fatiguer les voies digestives. Mais la datte est la principale ressource, la base de l'alimentation des Sahariens du sud; c'est, en un mot, le pain du désert, et le pauvre, qui ne peut se procurer que très-peu de céréales, fait presque de la datte son unique nourriture. Aussi est-on obligé d'employer mille subterfuges, de la tourmenter en lui imposant mille métamorphoses, afin de déguiser cette uniformité désolante, de prévenir la révolte de l'estomac et la fatigue qu'éprouve cet organe quand on lui confie toujours la datte en nature. Ce fruit est mêlé au couscous, ou bien on l'apprête avec de la graisse ou du beurre, voire même avec des légumes chauds. Peyssonnel nous apprend que certains habitants des oasis méridionales, qui vivent presque exclusivement de dattes, *mangent des sauterelles par ragoût.* Il faut que la permanence de l'alimentation avec la datte amène un dégoût et un malaise bien réels, pour qu'on soit conduit à rechercher comme friandise un mets que notre confrère représente comme un fort mauvais plat [1].

Le mode de conservation des dattes est des plus simples : on les serre dans de grands sacs de laine ou telitz, dans lesquels ces fruits s'accolent l'un à l'autre, en vertu de l'enduit agglutinant qui les revêt et du suc que la pression exprime de leur pulpe; ils forment ainsi des masses compactes, des espèces de gâteaux qu'on peut garder plusieurs années. De gros vers blancs se développent pourtant quelquefois dans ces masses, ainsi que nous nous en sommes assuré; mais ils paraissent ne causer aucune répugnance au Saharien.

Le dattier fournit non-seulement la nourriture, mais aussi la boisson de l'habitant du désert. Après avoir coupé les branches supérieures de l'arbre, sans toucher aux palmes de dessous, on pratique à la tête du palmier un trou latéral dans lequel on engage un roseau : le suc qui en découle est

---

[1] Les Nasamons, selon Hérodote, laissaient pendant l'été leurs troupeaux sur le littoral, et s'enfonçaient dans l'intérieur des terres, jusqu'au pays d'Augiles, pour y récolter des dattes, qui y sont très-abondantes. Vient ensuite un passage fort obscur, dans lequel cet historien dit que ces peuples font sécher au soleil, moudent ensuite, et détrempent dans du lait, pour en faire une pâte alimentaire, selon les uns (Henri Estienne), *des dattes cueillies à peine mûres,* selon les autres, *des sauterelles ou même des hannetons.* Voici ce passage : τοὺς δὲ ἀττελέβους ἐπεὰν θηρεύσωσι. Doit-on traduire ces mots par *une cueillette de dattes à peine mûres*, ou par *une chasse aux sauterelles?* Il est sans doute téméraire de se prononcer après Henri Estienne, mais le sens littéral nous paraît tout à fait favorable à l'interprétation qu'il rejette. Nous pensons que le célèbre helléniste, regardant comme une chose impossible, presque comme une monstruosité, cette chasse aux sauterelles, la dessiccation de ces insectes et leur réduction en poudre, qu'on préparerait au lait comme la semoule, a cherché à trouver un sens qui le satisfît davantage. Mais, comme nous l'avons dit, les Sahariens des ksours font la chasse aux sauterelles et s'en nourrissent bien effectivement.

une liqueur un peu sirupeuse et sucrée, qu'on nomme aguemi. Un palmier donne jusqu'à quinze litres d'aguemi dans un jour. C'est surtout le matin et le soir que le liquide coule en abondance. Quand l'aguemi fermente, il devient mousseux et ressemble un peu au cidre. On peut aussi en obtenir une eau-de-vie qu'on dit de fort bonne qualité.

L'aguemi, l'eau, le lait et le petit-lait sont les boissons ordinaires du Saharien. Il aime avec passion le café et même le thé, mais toutes les fortunes ne peuvent atteindre à ce luxe. On sait que le vin est défendu par le Koran.

Dans le Sahara, l'unité monétaire, pour ainsi dire, ou mieux le terme de comparaison dont on se sert pour apprécier la valeur des objets, c'est le hâtia de dattes. Le hâtia est une mesure qui varie selon les lieux : à Ouargla, il représente sept litres et demi, et trente litres chez les Beni-Mzab. Le prix moyen du hâtia serait, selon le capitaine Carette, de 10 centimes; à Insalah, il ne vaudrait que 3 centimes, et à cause de la rareté de l'argent, rareté qui s'accroît à mesure qu'on s'approche du Falat, et à cause de l'abondance des dattes et du défaut de débouchés. Pour faire voir le peu de valeur de ces fruits dans le Sahara, nous allons donner comparativement, suivant le même auteur, le prix moyen de quelques autres objets : le rba de beurre, ou quart, vaut de 1 franc 50 centimes à 2 francs, ou quinze à vingt hâtia de dattes ; un beau mouton, de 10 à 12 francs, ou cent à cent vingt hâtia; une toison, de 50 à 70 centimes, ou cinq à sept hâtia. Le prix d'un bournous non garni serait de 9 à 14 francs à Ouargla; à Asla, nous avons vu vendre pour 5 et 6 francs des bournous blancs, grossiers et un peu étriqués il est vrai. Il est probable que les Asliens étaient pressés par le besoin d'argent pour payer leur impôt.

Positivement le numéraire est très-rare dans le Sahara, et ce n'est pas seulement chez les Ouled-Sidi-Chicks, mais partout, que le tribut était versé en laines, vêtements, haïcks et esclaves négresses, soit aux Turcs, soit aux divers sultans arabes du Tell.

Le climat des oasis de la zone septentrionale du Sahara algérien n'est pas tellement favorable au dattier, que celui-ci n'exige encore des soins tout particuliers. Les jeunes palmiers d'une plantation récente, créée à l'aide de boutures, sont assez sensibles au froid pour qu'on soit obligé de les entourer d'une sorte d'étui protecteur, pendant certains mois d'hiver; les vieux palmiers eux-mêmes sont impressionnables par une température basse, qui, sans les faire périr, entrave cependant leur fructification. Dans les districts méridionaux du pays des Touat, à Insalah, par exemple, le dattier se trouve dans des conditions climatologiques appropriées à sa nature : il y vit imperturbablement et donne en abondance d'excellents fruits, quoique les soins dont il est l'objet se réduisent à peu près à l'irrigation.

On sait que la température décroît à mesure qu'on s'élève, et qu'elle augmente quand on marche vers l'équateur; or, en recherchant si les oasis des Ouled-Sidi-Chicks gagnent plus par leur latitude qu'elles ne perdent par leur altitude, on arrive à ce résultat, qu'elles doivent être plus froides que les villes du littoral algérien [1]. Cela ne peut pas être

---

[1] Voici les bases de ce calcul. Selon M. de Humboldt, la température décroît de 1° par 187 mètres d'ascension, dans les Andes équinoxiales, par 179, selon M. Boussingault. Dans l'Europe centrale, d'après l'auteur de *Cosmos* (tome I, page 393), la décroissance serait plus rapide, tandis que Kæmtz (*Traité de Météorologie cité*, page 215) ne la porte qu'à 1° pour 195 mètres, sur les montagnes rapides, et à 1° pour 235, sur les plateaux procédant par gradins successifs. Soit 200 mètres dans les conditions qui nous occupent. Oran n'ayant pas une moyenne

pourtant. A défaut des expériences thermométriques, invoquons la végétation. Or, la datte devient fort bonne à Moghard, tandis qu'elle ne mûrit pas sur le rivage.

Mais on tomberait dans de singulières erreurs si l'on ne se fondait que sur la considération de ces deux seuls éléments pour apprécier la climatologie de ces régions du Sahara algérien. Le Tell est soumis à des causes spéciales de refroidissement, qui sont : l'inclinaison du continent de haut en bas et du sud au nord; les vents de mer, surtout le N.-O., qui y arrivent en plein, tandis que les chaînes des deux Atlas et l'inclinaison du sol le garantissent des vents du sud ; la nature du terrain et la végétation ; enfin le voisinage de la Méditerranée. On sait avec quelle lenteur la masse énorme des eaux de la mer subit les variations thermométriques de l'atmosphère : il suit de là que le littoral et les îles jouissent du bénéfice d'un hiver moins rigoureux et d'un été plus tempéré. Le climat des villes méditerranéennes du Tell doit donc être plus froid, et nous ajouterons plus égal, que celui des Ouled-Sidi-Chicks.

La température de cette partie du Grand-Atlas est très-probablement plus irrégulière, et on y observe de plus grandes différences entre la moyenne de l'été et la moyenne de l'hiver. Léopold de Buch et Al. de Humboldt ont insisté avec raison sur la rigueur des hivers et sur la chaleur de

---

de 18°, les Ouled-Sidi-Chicks, situés à 1,000 mètres au-dessus de la mer, n'atteindraient pas 13°. Voyons si la latitude compensera ces 5° de perte. Selon M. de Humboldt, on ne gagnerait, de la Havane à Cumana, que 1/5 de degré du thermomètre pour chaque degré de latitude qu'on franchit vers l'équateur, tandis que ce gain irait à 1/2 en Europe, entre 38° et 71° de latitude nord, et atteindrait 2/3 sur la côte orientale de l'Amérique septentrionale. Acceptons 1/2 pour le Tell et le Sahara algérien. Il nous reste encore une perte de plusieurs degrés de température pour les oasis du Grand-Atlas.

l'été des régions qui gisent au centre de continents compactes et non découpés, et surtout sur les plateaux intérieurs. Buffon avait déjà appelé *excessifs* ces climats continentaux, pour marquer les grandes oscillations que le thermomètre y subit dans le cours de l'année.

Chez les Ouled-Sidi-Chicks, l'hiver ne doit pas être beaucoup moins froid que sur le littoral. On sait que nous avons eu de la neige près du ksar d'Asla et que le thermomètre est descendu au-dessous de 0. Les soins dont on est obligé d'entourer les jeunes palmiers, et l'influence pernicieuse que le froid exerce quelquefois sur les vieux dattiers eux-mêmes, sont aussi une preuve de la froidure des hivers.

Mais l'été est certainement bien plus chaud chez les Ouled-Sidi-Chicks que chez les Arabes du littoral. Nous nous appuyons sur les raisons suivantes : rareté de l'eau et de la végétation; réflexion de la chaleur par un sol de couleur brillante; éloignement de la Méditerranée et absence du vent de mer; échauffement des vents frais du N.-O. qui ne parviennent dans cette région qu'après avoir passé sur les terres; arrivée libre et directe du sirocco; vallées dans lesquelles s'accumule la chaleur, ou plaines nues calcinées par le soleil et balayées par le vent du Falat; enfin inclinaison différente de celle du Tell.

La datte ne mûrit pas dans le Tell; elle est, au contraire, d'excellente qualité dans les deux Moghard. La chaleur de l'été est donc plus considérable chez les Ouled-Sidi-Chicks qu'au bord de la mer. Le peu d'observations thermométriques que nous avons pu faire dépose dans le même sens : le mercure marquait 51 au soleil, à l'abri de la réverbération, le 14 mai, dans le désert d'Anghad, quoique le sirocco soufflât à peine, et nous avons, dans le même mois, observé jusqu'à 35 degrés sous la tente, et conséquemment à l'ombre.

Quelques mots encore sur le climat de ces régions, puisque nous avons abordé ce sujet.

Il ne tombe pas une goutte d'eau chez les Ouled-Sidi-Chicks pendant six mois de l'année ; au printemps et à l'automne, s'il survient quelque orage, toutes ses phases se passent le plus souvent dans les régions élevées de l'atmosphère, et les vésicules aqueuses réunies en gouttes de pluie, s'évaporent avant d'atteindre la terre, en traversant les couches d'air de plus en plus échauffées par le sol. Nous avons observé, en mai, plusieurs de ces orages avortés.

On entend quelques roulements de tonnerre et l'on aperçoit un nuage gris, peu épais, d'où la pluie s'échappe en traits verticaux et serrés ; puis ces traits deviennent épars et moins visibles à mesure qu'ils descendent ; plus bas encore, leur parallélisme se brise et ils semblent vaciller ; enfin, dans les couches les plus inférieures, on ne voit plus qu'une sorte de gaze transparente formée de stries et d'ondulations qui grisaillent à peine l'azur du ciel. Toutes les scènes de l'orage se sont passées dans les hautes régions de l'atmosphère, et la terre n'en a eu que le spectacle. Les rares plantes que le soleil n'a pas encore flétries se sont un instant dressées sur leur tige, comme pour aller au-devant de l'humidité promise ; mais elles retombent tristes et languissantes : l'orage a passé sans arriver jusqu'à elles.

Pendant la saison des pluies, d'immenses torrents précipitent leurs flots tumultueux le long des vallées et remplissent de larges et profonds thalweg. Dans certaines oasis, l'inondation est quelquefois si brusque et si considérable, qu'elle peut causer les plus grands ravages : aussi les ksouriens s'échelonnent-ils sur les hauteurs, après les pluies diluviennes; par leurs cris ils avertissent la peuplade de l'arrivée du torrent dévastateur, afin que tout le monde fuie les vallées et les jardins que doivent traverser les eaux tumultueuses.

Après la datte qui figure, avec les céréales et la chair des troupeaux, en première ligne sur la liste des aliments du Saharien, nous nommerons le maïs, le millet et les ognons, que leur moindre importance place bien postérieurement. Quelques plantes potagères, telles que les choux, les navets, les tomates, ne sont guère servies que chez les plus riches habitants. Les cucurbitacées (melons, pastèques, etc.) sont recherchées à cause de la chaleur du climat. Le piment semble plaire autant au Saharien qu'à l'Arabe du Tell. Nous avons déjà nommé les arbres fruitiers, qui sont : l'amandier, le figuier, le pommier, le grenadier, le pêcher, l'abricotier. Nous aurons épuisé l'énumération de la flore des oasis, quand nous aurons indiqué la garance et le tabac, qu'on cultive en quelques endroits seulement.

Les lentisques sont les seuls arbres que nous ayons rencontrés épars sur la rampe de deux ou trois montagnes et dans quelques vallons. Le lentisque, *beteum* des indigènes, nous semble être l'arbre duquel les Sahariens tirent le produit résineux qui leur sert à enduire leurs chameaux [1]. Les conifères (pins, tuya, etc.), si communs dans le Petit-Atlas, n'existent pas dans la partie du Grand-Atlas que nous avons visitée. On rencontre assez fréquemment des tamaris au bord des ruisseaux, mais le laurier-rose est rare.

Les troupeaux des Sahariens de la contrée que nous dé-

[1] On goudronne le vaisseau du désert comme le navire qui fend les mers. C'est une analogie de plus.

crivons se composent presque exclusivement de moutons; la race bovine est moins commune de beaucoup; on compte un assez grand nombre de chèvres. Le chameau sert non-seulement comme bête de somme, mais on mange sa chair et on utilise le lait de la chamelle. Au temps de la splendeur des Hamian-Garabas, un seul individu possédait jusqu'à deux mille chameaux et quatre fois autant de moutons. Ces immenses troupeaux ne paissent pas confusément et à l'abandon : les moutons sont divisés par groupes de quatre cents, appelés *aça*, et les chameaux par troupes de cent, nommées *ibel*. Chaque groupe a son gardien. Les Hamian louent assez souvent leurs chameaux aux caravanes ; c'est pour eux une source assez féconde de profits.

Nous avons déjà nommé, dans le cours de cette relation, une partie des tribus nomades qui habitaient ou qui habitent encore le Sahara algérien oranais. Avant d'entreprendre la description particulière de chacune d'elles, jetons un coup d'œil rapide sur leurs caractères généraux considérés aux points de vue physique et moral. Les analogies que leurs traits principaux offrent avec ceux des Arabes du Tell, nous dispenseront d'entrer dans des détails circonstanciés.

Les hommes sont de taille moyenne et assez vigoureusement musclés; on ne rencontre guère d'embonpoint que chez certains individus riches, peu actifs et déjà avancés en âge. Leurs traits dénotent bien évidemment la race arabe : leur barbe est noire mais peu fournie, leur teint bruni par le soleil, leur physionomie assez expressive et parfois délicate et fine. On ne trouve pas chez eux le front fuyant, les lèvres épaisses, le nez épaté et la saillie de la mâchoire qui, avec les cheveux crépus et la coloration spéciale de la peau, cadu marché, se prostituer aux voyageurs campés sous le ksar. Quoique les chrétiens soient une race maudite, les Sahariens professent, à l'égard de leurs écus, la même maxime que le père de Titus au sujet de certains impôts. Bon nombre de guerriers d'une colonne qui manœuvrait près de la nôtre ont reçu les plus douces faveurs des ksouriennes.

La polygamie est en vigueur, dans les limites prescrites par le Koran. En voyant les Sahariennes, on trouve la pluralité des femmes chose bien naturelle : son but est sans doute de remplacer la qualité par la quantité.

Notre ami le commandant Topin a recueilli un document fort curieux : très-souvent la jeune mariée ne se lie à un époux que sous la promesse, faite par celui-ci, de la conduire, au moins une fois dans sa vie, dans l'oasis de Gourara qui, pour ces pauvres gens confinés dans de mesquines oasis, est la véritable terre promise et l'image des jardins promis par la religion de Mohammed.

Le nomade du désert est naturellement mou et apathique, mais capable d'énergiques résolutions et propre à supporter de grandes fatigues, quand une grave circonstance ou le soin d'un intérêt capital lui font secouer sa paresse habituelle. L'orgueil et l'ostentation sont certainement au nombre de ses traits les plus caractéristiques. Il est rusé, peu communicatif et rarement sincère en transactions commerciales; un habile voleur est presque un homme considéré. Nous pouvons mettre en regard de ces défauts quelques vertus patriarcales : le respect des enfants pour leurs vieux pères, l'autorité absolue des anciens, et l'hospitalité accordée au voyageur.

Le Saharien brille par l'imagination comme presque tous

l'ennemi tombé, avec elle il vaque aux soins du ménage et se livre à ses travaux d'industrie; en elle enfin se résument ses instruments de chirurgie : le tranchant sert à tracer des scarifications sur la peau d'une partie malade, et le dos, rougi au feu, à cautériser le pourtour d'une plaie ou la surface d'un membre endolori. La scarification, le cautère et les amulettes, voilà les remèdes universels des Arabes [1].

Le pauvre, muni d'une pique, ou même d'un simple bâton recourbé, comme celui des patriarches, parcourt à pied les vastes plaines du désert. Il est vêtu d'un caban troué et de lambeaux de haïck; sur son dos il porte une peau de bouc contenant de l'eau, et dans sa besace quelques dattes et un peu de farine d'orge, qu'il mange après l'avoir délayée avec de l'eau dans le creux de sa main. Ainsi légèrement équipé, jambes et pieds nus, il franchit d'énormes distances, n'ayant d'abri dans son sommeil qu'une touffe de halfa, dans le cas où aucun douar ne se trouve sur son passage pour lui ouvrir ses tentes hospitalières.

Les femmes sont le plus souvent petites et un peu maigres. C'est entre vingt-cinq et quarante ans, c'est-à-dire à l'époque où la fleur de jeunesse se passe, où les travaux s'accumulent, où la vieillesse n'arrondit pas encore les formes par la production du tissu graisseux, phénomène bien moins commun d'ailleurs dans le désert que chez nous; c'est à cette époque de la vie que les Sahariennes présentent surtout une figure anguleuse, un corps mince et des membres grêles. Leur taille, quoique svelte, n'a pas beaucoup d'élégance ni de grâce; leur physionomie manque de

[1] Félix Jacquot, *Lettres d'Afrique*. Voyez Lettres VII, VIII, IX et X, Médecine et hygiène des Arabes.

is non pas d'expression. Leurs yeux
dents blanches et bien alignées. Le
es se fanent de bonne heure, le
olles et flasques, et de nombreuses
l'âge leur peau sèche et terreuse.
it sous l'influence des rudes tra
charge à leurs dépens, de la fatig
gée de pourvoir souvent à la doubl
se leur grande fécondité, et enfin
oi physiologique de laquelle il rés
st prématurée là où la nubilité a ét
e laine blanche, une sorte d'étro
, fait également de laine blanche
souvent jaune ou verte, semée de
nfin des babouches de maroquin et
our les riches, constituent à peu pr
et des Sahariennes. Des colliers, de
x aux bras, aux jambes, aux doigt
de la femme de qualité, qui a soin

du marché, se prostituer aux voyageurs campés sous le ksar. Quoique les chrétiens soient une race maudite, les Sahariens professent, à l'égard de leurs écus, la même maxime que le père de Titus au sujet de certains impôts. Bon nombre de guerriers d'une colonne qui manœuvrait près de la nôtre ont reçu les plus douces faveurs des ksouriennes.

La polygamie est en vigueur, dans les limites prescrites par le Koran. En voyant les Sahariennes, on trouve la pluralité des femmes chose bien naturelle : son but est sans doute de remplacer la qualité par la quantité.

Notre ami le commandant Topin a recueilli un document fort curieux : très-souvent la jeune mariée ne se lie à un époux que sous la promesse, faite par celui-ci, de la conduire, au moins une fois dans sa vie, dans l'oasis de Gourara qui, pour ces pauvres gens confinés dans de mesquines oasis, est la véritable terre promise et l'image des jardins promis par la religion de Mohammed.

Le nomade du désert est naturellement mou et apathique, mais capable d'énergiques résolutions et propre à supporter de grandes fatigues, quand une grave circonstance ou le soin d'un intérêt capital lui font secouer sa paresse habituelle. L'orgueil et l'ostentation sont certainement au nombre de ses traits les plus caractéristiques. Il est rusé, peu communicatif et rarement sincère en transactions commerciales; un habile voleur est presque un homme considéré. Nous pouvons mettre en regard de ces défauts quelques vertus patriarcales : le respect des enfants pour leurs vieux pères, l'autorité absolue des anciens, et l'hospitalité accordée au voyageur.

Le Saharien brille par l'imagination comme presque tous

le l'Orient : chaque localité a sa fan
erveilleuse ballade. Un conteur re
sous toutes les tentes de la peupl
oupie en cercle, écoute avidement
ires, dans lesquelles la divinité se
nmes par les plus étonnants prodige
que nous avons une idée d'ensen
Sahara algérien oranais, il nous reste
ons sur chaque peuplade en particu
-Nahr, les Ouled-Ali-ben-Amel e
bitaient jadis le désert des Chott, on
internés dans le Tell, où nous po
rveiller leur fidélité suspecte.
Nahr, malgré la fertilité du territoir
oncédé, regrettent leurs déserts : l
s, l'abondance de l'eau, la riches
pour eux moins d'attraits que le
et vagabonde sur les plages nues

étendue; la solitude ne s'anime guère qu'à l'époque de la migration annuelle qui jette les Hamian sur la lisière du Tell.

Nous avons déjà dit que les Hamian ont pour territoire propre la bande qui s'étend entre la rive méridionale des Chott et le Grand-Atlas. Leur territoire de parcours est plus étendu dans la direction du nord au sud.

Les Hamian sont partagés en deux grandes fractions : ce sont les Hamian-Garabas ou Chafa, qui occupent l'ouest, et les Hamian-Cheragas ou Trafi, qui se tiennent à l'orient. La tribu entière pouvait mettre en guerre 2,000 cavaliers. Chaque fraction a son chef. Elles se gouvernent indépendantes l'une de l'autre, et vivent aujourd'hui en paix après avoir été en guerre autrefois. Leurs chefs actuels n'appartiennent pas à une famille de marabouts, mais ils sont riches et nobles, ce qui leur donne une puissance étendue.

Les Hamian-Cheragas se sont soumis à la France avant notre expédition, mais les Garabas n'ont pas voulu suivre leur exemple. On sait que c'est là un des principaux motifs qui nous ont conduits dans ces contrées.

En guerre avec nous, ils sont également en conflit perpétuel avec les Chambas, qui tentent de surprendre les Hamian quand la migration annuelle de ceux-ci les porte au sud. Les Chambas, de leur côté, subissent les razzias des Hamian, quand ils se rapprochent eux-mêmes du Tell pour faire leur provision de céréales.

Les Hamian, malgré la pauvreté des landes qu'ils parcourent, sont cependant parvenus, non pas seulement à avoir le nécessaire, mais à posséder assez de superflu pour se permettre le luxe, l'ostentation, les chasses princières et les fêtes : pour eux les beaux chevaux de race, les armes richement ornées, les amples bournous, les fins haïcks, les meutes de lévriers et les faucons dressés à la chasse; pour leurs femmes, la soie, les étoffes peintes et les foulards, des bracelets aux jambes, aux poignets et aux bras, des bagues à tous les doigts, et au cou des colliers de pièces de monnaie enfilées, de nacre, de jais, de corail, voire même de clous de girofle et de boutons métalliques portant le chiffre ne nos régiments. Ces bijoux sont extrêmement curieux : nous avons possédé plusieurs colliers qui portaient de grosses cassolettes d'argent repoussé ou même ciselé. Ces cassolettes, suspendues à un bout de chaîne ou de laine, sont destinées à retomber au milieu de la poitrine. Une de ces boîtes s'ouvrait, mais nous ne savons pas si l'on met dans son intérieur des parfums ou des versets du Koran.

Les chevaux des Hamian jouissent d'une réputation bien méritée. Il est à remarquer qu'ils préfèrent beaucoup les juments aux entiers : ils les disent plus sobres, plus dures à la fatigue et surtout plus propres à supporter la soif. Ils leur donnent souvent du lait à boire au lieu d'eau; on les engraisse ainsi, dit-on, sans leur faire prendre du ventre.

Ils chassent l'autruche à cheval, mais ils la fatiguent d'abord en lâchant contre elle leurs meutes de lévriers. Pour que ceux-ci arrivent frais et dispos à l'endroit où doit commencer leur course, ils les y transportent à dos de chameau. Ce sont, comme on voit, de véritables chasses seigneuriales.

Le Hamian passe une partie de sa vie à cheval : dans ces immenses solitudes où la nature avare a clair-semé ses dons sur une vaste étendue, l'homme, ne trouvant pas sur place une réunion de ressources propres à satisfaire longtemps ses besoins, sent la nécessité de rapprocher les distances en les franchissant avec rapidité. C'est le caractère même de la région qu'il habite qui a dicté ses mœurs et ses coutumes au nomade Saharien. Dans toutes les contrées analogues aux solitudes africaines, les mêmes circonstances ont amené les mêmes habitudes : le Kirguise, qui parcourt les steppes de l'Asie, est essentiellement cavalier; et les habitants demi-sauvages des savanes américaines, Espagnols, Portugais ou gens de couleur, ne connaissent que le cheval et le jeu.

Les Hamian-Garabas sont subdivisés en quinze ou vingt tribus ou petites fractions, dont chacune a un cheick, soumis au chef suprême de toute la peuplade. Elles déposent leurs grains à Seufra, Thiout, S'fissifa, dans les deux Moghard, et à Ich, ksar marocain. Asla sert de dépôt à des fractions des Garabas et des Cheragas et même des Ouled-Sidi-Chicks, ce qui nous expliquerait peut-être pourquoi ses habitants nous ont pacifiquement attendus, tandis que, partout ailleurs, les ksouriens nous ont fuis et combattus.

Les marchés du Sahara algérien que les Hamian fréquentent sont : Figuig, Timimoum et même Insalah, enfin les villes du Beni-Mzab, notamment Gardaia et Guerara. Dans le nord ils s'abouchaient surtout avec les Beni-Amers, grande tribu tellienne dont nous avons parlé dans notre premier chapitre. La dispersion de cette peuplade et des autres tribus des subdivisions de Tlemcen et de Maskara est une des causes qui ont sollicité les Hamian à se rejeter sur le Maroc. Abd-el-Kader, avec ses exigences si onéreuses pour les Hamian qui venaient sur les marchés de la frontière du Tell, a aussi contribué à les éloigner de nos provinces algériennes.

Les tribus nomades et ksouriennes du Sahara algérien oranais exportent dans le pays des Touat, notamment à Gourara : leurs troupeaux, ainsi que leurs produits, tels que laines, beurre et fromage; des chapeaux ornés de plumes d'autruche; des tissus de laine par eux confectionnés, comme des étoffes de tente, des bournous et des haïcks; enfin les céréales qu'ils tirent du Tell. Ils versent aussi dans le sud les produits manufacturés qui viennent du littoral algérien, d'Europe ou des grandes oasis, notamment de Gardaia; ce sont : des armes blanches ou à feu, du fer brut ou façonné en fers à cheval, etc., des indiennes, de la poudre et des balles, des vêtements fins dont quelques-uns proviennent de Tunis, du calicot, des chaussures, des laines filées et teintes, des épices, des teintures, des pierres à fusil. En échange, ils rapportent du pays des Touat : des esclaves, des dattes, des peaux tannées; le henné [1], dont les musulmanes et les juives se teignent les mains et les pieds; des saïes, étoffes noires fabriquées par les nègres et larges seulement de six pouces; très-peu d'ivoire et de poudre d'or, quoique ces deux objets passent, en Europe, pour des marchandises qu'on trouve sur toutes les routes des caravanes. Les défenses d'éléphant sont dirigées presque uniquement sur le Maroc, d'où elles passent en Angleterre, et la poudre d'or paraît prendre surtout la voie de R'Damès, à l'orient, et, à l'occident, le chemin de Fez, sans traverser le littoral oranais.

Les Hamian, bornés au sud par les Ouled-Sidi-Chicks, au nord par le territoire des Ouled-Nahr, des Beni-Mthar et des Ouled-Ali-ben-Amel, ont pour voisins les Zegdou à l'ouest, et les El-Arouat-el-Ksan puis les Amours, à l'est.

Les Zegdou habitent le Sahara marocain, où ils vivent à

---

[1] Lausonia inermis.

peu près indépendants de l'empereur. C'est une tribu très-nombreuse et très-puissante, aux mœurs sauvages, aux instincts pillards et cruels; ses hardis coups de main l'ont rendue la terreur de tous les peuples limitrophes sur lesquels elle tombe quelquefois à l'improviste, par groupes de 1,000 à 1,200 cavaliers montés sur de rapides chameaux.

Les El-Arouat-el-Ksan, qui occupent les environs de Stiten, de El-Raçoul, de Mecheïra et de Brizina, sont beaucoup moins nombreux, puisqu'ils ne peuvent armer que 400 cavaliers. Ils présentent ceci de particulier, que leurs troupeaux ne sont pas formés à peu près exclusivement de moutons et de quelques chèvres, comme cela a lieu chez les tribus plus méridionales dont le territoire ne produit que du halfa et de la chiah, mais qu'ils possèdent un assez grand nombre de bœufs; ces animaux trouvent à paître sur les montagnes et dans les marécages couverts de hautes herbes, qui occupent le fond des vallées.

La tribu des Ouled-Sidi-Chicks est bien inférieure en nombre à celle des Hamian, puisqu'elle ne peut armer que 600 cavaliers; mais le rôle capital qu'elle joue au point de vue politique mérite une attention toute spéciale.

Les Sidi-Chicks sont divisés en Cheragas et Garabas : chaque fraction a son chef. Le cheick des Garabas s'appelle Ben-Taïeb. Les anciennes querelles qui les divisaient autrefois sont éteintes aujourd'hui, et la mission des Sidi-Chicks semble avoir actuellement pour but la paix entre les peuples et l'amélioration morale de l'homme.

Le territoire propre à cette tribu est la chaîne de montagnes même et son versant méridional, depuis les El-Arouat-el-Ksan, à l'est, jusqu'à Figuig, à l'ouest. Elle est sujette aux migrations communes à toutes les peuplades du désert; mais elle les exerce sur une échelle moins étendue. Quelque chose de la vie sédentaire a pénétré dans ses mœurs, malgré le mépris qu'elle affecte pour les ksouriens. De temps immémorial, elle possède El-Biod-nta-Sidi-Chicks, réunion de six villages dispersés au milieu de terres labourables plantées de quelques arbres, véritable oasis située au milieu de montagnes couvertes d'un peu de bois.

Les Ouled-Sidi-Chicks sont une tribu de marabouts très-vénérés qui prétendent descendre d'un kalifa de Mohammed, du fameux Sidi-Bou-Seddick, le favori, le saint Jean du prophète, qui exprima par ce souhait sa tendresse pour lui : « Fasse Allah que les tiens aient toujours des chevaux pour monture et que la foule baise leurs genoux! Fasse Allah que ta postérité mange, quand même la mienne aurait faim! » Les Ouled-Sidi-Chicks sont donc une peuplade sainte, et, de plus, noble et riche, triple condition de puissance et de considération. Son aristocratie et sa distinction percent dans ses vêtements et jusque dans ses douars : elle habite sous des tentes de laine noire, surmontées de panaches de plumes d'autruche, dont la dimension varie avec la position sociale et la fortune de la famille. C'est une marque distinctive qui empêche de la confondre avec les peuplades vulgaires qui campent dans le Sahara.

Avant d'établir quel est le rôle politique des Sidi-Chicks, jetons un coup d'œil sur la constitution des peuples du Sahara algérien oranais; l'étude de ces deux questions doit marcher parallèlement.

Tout le Sahara algérien est, au point de vue politique, un assemblage de nombreux petits États indépendants les uns des autres; bien plus on a vu quelquefois deux gouvernements se partager la même ville. La communauté d'intérêts est le seul lien qui produise des alliances entre certains groupes de ces petits gouvernements, alliances dont la durée n'excède par celle de la réciprocité de besoins. Non-seulement les ksours sont indépendants les uns des autres, mais chaque tribu nomade a aussi son individualité politique; enfin les citadins ne sont pas non plus soumis aux nomades, seulement ils subissent souvent leur influence, à cause de la disproportion de leur force. Aucun sultan, aucun suzerain n'est le chef nominal ou réel de groupes plus au moins considérables; en un mot, le Sahara algérien n'est pas même une confédération. Aussi arrive-t-il souvent que les tribus voyageuses s'attaquent entre elles, ou bien tombent sur les ksours, qui eux-mêmes se font la guerre mutuellement. Des batailles sanglantes ont rougi le sable du désert; bien des razzias ont surpris et presque anéanti les douars qui s'endormaient dans la sécurité; souvent les jardins des oasis ont été saccagés et les ksours détruits. Mais aujourd'hui la tendance à la paix universelle semble avoir pénétré jusque dans le Sahara.

Chaque tribu nomade a son chef, qui commande aux cheicks des fractions de la tribu, et ceux-ci réunissent sous leurs ordres les cheicks de chaque douar. Dans les ksours, le mode de gouvernement varie beaucoup; voici l'énumération de ses différentes formes :

Une djema, ou conseil gouvernemental, pouvoir exécutif, composé d'un nombre variable de membres promus par voie d'élection : le cheick est choisi par ses collègues dans le sein de la djema, dont il n'est, à proprement parler, que le président. C'est à peu près dans cette catégorie que se rangent les ksours que nous avons visités; ce sont de véritables républiques.

La djema, sortie également de l'élection, nomme un chef qu'on revêt du titre de sultan et qu'on entoure de beaucoup d'honneurs : c'est le président de la république. Il n'est pas nommé pour une période déterminée : on le conserve longtemps s'il s'en montre digne; on le dépose immédiatement s'il commet des fautes. A Ouargla, dit le colonel Daumas, « la déposition d'un sultan se fait avec tous les égards dus à la dignité déchue, sans formes brutales, et comme par une convention tacite sanctionnée par l'usage; à l'heure où la musique du sultan joue, c'est-à-dire aux heures des prières, un membre de la djema fait signe aux musiciens de se taire. Il n'en faut pas davantage, le sultan a compris, il n'est plus qu'un simple particulier, et il rentre dans la vie commune. »

Dans quelques endroits le gouvernement est une sorte de monarchie constitutionnelle composée d'un chef et d'une djema; ce chef n'est libre que dans certaines limites; il doit consulter le conseil avant de prendre de graves résolutions. A Gardaïa, il existe un troisième pouvoir : c'est le chef de la religion ou cheick-baba, dont la haute sanction est nécessaire pour légaliser les ordres.

Enfin, dans beaucoup de ksours, comme dans la ville de Tougourt, un sultan héréditaire gouverne en maître absolu : il est autocrate et dictateur. Il choisit des ministres et une djema qui est entièrement dominée par sa volonté.

Si aucune autorité, aucun chef purement politique ne réunit en confédération un nombre plus ou moins considérable de peuplades, certains hommes exercent un tel ascendant, en vertu de leur caractère de sainteté, qu'ils règlent les différends qui surviennent entre les tribus et les ksours, déterminent leurs rapports et empêchent le plus souvent la guerre de s'allumer. On peut comparer leur autorité sur les divers gouvernements du Sahara algérien, à celle du pape sur les rois et sur les peuples pendant le moyen âge. La partie orientale de l'archipel d'Oasis marche aujourd'hui sous la bannière de Tedjini, marabout et chef de Aïn-Madhi, et la partie occidentale vénère les deux grands marabouts chefs des Ouled-Sidi-Chicks.

Mais, pour bien comprendre ce en quoi consiste l'autorité de ces derniers, qui doivent seuls nous occuper, il est indispensable de jeter un coup d'œil rapide sur les confréries qui se partagent l'islamisme dans l'Afrique septentrionale. Les Sidi-Chicks et Tedjini ne sont en effet que les chefs de deux de ces confréries.

En Algérie, et en général chez tous les musulmans, les affaires de religion et les choses politiques sont intimement unies : le chef de l'État est aussi le chef de la religion, et tous les chefs subalternes sont entourés d'un prestige religieux qui varie avec leur rang dans la hiérarchie sociale. Mais, si la puissance temporelle mène à l'autorité religieuse, celle-ci conduit aussi à la première. Un des moyens les plus sûrs de parvenir au pouvoir consiste à se déclarer l'élu de Dieu et à se créer une réputation de sainteté : la puissance politique et le commandement suivent de près l'auréole et le sacerdoce. C'est par ce mode qu'Abd-el-Kader est parvenu à se faire reconnaître sultan et à diriger la guerre sainte prêchée contre les chrétiens. On comprend dès lors combien il importe de connaître les sociétés religieuses de l'Algérie, puisqu'elles peuvent devenir des associations politiques par la puissance et l'ascendant de leurs chefs, qui fanatisent les masses, les soulèvent et les poussent à la guerre sous un prétexte religieux. Au moyen âge, à cette époque de piété aveugle où le christianisme substituait les passions irréfléchies à la raison, où les sages combinaisons de la politique cédaient le pas à l'entraînement du fanatisme, l'Europe chrétienne offrait le spectacle que nous retrouvons dans l'Afrique musulmane de nos jours. Les papes jugeaient les querelles des rois, ils assuraient la victoire à l'un en bénissant ses armes et en frappant d'interdiction son adversaire; les querelles de religion faisaient couler le sang des Albigeois; les catholiques romains s'armaient contre les protestants; l'Espagne chassait de son sein les lumières et l'industrie en expulsant les musulmans; saint Bernard entraînait des armées innombrables pour combattre l'Orient; saint Louis usait en pure perte son courage contre un ennemi nombreux, contre la peste et un climat meurtrier.

D'aussi grands événements peuvent éclore aujourd'hui et se développer en Afrique à la voix de la religion. Il s'agit de surveiller les foyers qui en contiennent le levain, et de rechercher s'il ne serait point possible de disposer en notre faveur les hommes qui dirigent les masses; or deux exemples, pris dans le Sahara algérien même, vont bientôt prouver que ce dernier résultat est loin d'être impossible.

Les foyers où fermente le levain du fanatisme, ce sont les confréries ou associations de khouan (frères), sous la direction d'un kalifa.

La confrérie se compose d'un kalifa, qui est simplement marabout, mais qui se trouve quelquefois en même temps chef d'un territoire quelconque, et de frères ou khouan répandus dans tous les pays musulmans de l'Afrique septentrionale, dans le Maroc, dans l'Algérie et à Tunis, dans les villes et dans les campagnes, dans le Tell et dans le Sahara, chez les Berbers et chez les Arabes. Des correspondances suivies lient entre eux les principaux centres dans lesquels résident les khouan ; les chefs subalternes qui dirigent les frères de ces centres correspondent avec le kalifa, et celui-ci tient ainsi sous la main une foule d'hommes fanatiques dont il peut faire concourir les volontés et les efforts à un même but. En général, l'association est purement religieuse et ne s'occupe pas de politique ; mais la connexion intime des choses saintes et des affaires gouvernementales doit toujours faire craindre que le kalifa n'use de son prestige religieux pour exciter à la guerre contre nous. Aussi ces associations ont-elles besoin d'être activement surveillées. Le rôle politique des kalifa s'est d'ailleurs déjà manifesté, comme nous le verrons à propos de Tedjini et des Ouled-Sidi-Chicks. Ensuite on ne doit pas se dissimuler la haute portée de certaine croyance qui règne chez les frères de l'ordre de Mouleï-Taïeb, par suite d'une prophétie de la réalisation de laquelle ne doute aucun des affiliés. Cet article de foi établit qu'ils régneront un jour sur l'Algérie, après avoir chassé les Français. Que le kalifa de cette puissante confrérie, qui a de si nombreux disciples dans le Maroc, dans toute l'Algérie et notamment dans la province d'Oran, qui compte l'empereur du Maroc parmi les siens, et qui a été fondée par deux marabouts de la race impériale ; que le kalifa annonce que l'heure est venue, et une formidable guerre sainte s'élèvera aussitôt contre nous.

Il n'entre point dans notre plan d'énumérer les principales confréries qui se partagent les musulmans de nos possessions ; nous renvoyons, sur ce sujet, à la brochure de M. de Neveu [1] ; l'auteur y disserte avec connaissance de

---

[1] De Neveu, *Les Khouan, ordres religieux chez les musulmans de l'Algérie.* Br. in-8°. Paris, 1845.

cause sur la plupart de ces associations, mais il ne nomme pas même celle des Ouled-Sidi-Chicks. Avant notre expédition, nous n'avions en effet que de vagues documents sur le Sahara algérien oranais, recueillis de la bouche des indigènes par M. le colonel Daumas.

Ce qui spécialise chaque confrérie, c'est la manière de dire ses prières, et la récitation de certaines formules que le ciel a révélées au fondateur de l'ordre, comme les plus agréables à la divinité. La maison et la fortune du kalifa sont entretenues à l'aide de dons ; c'est du moins ce qui existe certainement chez les Ouled-Sidi-Chicks. Dans les villes qui comptent beaucoup de frères, il y a un établissement appelé zaouïa, centre de réunion de tous les khouan de la localité. Cet établissement est soutenu par la cotisation des affiliés, et possède souvent de grands revenus et de belles propriétés, tout comme en possédaient nos églises, nos hôpitaux et surtout nos couvents du moyen âge. Certaines zaouïa, dans le Maroc surtout, sont de véritables bourgs; on y trouve une mosquée, une école, le tribunal du cadi ou du caïd, un hôpital pour les malades pauvres et pour les infirmes, une hôtellerie ouverte gratuitement aux étrangers appartenant ou non à l'ordre religieux, enfin un lieu de refuge, un asile inviolable pour les coupables que la loi poursuit ou pour les malheureux que la tyrannie des chefs persécute.

La religion et la bienfaisance ont présidé à l'institution des zaouïa. On trouverait plus d'une analogie entre elles et certains établissements de l'époque féodale en Europe; on pourrait établir plus d'un remarquable rapprochement, à travers les âges et les espaces, entre les diverses périodes de la vie des peuples.

Le Sahara algérien est divisé en deux confréries : celle des

Les Turcs avaient fait la guerre à la famille des Tedjini ; Abd-el-Kader avait rasé Aïn-Madhi, après l'avoir prise par trahison ; les Français, au contraire, n'affichaient que des prétentions très-modérées et promettaient une suzeraineté paternelle : notre justice séduisit le saint marabout, et lui dicta cette réponse, qui contenta des milliers d'individus et les fit paisiblement retourner chez eux.

En 1845, le général Marcy alla jusqu'à Laghouat et Aïn-Madhi sans combattre, grâce à la manière habile dont il sut profiter de l'autorité de Tedjini. Le saint kalifa ne demandait qu'à vivre en paix, pour se détacher des affaires de ce monde et se livrer à la contemplation des choses célestes ; aussi la protection de Aïn-Madhi par une nation bien assise, sa tranquillité achetée par le payement régulier d'une modique redevance, devaient naturellement le séduire par leur comparaison avec les résultats probables de sa résistance : le trouble dans le désert, la guerre et la menace d'impôts forcés s'il venait à succomber dans la lutte, la perte de ses troupeaux, la ruine de sa puissance et de ses richesses.

Les chefs des Ouled-Sidi-Chicks jouissent dans l'ouest de la même influence que les Tedjini à l'orient. De très-nombreuses et puissantes tribus du Tell et du désert sont les kheddam ou serviteurs de cette faible peuplade, dont les grands marabouts jugent en dernier ressort non-seulement les procès de famille à famille, mais les querelles entre tribus. Comme nous l'avons dit, les Ouled-Sidi-Chicks se montrent dignes de leur haute mission : ils n'usent de leur influence que pour établir la paix des peuples et faire régner le bien-être dans les intérieurs. Leurs kheddam leur versent chaque année de riches présents appelés ziara, en allant

Les Turcs avaient fait la guerre à la famille des Tedjini ; Abd-el-Kader avait rasé Aïn-Madhi, après l'avoir prise par trahison ; les Français, au contraire, n'affichaient que des prétentions très-modérées et promettaient une suzeraineté paternelle : notre justice séduisit le saint marabout, et lui dicta cette réponse, qui contenta des milliers d'individus et les fit paisiblement retourner chez eux.

En 1845, le général Marcy alla jusqu'à Laghouat et Aïn-Madhi sans combattre, grâce à la manière habile dont il sut profiter de l'autorité de Tedjini. Le saint kalifa ne demandait qu'à vivre en paix, pour se détacher des affaires de ce monde et se livrer à la contemplation des choses célestes ; aussi la protection de Aïn-Madhi par une nation bien assise, sa tranquillité achetée par le payement régulier d'une modique redevance, devaient naturellement le séduire par leur comparaison avec les résultats probables de sa résistance : le trouble dans le désert, la guerre et la menace d'impôts forcés s'il venait à succomber dans la lutte, la perte de ses troupeaux, la ruine de sa puissance et de ses richesses.

Les chefs des Ouled-Sidi-Chicks jouissent dans l'ouest de la même influence que les Tedjini à l'orient. De très-nombreuses et puissantes tribus du Tell et du désert sont les kheddam ou serviteurs de cette faible peuplade, dont les grands marabouts jugent en dernier ressort non-seulement les procès de famille à famille, mais les querelles entre tribus. Comme nous l'avons dit, les Ouled-Sidi-Chicks se montrent dignes de leur haute mission : ils n'usent de leur influence que pour établir la paix des peuples et faire régner le bien-être dans les intérieurs. Leurs kheddam leur versent chaque année de riches présents appelés ziara, en allant visiter, à El-Biod, le Moula-el-Ferha, tombeau des ancêtres des Ouled-Sidi-Chicks. A leur tour, les grands marabouts, ou quelque délégué choisi dans leur famille, parcourent les douars de leurs kheddam nomades et les ksours de leurs serviteurs citadins ; là, ils rendent la justice et terminent les différends. Dans ce voyage, ils récoltent encore des présents qui prennent le nom de ouada.

Toutes ces richesses tournent au soulagement de la misère; à El-Biod-Nta-Sidi-Chicks, les grands marabouts entretiennent trois zaouïa, où l'on héberge les pauvres voyageurs qui viennent réclamer l'hospitalité, et les malades accourus en foule pour demander le miracle qui doit les guérir. Ces hôtelleries du pauvre servent en même temps de chapelles, d'école et de tribunal. Deux sont du ressort des Sidi-Chicks de l'est, et la troisième appartient à leurs frères de l'ouest. Outre ces zaouïa sédentaires, chacune des deux fractions de la tribu a une zaouïa volante, qui se compose de deux tentes destinées à recevoir les voyageurs.

La haute influence des Ouled-Sidi-Chicks nous a été démontrée dans notre expédition. Le général Renaut, qui devait explorer le pays occupé par les Sidi-Chicks-Cheragas et visiter El-Biod, centre de leur puissance, ainsi que les ksours rapprochés de cette capitale ; le général Renaut comprit très-bien que sa réception, hostile ou amicale, dépendait uniquement du bon ou du mauvais vouloir qui animerait le grand marabout à notre égard. Il sut habilement se préparer une entrevue avec lui, il le disposa en notre faveur, et tous les ksours, excepté un, attendirent tranquillement nos troupes et payèrent l'impôt.

Comme on l'a vu, notre expédition ne fut point si pacifique, et les raisons en sont faciles à concevoir. Les Hamian-

Garabas étaient nos ennemis, tandis que les Cheragas s'étaient déjà soumis ; or les premiers habitent la contrée que nous avons parcourue et déposent leurs grains dans les ksours que nous avons visités, et les seconds plantent leurs tentes dans le terrain d'exploration du général Renaut, et les ksours de cette région leur servent en partie de dépôt. En second lieu, nos ksours occidentaux sont déjà un peu éloignés du centre d'action des Ouled-Sidi-Chicks. Enfin, ils sont puissamment influencés par des tribus marocaines qui ne comptent pas parmi les kheddam des Ouled-Sidi-Chicks. L'autorité de ceux-ci est donc contre-balancée, et Ben-Taïeb ne pouvait pas pour nous ce que les Ouled-Sidi-Chicks de l'est ont fait pour le général Renaut.

Pour nous résumer sur le rôle des Ouled-Sidi-Chicks dans cette partie du Sahara algérien, nous dirons :

Il n'existe pas de système gouvernemental unique pour faire concourir tous les intérêts partiels à l'utilité générale ; il n'y a pas de chef politique envers lequel les nombreuses peuplades soient tenues à des obligations bien précises et bien déterminées. Les Hamian et les ksouriens ne sont liés que par les services réciproques qu'ils se rendent, et si les premiers ont de l'influence sur les seconds et les entraînent à partager leurs amitiés ou leurs antipathies, c'est en vertu de leur nombre et de leur force supérieure, et non pas comme conséquence de droits acquis et formulés. Mais une puissante autorité morale plane sur cette partie du désert : elle est aux mains des Ouled-Sidi-Chicks. Ce sont des conseillers dont les avis et les jugements ont un tel poids qu'ils terminent presque constamment en dernier ressort les questions débattues ; mais rien ne force les diverses peuplades à soumettre leurs affaires aux Ouled-Sidi-Chicks. Si on les consulte avant de prendre une grande détermination politique ou commerciale, c'est bénévolement et parce qu'on a foi en leurs lumières. Ils ne s'immiscent pas dans les affaires de leurs kheddam au point de leur donner des lois ou des ordres qui régissent les rapports internationaux et préviennent la discorde en réglant les points qui peuvent la faire naître ; mais, une fois que les contestations se sont élevées, ils les terminent ordinairement en vertu de leur réputation de justice et d'habileté, appuyée de tout leur ascendant religieux. En un mot, l'autorité des Ouled-Sidi-Chicks, quoique très-étendue, est purement morale.

Nous terminerons ce chapitre par l'énumération des ksours et oasis que l'on rencontre, à partir d'Asla, en remontant la chaîne de montagnes vers le nord-est : on aura ainsi le tableau complet de tous les groupes d'habitations berbères échelonnés de la frontière de Maroc jusqu'au Djebel-Amour : Bou-Semgroun, les deux Chellala, les deux Arba, El-Biod-Nta-Sidi-Chicks, Sidi-el-Hadj-ed-Djin, Brizina, El-Raçoul, Mecheria, Stiten et Bou-Alam. Une partie de ces ksours a été explorée par le général Renaut; quelques-uns avaient déjà été visités précédemment par lui et par le colonel Géry.

CHAPITRE XI.

DE S'FISSIFA AU GOOR DE SEBDOU.

Puits de Lambâa. — Puits et fontaine de Taoussera. — Un épisode conté par Daoudi-Boursali. — Dunes de Adjar-Toual. — Aïn-Bou-Khlelil. — La chaîne des Chott. — Ogla-el-Nadja. — Ogla-el-Beida et le Chott-el-Garbi. — Ogla-el-Mera et la razzia du colonel Roche. — Quelques critiques. — Redirs de l'Oued-el-Hermel.

10 mai.

15° à quatre heures du matin : temps lourd, étouffant, malgré un peu de vent frais; 35° à l'ombre à trois heures; 25° à sept heures du soir.

La sortie de S'fissifa est longue et difficile pour une colonne encombrée de bagages comme la nôtre. On peut passer à droite ou à gauche de l'oasis, en dehors des jardins. Les Berbers, cachés derrière les rochers de la montagne, nous tirent quelques coups de fusil auxquels nous daignons à peine répondre. Nous atteignons une vallée comprise entre des collines à l'ouest (Seridjat) et le Djebel-Bou-Achmoud à l'est. Quelques lentisques tapissent les flancs de cette dernière montagne. Les pâturages sont les plus riches de tous ceux que nous avons vus dans la zone des oasis; le *stipa phleoïdes* se mêle aux espèces habituelles. Une petite ligne de dunes larges et peu élevées se présente devant nous : c'est Lambâa. Nous avons fait 5 lieues et demie.

Il y a un assez grand nombre de puits à Lambâa ; les parois de plusieurs d'entre eux sont soutenues par des pierres sèches ou par des bâtons ; cela était nécessaire à cause du peu de consistance du sol sablonneux dans lequel ils sont pratiqués. L'eau se trouve à un mètre ou deux au-dessous de la surface. Ces ogla sont alimentés par une nappe qu'on rencontre, sur un assez vaste espace, en creusant dans le sable. Chaque compagnie s'est fait un petit puits à côté de ses tentes. Des joncs croissent autour des ogla. L'eau est de bonne qualité.

11 mai.

7° à trois heures et demie du matin ; 40° à deux heures au soleil ; 2° à cinq heures et demie du soir.

Après avoir descendu le petit rideau couvert de sable de Lambâa, nous arrivons dans une plaine entourée de monticules et tapissée d'une végétation semblable à celle des pâturages que nous avons traversés hier. Une autre plaine fait suite à la première ; elles sont séparées l'une de l'autre par des monticules de faible élévation. Les hauteurs qui ferment cette seconde plaine au nord-est ont nom Garnoug ; elles sont ombragées par des bouquets de lentisques, au milieu desquels s'élèvent des rochers qui ressemblent à de vieux manoirs avec leurs tours et leurs beffrois. Le sable s'accumule sur leur penchant : c'est le commencement d'une longue ligne de dunes qui affecte les mêmes dispositions que celles de Seufra et de l'Anter. Après avoir franchi une rangée de collines, nous atteignons une troisième plaine qui fait partie de ce que nous avons appelé le désert d'Anghad proprement dit. Le Djebel-Guettar paraît dans le lointain au nord-ouest; il appartient à la chaîne montagneuse des Chott. Le halfa devient prédominant, si ce n'est dans quelques bas-fonds qui verdissent sous des pâturages. Nous atteignons Taoussera, éloigné de Lambâa d'un peu plus de 5 lieues. C'est un des enfoncements dont nous venons de parler. A partir du point le plus déclive, le terrain va en montant jusqu'au Djebel-Guettar. Cette chaîne est néanmoins traversée par l'Oued-Taoussera, tributaire du Chott-el-Garbi.

Les mares et les puits de Taoussera sont remplis d'une eau abondante, mais légèrement putride. A cinquante pas de là coule une fontaine qui ne laisse rien à désirer pour la quantité ni pour la saveur des eaux.

Le fils de l'aigle, Daoudi-Boursali, vint prendre le café avec nous dans la soirée. Il alluma son grand sipsi, enleva son bournous amarante, qu'il étendit par terre pour s'accroupir dessus. De temps en temps il passait son doigt dans une déchirure du bournous, contractait légèrement sa lèvre, et lançait en l'air une bouffée de fumée, dont son œil suivait mélancoliquement les dernières ondulations. Évidemment notre brun héros voulait se soulager en contant ses peines.

« Ton beau trophée de Moghard a donc subi une injure, mon brave Daoudi ?

— Oui ; mais l'accroc du drap a été payé par un accroc dans la peau de quelqu'un qui ne s'en vantera à personne, pas même aux houris, car c'était un traître que les démons tourmenteront après sa mort.

« Le traître s'appelait Mohammed. Le bureau arabe de Tlemcen, ayant reconnu en lui de la sagacité et de la prudence, l'avait tiré de la misère et lui avait fait une position : il couchait sur de moelleux tapis ; chaque automne il pouvait blanchir sa terrasse pour que les eaux de l'hiver ne se glissassent pas chez lui ; il voyageait sur un cheval qu'on reconnaissait, à son oreille fendue, pour être né le vendredi ; il mangeait du couscous bien gras et de cette sauce rouge aux piments et aux œufs, qui fait le désespoir de ta bouche trop tendre, quand tu assistes aux diffas ; enfin il pouvait s'asseoir tous les jours sous les treilles des cafés et se faire masser toutes les semaines au moins. C'était beaucoup pour un misérable de la veille.

» Mohammed avait parcouru le désert et les ksours que nous venons de visiter : il connaissait la plaine et la montagne, il savait les endroits où l'on trouve de l'eau et un peu de bois. Au moment de l'expédition, on l'avertit qu'il serait de la colonne pour nous servir de guide. Mais il fit le malade, feignit de s'être cassé la jambe, et fut laissé à Tlemcen.

» Tu sais qu'à Seufra j'atteignis, l'un des premiers, le sommet de la chaîne occupée par les Kabyles. L'un de ceux qui étaient restés pour soutenir notre choc fut bientôt serré de près ; mais, au lieu de tirer sur les cavaliers qui le poussaient le plus vivement, il mit en joue le commandant Bazaine. Au même instant le traître Mohammed, car c'était lui, tombait percé de trois blessures. On le laissa pour mort ; son bournous blanc était tout rouge de sang. »

Daoudi remit du tabac dans son sipsi et reprit son histoire, un instant interrompue, après que trois ou quatre bouffées lui eurent donné l'assurance que la combustion était en bon train.

« L'Arabe est une mauvaise race ; la France ne pourra

jamais compter que sur les Coulouglis. La trace des bienfaits s'efface dans la mémoire de l'Arabe comme un nuage que le vent chasse du ciel; le Coulouglis garde la reconnaissance comme l'honnête homme conserve un trésor qu'on lui a confié et qu'il rendra à la première demande.

» Je n'avais fait à Mohammed aucune des trois blessures qui l'étendirent sur la terre à Seufra. Allah est grand! il me réservait de lui porter le coup mortel. C'était à S'fissifa; je parcourais les jardins : mon petit vieux cheval, dont tu ris tant, grimpait sur les débris des murs écroulés comme un lézard sur un rocher; il se glissait dans les ruelles étroites et sous les portes basses, comme un chacal dans son terrier. Arrivés à Tlemcen, je te défie, avec mon petit vieux cheval; nous irons tout droit au but, par-dessus les fossés, les silos béants ou cachés, les palmiers nains et les grands buissons épineux de jujubier sauvage. Veux-tu? »

— Je veux d'abord l'histoire du traître Mohammed.

— « C'était donc à S'fissifa. J'avais besoin de mouvement. Mes courses dans les jardins étaient nombreuses comme les allées et les venues des fourmis qui vont de leur ville souterraine au champ d'orge, et du champ à leur ville. Je passais à travers les blés épais et hauts; le poitrail de mon petit vieux cheval fendait leurs flots verdoyants comme vos vaisseaux fendent le flot bleu de la mer. J'étais lancé au galop... Si tu voyais mon petit vieux cheval franchir les distances, bondir et se précipiter, si... »

— Daoudi, tu t'égares, arrivons au traître.

— « Le traître n'était pas mort à Seufra; il s'était traîné jusque dans les blés de l'oasis de S'fissifa. Mon cheval lancé arriva sur lui et s'arrêta si net, épouvanté de rencontrer tout à coup dans les blés ce fantôme pâle étendu par terre dans son bournous rempli de sang; il s'arrêta si net, mon petit vieux cheval, que je passai sur sa tête, moi qui ne tombe jamais, et j'allai déchirer mon beau bournous amarante aux épines d'un buisson.

» Tiens, voilà le trou, ajouta Daoudi, en passant de nouveau son doigt dans la déchirure. Je sais, à Tlemcen, un juif qui le raccommodera de manière que rien ne paraisse; mais le plus fameux de vos tébibs (médecins) ne raccommodera pas celui que j'ai fait au front du traître. »

— Daoudi, tu vas trop vite; tu es encore étendu dans ton buisson; relève-toi d'abord.

— « Je me relève et je pousse le traître devant moi en lui appliquant mon pistolet sur la tête. Je le conduisis au général; on le reconnut parfaitement, et il me fut abandonné. Descendu dans le ravin, je lui logeai une balle dans la cervelle. Il n'y a de Dieu qu'Allah, et Mohammed est son prophète. »

12 mai.

14° à cinq heures du matin; 37° à midi, vent frais; 20° à huit heures du soir.

Il y a un peu plus de cinq lieues de Taoussera à Aïn-Bou-Khlelil, autre groupe de puits. Nous devons aller camper entre ces deux localités, dans un endroit privé d'eau. Nous perdons peu à peu de vue les derniers chaînons du Grand-Atlas qui s'effacent à l'orient, et nous avançons vers la chaîne des Chott, qui est devant nous et à l'ouest. Parmi les montagnes du Grand-Atlas, il en existe une que sa configuration bien caractéristique rend précieuse comme point de repère; c'est Adjar-Toual (les pierres longues) : elle présente deux sommets dont l'un ressemble à une tente-marabout terminée par un plateau, et l'autre à une tente de même forme dont le sommet s'effile en pointe. La ligne de dunes que nous avons déjà signalée court aux pieds d'Adjar-Toual.

Le sol n'est plus meuble, mais il prend l'aspect de celui des Chott. L'armen n'est pas en fleurs et le halfa se noue à peine en épis; dans le sud le halfa était déjà en pleine fructification, et presque toutes les plantes d'armen étalaient leurs pétales blancs.

On distribue trois litres d'eau par homme.

13 mai.

15° à trois heures et demie; 43° à midi; 15° à huit heures du soir.

La chaîne des Chott devient de plus en plus distincte. On trouverait certainement de l'eau dans plusieurs concavités près desquelles nous passons; la situation des lieux et la nature de la flore l'indiquent suffisamment. En général, dans le désert d'Anghad proprement dit et dans le Grand-Atlas, on rencontre le plus souvent de l'eau après chaque journée; elle est plus rare au contraire dans le désert des Chott. Aïn-Bou-Khlelil (B'Khreil, selon M. Thomas, interprète de la subdivision de Tlemcen) est une réunion de larges puits dans lesquels afflue, presque jusqu'au niveau du sol, une eau abondante et de bonne qualité. Les bords des ogla sont tout verdoyants.

14 mai.

9° à deux heures du matin et 15° à cinq heures; vers midi 51° à notre thermomètre, au soleil, à l'abri de la réverbération, et 53° au thermomètre du colonel de Mac-Mahon, qui n'avait probablement pas évité la réverbération ni l'échauffement par les particules sablonneuses que le vent fouettait sur le thermomètre. 17° à neuf heures du soir.

Le Djebel-Guettar est à notre gauche (ouest); à quelques lieues devant nous s'élèvent les monts appelés El-Amar, et Bou-Khahcba. Après avoir traversé la plaine de Sadâna, nous passons la chaîne entre les deux groupes que nous venons de nommer, par le Teniet-Chikka, col qui ne présente pas de difficultés. Les montagnes appelées, du S.-O. au N.-E., El-Amar, Bou-Khahcba, Anter, Merag, constituent la longue ligne pour laquelle nous avons proposé le nom de chaîne des Chott; on sait qu'elle forme la limite septentrionale du désert d'Anghad proprement dit. Toutes les parties de ce système n'ont pas le même aspect : nous avons vu que l'Anter est une simple crête isolée que ne flanque aucun contre-fort. Les montagnes que nous avons franchies le 17 sont au contraire constituées par une réunion de monticules groupés de manière à ce que la chaîne offre une certaine épaisseur. Du haut du col on aperçoit la vaste plaine du Chott-el-Garbi; le bassin du lac ne se révèle que par les tons rougeâtres de sa berge septentrionale. Des groupes de lentisques en arbres chamarrent l'espace; ils se peignent dans les nappes d'eau que le mirage fait onduler à leurs pieds. Arrivés, après trois ou quatre heures de marche, à compter du col, dans un endroit que deux lentisques égaux et rapprochés ont fait nommer Toumiet (les jumeaux), nous faisons une grande halte qui se prolonge depuis neuf heures du matin jusqu'à deux heures après midi. Deux lieues nous restent à faire. La chiah devient dominante. Quoique le sol soit tassé et que le vent ne souffle qu'avec une force médiocre, l'espace est pourtant peuplé de mobiles colonnades de poussière. A leur base elles se contournent en une spirale qui semble pomper sur la terre toutes les particules mobiles; puis elles s'épanouissent, à leur sommet, en grande gerbe qui laisse pleuvoir le sable de toutes parts. Quand la trombe passe sur le camp, toutes les tentes, dont on a relevé un côté pour se donner de l'air, sont arrachées et retombent après avoir été enlevées à quelques mètres et tournoyé un instant dans l'espace.

Nous campons à Beteum-el-Khoua (le lentisque du bas-fond), au bord d'un thalweg tributaire de l'Oued-Taoussera. Comme le thalweg et l'oued sont entièrement à sec, on distribue quatre litres d'eau par homme et deux par cheval ou bête de somme.

15 mai.

7° à trois heures du matin; 50° à dix heures; 22° à six heures et demie, et 17° à neuf heures du soir.

Nous n'avons plus tout à fait trois lieues pour atteindre Ogla-el-Nadja (les Puits de la Brebis), éloignés de quarante-deux mille mètres de Aïn-Bou-Khlelil. L'oued se creuse de plus en plus à partir de Beteum-el-Koua, et finit par s'encaisser fortement en se jetant dans le Chott-el-Garbi. Son lit est couvert des plantes que nous rencontrons communément, mais elles sont plus vertes, vivaces et fourrées. Un beau lentisque solitaire croît au milieu du thalweg. Un brouillard assez épais couvre la vallée, mais le soleil levant le dissipe bientôt.

Les Puits de la Brebis sont creusés dans le bassin même du Chott; ils sont au nombre de huit. L'eau ne se trouve qu'à quatre mètres de profondeur; elle est un peu saumâtre et exhale une désagréable odeur de putréfaction, surtout dans certains puits. Quoique la cavalerie nous ait définitivement quittés, accompagnant le général Cavaignac, que les affaires réclament à Tlemcen [1], l'eau de El-Nadja est néanmoins bientôt épuisée; elle reparaît peu à peu, de manière à permettre d'en tirer encore, mais avec lenteur et précaution. El-Nadja est entouré d'espaces sablonneux et de plaques à demi couvertes de maigres herbes, de quelques soudes, d'un peu d'armen, de metnehem et de chétives seunra. Notre grande halte aux Puits de la Brebis s'est prolongée jusqu'à trois heures. Le sirocco a soufflé un instant, et de nombreux tourbillons, peu redoutables du reste, nous ont assaillis [2].

[1] Un autre motif a aussi contribué à la division de la colonne primitive, c'est la rareté de l'eau. La cavalerie a fait un coude à l'ouest pour aller trouver les puits d'El-Aricha, tandis que l'infanterie a pris plus à l'est et a pu profiter de toute l'eau des redirs, sans la partager avec les cavaliers et les chevaux. Cette mesure, dans un territoire où l'éloignement de tout ennemi permettait la division de la colonne, est certainement une très-heureuse combinaison du général Cavaignac.

[2] Les tourbillons qui tournoient souvent sur le désert, alors que l'atmosphère est à peu près calme et qu'on ne peut pas invoquer le conflit de plusieurs vents généraux, sont dus aux vents partiels produits par l'inégale température des couches d'air qui reposent sur le sable, et de celles qui sont en contact avec des espaces couverts de végétation; ces dernières couches, moins échauffées que les premières, se meuvent pour aller remplacer l'air distrait par les courants ascendants qui s'élèvent des sables. La configuration de la partie des Chott où nous campions, coupée de plaques verdoyantes et d'espaces sablonneux, est essentiellement favorable à la production de ces trombes. Dans les plaines des Chott, où les touffes de halfa et de chiah sont régulièrement éparpillées et séparées par des distances à peu près égales, les tourbillons sont beaucoup plus rares.

Il n'y a rien d'exagéré dans les différences de température que nous attribuons aux masses d'air en contact avec le sol nu ou avec le sol couvert de végétaux. Chacun a pu observer le phénomène suivant : quand le soleil perce les nuages après que la pluie a mouillé la terre, le brouillard s'élève souvent sur les endroits qui sont dépouillés de verdure, et dont l'humidité s'évapore plus rapidement parce qu'ils sont plus échauffés, tandis que l'atmosphère reste transparente sur les prairies et sur les bois.

Les ogla de El-Beida, à une lieue de ceux de El-Nadja, se trouvent également creusés dans le lit du Chott. Les puits, au nombre de quinze, sont plus abondamment fournis que ceux qui nous ont abreuvés à notre grande halte, mais l'eau en est de qualité inférieure : elle est saumâtre, nauséeuse et exhale une odeur prononcée de putréfaction.

L'analyse qualitative de M. Vial, pharmacien en chef à Tlemcen, a dénoté dans ces eaux les mêmes sels que dans celles de Aïn-Malhah, mais ils y figurent en moindre quantité. Le résidu d'un décilitre pèse trois décigrammes, tandis que celui des sources de Aïn-Malhah pèse le double ; il a, du reste, les mêmes caractères. M. Vial n'a trouvé ni sulfhydrates ni gaz hydrogène sulfuré dans les eaux de El-Beida, tandis que nos réactifs nous en ont positivement décelé. Cette différence dans nos résultats s'explique parfaitement. Il est bien probable que ces sulfhydrates sont dus à l'action des matières végéto-animales en putréfaction, sur les sulfates abondants contenus dans ces eaux. Le puits sur lequel nous avons expérimenté contenait probablement beaucoup de matières en décomposition, et celui dans lequel mon collègue, le docteur Lapeyre, a recueilli les eaux qui furent livrées à M. Vial, n'en recélait peut-être pas du tout. En second lieu, on sait que le gaz acide sulfhydrique s'échappe facilement quand on ne bouche pas bien les bouteilles d'eau sulfureuse : c'est ce qui arrive tous les jours pour l'eau de Baréges.

Quoi qu'il en soit, les eaux des puits qui nous étaient échus en partage donnaient à la viande et au bouillon une saveur et une odeur de putréfaction extrêmement repoussantes.

A deux lieues à l'ouest de El-Beida, dans le bassin du

Chott, on trouve El-Mera, puits dont l'eau, en apparence potable, est purgative au plus haut degré. Une colonne campée autour de ces puits en 1846, en fit l'expérience à ses dépens. Les nuits des baigneurs, ou plutôt des buveurs de Niederbronn, sont bien loin d'être aussi entrecoupées que le fut celle de nos pauvres soldats, qui pourtant avaient grand besoin de repos après plusieurs jours de fatigue et de soif. Cette expédition, entreprise pendant les mois les plus chauds, juin et juillet, dans une contrée pauvre en eau à toute époque, fut extrêmement pénible et périlleuse. Plusieurs soldats se brûlèrent la cervelle, accablés par la soif, la fatigue et le sirocco. De pareils faits sont loin d'être rares en Afrique. Mais le résultat de la campagne fut plus considérable que tous ceux qu'on avait obtenus depuis longtemps : on rasa les Djafras et on leur prit de très-nombreux troupeaux de moutons, de bœufs et de chameaux. Nous tenions à dire un mot de cette productive razzia et de cette très-difficile expédition, dont le commandement et la conduite ont été jugés avec trop de sévérité, peut-être même avec un peu de passion, par des hommes qui ne voyaient probablement pas sans quelque dépit un colonel débutant en Algérie (M. Roche, aujourd'hui général) et un régiment nouvellement débarqué (5ᵉ de ligne) agir comme de vieux Africains expérimentés.

16 mai.

9° à cinq heures; 45° à onze heures, et 51° à une heure; 20° à sept heures du soir.

Le Chott-el-Garbi est, comme le Chott-el-Chergui, creusé dans le plateau ; ses berges sont roides, souvent verticales, et offrent à peu près la même hauteur que celles du Chott de l'est ; elles ne sont interrompues qu'aux endroits où les oued se jettent dans son sein. L'aspect des deux lacs n'est pas néanmoins tout à fait semblable : on ne trouve pas ici la zone verdoyante qui borde régulièrement la chute du terrain et entoure la nappe sablonneuse centrale. Le lit du Chott de l'ouest est légèrement accidenté, et coupé de sables et de quelques herbes tapissant des tertres hauts d'un quart à un tiers de mètre ; enfin une espèce d'île plus élevée surgit au milieu du Chott, non loin du lieu où nous avons traversé le bassin. On rencontre une île semblable dans le Chott-el-Chergui. Les légères anfractuosités du Garbi nous font croire que les eaux de l'hiver ne le couvrent point en entier sous leur nappe, mais laissent de nombreux petits îlots. Il nous a aussi paru que plusieurs des puits que nous avons visités doivent alors être envahis par l'eau qui séjourne au fond du bassin.

Notre bon ami Daoudi, qui nous sait fort amateur des vieilles chroniques arabes, nous conte, au sommet de la berge, la merveilleuse légende des Chott. Dans ces temps-là, les Sahariens, jaloux de la belle nappe d'eau qui baigne le Tell, résolurent d'avoir aussi leur mer. A force de travail, ils parvinrent à creuser les deux Chott ; mais il fallut songer ensuite à couvrir d'eau ce bassin aride : une immense caravane se mit en route pour le Tell, chargée d'une foule de grandes outres qu'elle devait remplir à la Méditerranée, et vider, au retour, dans la mer artificielle. Allah, irrité de leur audacieuse entreprise, les fit périr tous en chemin et déchaîna une affreuse tempête sur une riche cité qu'ils avaient bâtie, comme un port, sur les rives de la mer qu'ils rêvaient. Les injures du temps ont effacé les dernières traces de la ville détruite; mais les Chott subsistent toujours, longs cratères désolés et stériles, comme un témoignage de la puissance de Dieu et de la vanité des hommes.

Cette légende a quelque analogie avec la parabole chrétienne de la tour de Babel.

De El-Beida, on marche encore plus d'une heure pour atteindre la berge septentrionale. Quand on l'a gravie, on trouve un plateau uni et tapissé presque exclusivement de chiah.

Notre journée est à peu près de 28 kilomètres. Nous faisons une pause de six heures vers le vingtième kilomètre. Quelques redirs qu'on ne nous a pas signalés officiellement gisent à quelque distance; les Arabes et les muletiers y courent sans ordre, précipitent leurs bêtes dans la mare et troublent toute la nappe. Avec quelques précautions, on eût certainement tiré parti de cette eau, qui valait beaucoup mieux que celle de El-Beida. On distribua trois litres de celle-ci par homme et autant par cheval ou mulet.

Du moment où le général Cavaignac nous eut quittés, la colonne fut conduite d'une façon qui ne nous semble pas très-heureuse, mais qu'il y aurait témérité de blâmer, à cause de la difficulté des circonstances, et même injustice à décrier, vu la réputation si bien méritée que s'est acquise le colonel Mac-Mahon, dans tant d'autres expéditions pleines de dangers, et hérissées de toutes sortes d'obstacles et d'accidents imprévus.

On érigea en système général à peu près exclusif le long repos du milieu du jour. En bonne hygiène, il ne doit être qu'exceptionnel; on agira avec sagesse en n'y recourant que par les températures très-élevées, ou dans les grandes journées de marche, ou enfin quand on trouve de l'eau à l'endroit où l'on fait la pause, tandis qu'on en manquera au bivouac du soir. Le long repos du milieu du jour a l'avantage de suspendre la marche au moment le plus chaud de la journée; mais il faut bien avouer qu'il est entaché de plusieurs inconvénients : il jette la perturbation dans le sommeil en le partageant en deux parts, dont l'une, très-courte, a lieu la nuit, et dont la seconde, plus prolongée, coïncide avec les heures étouffantes pendant lesquelles le sommeil est lourd, entrecoupé et peu réparateur. Comme on arrive tard au campement du soir, le soldat n'a pas le temps de vaquer à ses petites occupations, de s'occuper de soins de propreté, de laver son linge, etc.; il ne peut pas même préparer convenablement son aliment unique, sa soupe; enfin, si on lui fait des distributions, il ne se couche qu'à dix ou onze heures du soir, ainsi que nous en avons vu des exemples. De la sorte, il ne reste au pauvre soldat que des heures trop courtes de repos, bientôt interrompues par les clairons et les tambours qui sonnent et battent la diane. Notre manière de voir sur le sujet si important de la répartition des pauses et des marches, est si bien conforme à la vérité, que nous avons souvent entendu le soldat, juge compétent en cette matière, résoudre, d'après son expérience journalière, la question dans le même sens que nous.

En second lieu, nous regrettons aussi que le colonel ait omis presque toujours de nous instruire des ressources qu'on devait trouver au campement, et nous cherchons en vain les motifs qui ont pu l'engager à nous conduire chaque soir à quelques mille mètres de l'eau, et non pas sur le bord même des puits, des redirs ou des fontaines. En suivant notre journal, on verra facilement que notre observation est des plus fondées.

Si nous nous sommes permis ces légères critiques, c'est parce que l'expérience du passé doit profiter à l'avenir. Il ne faut pas que nous ayons essuyé des peines et des fatigues, sans en tirer un utile enseignement pour ceux qui nous suivront. Nous avons eu en vue non pas d'apprécier l'homme, mais de juger les choses. Le colonel de Mac-Mahon s'est trouvé mêlé à ces critiques, comme cela aurait eu lieu pour tout autre commandant en chef. Mais tous ne seraient pas, comme lui, entourés de cette vieille et solide réputation qui n'a rien à redouter de quelques observations de détail.

17 mai.

Thermomètre : 11° à trois heures du matin; 42° à neuf heures et demie; 48° à une heure; 19° à neuf heures du soir.

Après trois heures et demie de marche à peu près, nous arrivons à des redirs occupant le fond d'un thalweg que nous avons plusieurs fois côtoyé dans notre journée d'hier; c'est l'Oued-el-Hermel. Nous faisons grande halte à ces redirs, éloignés de 40,000 mètres de El-Beida. L'eau a la couleur du sable terreux, d'un rouge orangé, qu'elle tient abondamment en suspension, mais sa saveur n'est nullement désagréable. Les particules suspendues sont si fines, qu'on ne s'en débarrasse pas en filtrant l'eau à travers une toile; mais cette filtration a l'avantage de retenir les innombrables insectes, les têtards et les sangsues qui pullulent dans la mare.

Les redirs de l'Oued-el-Hermel étaient assez abondants : les hommes ont bu presque à volonté, et l'on a même pu donner de l'eau aux chevaux et aux mulets.

Comme les redirs sont tout simplement des flaques d'eau pluviale que n'entretient aucune source, il s'ensuit que la chaleur de l'été et les passages successifs d'hommes et de troupeaux les épuisent dans un laps de temps variable : on ne peut donc jamais compter sur eux d'une manière absolue.

Nous marchons encore trois heures pour aller camper sans eau.

18 mai.

9° à trois heures du matin; 47° à une heure; 18° à huit heures du soir.

Six lieues seulement nous séparent de Aïn-Sidi-Jaïa-el-Hadj.

La végétation devient plus abondante et plus variée : au halfa, à la seunra et à la chiah se mêlent de petits cistes, diverses composées jaunes, des bouillons-blancs, des astragales, etc. Le terrain devient un peu ondulé : dans les sillons qui séparent ces légères collines, nous rencontrons, après la troisième heure de marche, des redirs entre les joncs desquels on ne trouve plus qu'une boue humide. Devant nous s'étend une ligne de monticules couverts de touffes de halfa et de buissons de sauge frutescente; c'est le Mergueb, ligne de partage des eaux de la Méditerranée et des eaux tributaires des Chott. Derrière le Mergueb commence le Goor de Sebdou.

CHAPITRE XII.

DE GOOR DE SEBDOU A TLEMCEN.

Aïn-Sidi-Jaïa-el-Hadj. — Le Goor. — Le Tell. — Défilé de El-Kelb. — Sebdou. — Ballade de Hammam-Meskoutin. — Terni et le Sultan-Vert. — Le Mansourah et Tlemcen.

Aïn-Sidi-Jaïa-el-Hadj occupe le fond d'une vallée, au pied des collines de Mergueb. Le ruisseau est peu abondant et disparaît sous une foule d'herbes élevées et touffues que nos chevaux dévorent avec avidité, mais des puits nombreux et intarissables sont creusés sur sa rive droite.

Depuis plusieurs jours nous n'avions que de mauvaise eau, et la quantité ne faisait quelquefois pas moins défaut que la qualité. L'eau putride de El-Beida avait même amené des accidents chez un assez grand nombre d'hommes : leur estomac se soulevait avec ces angoisses qui précèdent le vomissement, leur bouche était amère, leurs digestions difficiles; le mal de tête, le dégoût pour les aliments, le brisement des jambes, accompagnaient aussi cette affection, dont le règne fut de courte durée. On comprend que, dans de telles circonstances, l'arrivée à Sidi-Jaïa fut une véritable fête. Les soldats quittaient leurs rangs avant que la voix de leurs chefs leur eût indiqué la place où ils devaient planter leurs tentes. On était si habitué à voir les puits se tarir et à ne plus trouver au fond qu'une boue infecte, que chacun se hâtait, afin de faire sa petite provision et de puiser, avant la foule, de l'eau encore limpide. Mais enfin, Dieu merci! nous n'en étions plus réduits à ces tristes nécessités.

Plusieurs soldats, voulant rattraper le temps perdu, pour me servir de leur expression, burent tant qu'ils se donnèrent une véritable indigestion d'eau. Les braves gens sont bien excusables. Combien de leurs chefs se sont aussi laissés aller au charmant péché capital qu'on nomme gourmandise. Je me rappellerai longtemps une petite scène que jouait tout seul, accroupi à l'arabe dans les hautes herbes qui le dérobaient aux regards indiscrets, un digne officier que j'affectionne d'une façon toute particulière. Sitôt sa compagnie installée derrière ses faisceaux d'armes, il avait pris son verre de fer battu, et s'était attablé devant un puits éloigné du tumulte : il se penchait sur l'ouverture, remplissait son verre et le humait avec volupté, puis il se lavait les mains et la figure; après un instant de répit, il puisait encore et se lavait de nouveau : le contact et la vue de tant d'eau si claire semblaient lui causer un plaisir infini. Il en était bien à son quatrième verre et à son quatrième lavage, quand je vins le troubler dans sa quiétude. Il acheva imperturbablement son verre commencé, passa de l'eau sur ses mains et sur sa figure; puis, tout cela accompli en ordre et méthodiquement, il m'engagea à m'accroupir près de lui.

— Qu'elle est claire, docteur! qu'elle est claire! s'écria-t-il en me faisant place.

Je répondis en tirant de ma poche mon verre de fer battu, dont j'avais eu soin, moi aussi, de me pourvoir avant d'aller visiter les puits. Nous bûmes ensemble de l'eau claire, non sans trinquer deux ou trois fois, et en pensant au comédien de Gil-Blas auquel nous enviions la croûte de pain qu'il trempait dans la fontaine, car nous étions réduits, nous, à un sec et dur fragment de biscuit, aussi imperméable que les tuiles qui couvrent nos maisons.

Un père sage et éclairé nous rationnait au strict nécessaire, quand nous étudiions la médecine à Paris; il savait que la médiocrité de fortune est sœur du travail assidu. Nous nous asseyions devant les nappes peu souvent renouvelées des empoisonneurs du quartier latin, et l'affreux bleu de Viot ou de Rousseau rougissait goutte à goutte nos grands verres d'eau plus ou moins filtrée. Mais quand nos grands-parents venaient à Paris, les huîtres du Rocher de Cancale ne pouvaient être arrosées d'assez bon Grave; et les truffes des frères Provençaux, d'assez bon Laffite. Eh bien! l'eau de Sidi-Jaïa nous a causé plus de plaisir, après les puits infects de El-Beida, que les vins versés par la largesse paternelle, après nos maigres dîners quotidiens du quartier classique.

Nous n'avons pas fait de grande pause au milieu du jour, et chacun s'en est réjoui.

19 mai.

11° à trois heures du matin; 47° à midi; 16° à neuf heures du soir.

Nous traversons quelques-unes des collines de Mergueb, et nous arrivons dans la plaine de Goor : cinq ou six lieues seulement nous séparent des forêts qui forment la lisière du Tell. Les chevaux trouvent à peu près partout quelques herbes; la végétation est composée des espèces que nous avons déjà rencontrées en approchant de Sidi-Jaïa; hier elles étaient rares, aujourd'hui elles sont plus abondantes. Nous faisons une halte de plusieurs heures au milieu du jour, et l'on distribue un demi-litre d'eau par homme. A quelques centaines de pas de nos tentes gisent de nombreux puits, dont l'existence ne nous a pas été révélée par la voie officielle. Ils sont tous encombrés de sable jusqu'à un mètre du sol; mais, en creusant à quelques pieds seulement, on trouve de bonne eau. J'ai été reconnaître ces puits et je me suis procuré, à l'aide du travail d'un seul homme, quatre grands bidons de campement remplis d'une eau fraîche, sans aucune odeur désagréable, mais rougie par le sable. Si ces puits étaient connus, on a eu tort de ne pas les signaler; ils ne l'étaient pas, il y a eu faute encore : quand les allées et les venues des soldats les eurent révélées à l'autorité, on devait les explorer, car la détermination de leur gisement et de leur richesse est d'un certain intérêt pour les colonnes qui parcourront ces régions après nous. Objectera-t-on que la fatigue des troupes s'opposait à l'exploration? Nous répondrons qu'un grand nombre de soldats fouillèrent volontairement le sable des puits.

D'autres petites omissions furent commises dans la même journée. Le bataillon dont je fais partie n'ayant pas été averti qu'on ne trouverait pas d'eau au campement du soir, personne ne songea à prendre des précautions et à remplir ses tonnelets vides, à Aïn-Sidi-Jaïa. Enfin, pour en finir avec la critique, à trois quarts de lieue de ce campement sans eau coule un petit ruisseau dont les sources sortent du creux des rochers. Son existence ne nous fut signalée que par une longue ligne de soldats que nous voyions se diriger sous les bois, avec leurs bidons et leurs marmites. Nous y envoyâmes nos chevaux, qui burent à volonté, et nos ordonnances nous rapportèrent d'excellente eau.

Qu'on nous permette ici une réflexion qui ne nous est point suggérée par les faits que nous venons de rapporter, mais par notre expérience en général, complétée par celle des autres.

Les chefs de colonnes et leur état-major ont trop souvent le grand tort de se renfermer chez eux et d'y combiner théoriquement les moyens propres à bien diriger la marche, à maintenir la santé, à entretenir la troupe dans un bon esprit. Pour arriver à prendre d'utiles déterminations sur tous ces sujets, il faut connaître l'état des forces physiques et des dispositions morales actuelles du soldat, il faut apprécier à leur juste valeur ses souffrances et ses besoins : ces éléments sont les prémisses de toute déduction ; en les négligeant on risque de raisonner à faux et de conclure inconsidérément. Il est indispensable que les commandants supérieurs et ceux qui les approchent, s'assurent de tout par eux-mêmes, en écoutant les conversations, en saisissant au passage les plaintes et les vœux des groupes, en jetant à l'improviste un coup d'œil sur l'alimentation du soldat, etc. Quand ces renseignements divers ne parviennent au chef suprême qu'après avoir grimpé les nombreux échelons intermédiaires de la hiérarchie ascendante, ils sont tantôt amplifiés, tantôt singulièrement mitigés, et dénaturés presque toujours. Souvent les chefs de corps eux-mêmes, par suite d'un esprit non plus d'émulation, mais de vanité, cachent les souffrances, les maladies, les imperfections, les besoins de leur troupe, de peur que celle-ci ne paraisse inférieure à telle autre troupe rivale ; de sorte que le commandant supérieur compte sur des ressources qui lui manquent tout à coup dans le combat ou dans les jours de marche pénible. L'illustre maréchal Bugeaud, qui comprenait si bien le soldat et la guerre d'Afrique, ne manquait jamais de faire, dans les camps, de ces apparitions inattendues qui apprennent plus en quelques minutes que cent rapports officiels, et que ces dérisoires inspections annoncées d'avance, dans lesquelles on ne voit les hommes et les choses que sous un aspect exceptionnel et anormal. Le général Cavaignac, sans se mettre aussi directement en contact avec le soldat, sait aussi pénétrer ses pensées intimes, deviner les besoins et comprendre les souffrances de ses troupes.

Cependant la ligne verte des forêts se dessine à peu de distance de notre colonne; nous allons entrer dans le Tell. Le Tell! c'est, pour l'habitant du désert, un jardin immense rempli de douars et de villages, rafraîchi par des eaux abondantes, coupé de prairies, accidenté par des montagnes ombragées. Les villes délabrées lui semblent des cités splendides; les petites mosquées, des édifices gigantesques; les carrefours, des places magnifiques; les maisons mauresques à arcades, des palais dignes d'un sultan. On comprend cette exagération, on la partage même un peu, quand on a parcouru ce désert comme nous l'avons fait. Nous avions hâte d'atteindre l'heureuse contrée où l'on s'assied à l'ombre pour prendre son déjeuner de la grande halte, et où l'on trouve de l'eau chaque soir, de l'eau qu'on ne mesure point au litre, de l'eau limpide en abondance. Ne me soupçonnez pas de prêter aux autres des sensations exagérées que j'aurais seul perçues : la longueur des privations centuple pour tout le monde le prix des objets. Bougainville arrivant à Taïti, après une traversée triste et monotone, nomme l'île Nouvelle-Cythère, et voit dans chaque Taïtienne une déesse digne de fouler les prés toujours fleuris de Paphos et d'Amathonte. Aujourd'hui la Nouvelle-Cythère a perdu tous ses prestiges et l'on accuse Bougainville d'exagération et de fol enthousiasme. Mais on oublie que le navigateur français venait de subir de longs ennuis ; tandis que, de nos jours, on arrive à Taïti en touchant, dans sa route, aux nombreuses îles qui se parent, comme la Nouvelle-Cythère, de bosquets mystérieux peuplés d'amours faciles.

Après avoir traversé, dans la forêt, le défilé de El-Kelb (défilé du Chien), nous atteignons une clairière dans laquelle notre camp est bientôt assis. Nous ne sommes qu'à deux lieues et demie de Sebdou.

La forêt qui borde le Goor de Sebdou est bien plus fertile que celle qui sépare Daya de la plaine déserte : on y rencontre des chênes verts, des pins, des genévriers, des oliviers, des lentisques, ombrageant une foule de plantes et de buissons, tels que jasmins, ajoncs, genêts, garous, sauge frutescente, férules, etc. Nos chevaux trouvent une herbe abondante, épaisse et haute. Le Goor de Sebdou est également plus fécond que celui de Daya. Au sud de cette dernière redoute les bois cessent brusquement et font place à des plages sèches, arides et nues ; tandis que, sous la longitude de Sebdou, la petite chaîne de Mergueb condense les eaux du ciel et produit les sources de Sidi-Jaïa.

20 mai.

A la suite d'un ravin étroit et encaissé, nous trouvons la plaine que Sebdou commande.

De Sebdou que voulez-vous que je vous dise? Les trois

quarts d'entre nous ne l'ont vu qu'à travers de tournoyantes vapeurs. La colonne qui campait sous la redoute et la garnison nous ont reçus avec une entière cordialité. Jason et les Argonautes ne furent pas mieux fêtés après la conquête de la toison d'or. Les cerveaux sont faibles quand on boit peu depuis deux mois! N'allez pas croire pourtant que la glorieuse colonne qui avait parcouru les solitudes lointaines et ignorées, ait terminé sa course par une chute au bord du chemin; oh! non, tout se borna à un doux épanouissement, à quelques brouillards et à d'intarissables bavardages. On avait tant de choses à conter!

Nous faisons séjour le 21.

Sebdou, poste militaire le plus avancé que nous possédions au S.-O. dans la province d'Oran, gît par 3° 37' longitude O. et 34° 36' 30" latitude N., à peu près au centre d'un grand bassin qui n'a pas moins de 26 kilomètres de l'E. à l'O. sur 5 dans son plus petit diamètre. Ce bassin, entouré de tous côtés par des montagnes boisées, est situé à 600 mètres au-dessus du niveau de la mer. Le point du littoral le plus rapproché en est distant de 73 kilomètres : c'est Portus-Gypsaria. La Tafna, l'Oued-Sebdou et plusieurs ruisseaux arrosent la plaine. Malheureusement ces eaux forment plusieurs grands marécages qui produisent, surtout en automne, des fièvres souvent fort graves et quelquefois promptement mortelles. Le sol est pierreux et d'une blancheur fatigante. On y trouve beaucoup de sulfate et de carbonate de chaux, deux espèces de grès, du plâtre, quelques pyrites de fer, quelques minerais de plomb, des masses énormes de pierres poreuses dues à la minéralisation d'antiques amas de végétaux, enfin du poudingue à gangue terreuse.

Plusieurs des cours d'eau de la plaine contiennent tellement de sels calcaires, qu'ils pétrifient les végétaux qui croissent sur leurs bords. A chaque débordement, la plante se revêt d'un enduit pierreux qui s'épaissit toutes les fois que l'eau éprouve une nouvelle crue; les incrustations successives finissent par l'étouffer, et, quand on casse le lithophyte, on ne trouve plus au centre qu'un axe ligneux, reste de la plante ou de l'arbuste asphyxié. Le long des rives, la mousse s'est pétrifiée en conservant ses découpures délicates et variées. La terre elle-même, incessamment ou accidentellement balayée par ces eaux salines, s'est hérissée de festons, de stalactites, de moulures bizarres qui ressemblent tantôt à des tuyaux d'orgue, tantôt à des corniches aux sculptures à demi effacées par le temps.

Les montagnes qui bornent le bassin au nord élèvent à 200 ou 250 mètres au-dessus de la plaine leurs sommets abrupts, couronnés de grands rochers que la chute des terres a décharnés, et qui ressemblent à des bastions et à des tours. Douze contre-forts à peu près pareils flanquent cette chaîne, et le vaste plateau d'Habalet s'avance au centre de la ligne. Le soldat, si vrai dans ses naïves comparaisons, a appelé ces mamelons les Douze-Apôtres, et le plateau représente la Cène, table gigantesque dont la nature fait tous les frais en la couvrant d'une riche végétation diaprée de fleurs et de fruits. Rien ne manque à la comparaison : la Tafna, qui sort d'une grotte creusée sur le plateau, verse aux convives ses eaux fraîches et limpides.

La forteresse est bâtie sur les ruines d'un ancien poste d'Abd-el-Kader; on a même utilisé plusieurs murs et un bastion de l'émir. Le capitaine Lesecq et le lieutenant Franiatte, officiers au corps du génie militaire, ont conduit avec intelligence et rapidité les solides constructions en pierre qui remplacent peu à peu les premiers retranchements en terre. Les travaux définitifs étaient fort avancés à la fin de 1847, grâce à l'impulsion du commandant supérieur, M. Née, chef de bataillon au 5ᵉ de ligne, dont Sebdou conserve un excellent souvenir, dont nous comprenons parfaitement toute la vivacité quand nous consultons le nôtre.

Si Sebdou a ses jours de fête et de gaieté, quand deux colonnes se rencontrent sous ses murs et célèbrent leur passagère réunion, il a aussi ses heures de tristesse et de deuil. Pendant l'automne de cette même année, une terrible épidémie de fièvres du plus mauvais caractère a fait bien des victimes parmi les Arabes de la plaine et parmi les habitants du fort. Notre ami le docteur Sonrier, chirurgien en chef, et ses deux sous-aides, les docteurs Balech et Soffray, se multipliaient, couraient du fort aux douars, des douars au fort : partout régnaient la maladie et la terreur. Les Arabes fuyaient la plaine empestée, pour se réfugier dans les montagnes; mais nos soldats devaient rester au foyer de l'épidémie. Il y en eut qui furent enlevés en quelques heures par des fièvres pernicieuses foudroyantes.

Chargé, dans le mois d'octobre, d'aller prendre à Sebdou 60 à 70 malades que j'avais mission de conduire à l'hôpital de Tlemcen, j'ai senti mon cœur navré en entrant dans la redoute : le silence avait remplacé la gaieté, la souffrance et la crainte avaient amaigri et attristé tous les fronts. Chacun voulait fuir ce lieu désolé, et, à voir le morne désespoir de ceux qu'on ne pouvait emmener, on eût dit qu'on refermait sur eux la porte de leur tombeau un instant entr'ouverte [1].

---

[1] Voyez *Mémoire sur les fièvres comateuses qui ont régné*, en 1847, dans la

22 mai.

La colonne quitte Sebdou. Il y a neuf lieues de Sebdou à Tlemcen ; nous devons les faire en deux jours à cause de la difficulté des chemins.

Nous sommes de ces êtres entêtés qui s'attachent au lecteur et ne le lâchent qu'à la dernière extrémité. Je ne vous fais pas grâce de la route de Sebdou à Tlemcen ; mais, comme elle est bien connue et n'offre rien d'intéressant, je craindrais d'être fastidieux en vous traçant l'itinéraire. Nous allons voyager côte à côte avec le brun Daoudi, auquel nous demanderons de nous conter en chemin une bonne vieille ballade arabe bien empreinte du cachet africain.

Le fils de l'Aigle se rend à notre désir : il va nous donner la ballade de Hammam-Meskoutin (les Bains maudits). La scène se passe dans la province de Constantine. C'est un peu loin, mais Daoudi n'est pas toujours facile, et il faut se contenter de ce qu'il offre.

— Cela m'a été conté par un vieillard de la tribu des Beni-Fougal. Nous étions en voyage. Obligés de passer la nuit dans un douar, à cause du mauvais temps, nous mangions le couscous de l'hospitalité, quand le vieillard entra, appuyé sur un bâton crochu, et couvert de quelques lambeaux de bournous. Il s'accroupit à l'entrée, reçut des parcelles de notre diffa et chanta la ballade de Hammam-Meskoutin. Les eaux des bains maudits bouillonnaient non loin du douar ; ils mêlaient leur murmure au bruit de la pluie et au chant du vieux Beni-Fougal, tandis que les femmes,

subdivision de Tlemcen, notamment à Sebdou; par les docteurs Sonrier et Félix Jacquot. In-8°. Chez V. Masson, place de l'École-de-Médecine. Paris, 1849.

reléguées dans un coin de la tente, répétaient en chœur le refrain de la ballade.

HAMMAM-MESKOUTIN [1].

L'herbe verdit les prés, d'épis le champ se dore,
Et le douar du cheick, caché dans le jardin,
Le soir peut s'endormir sans craindre qu'à l'aurore
La razzia des Roumis ne l'éveille soudain ;
Les dattiers ont des fruits ; les bois sont pleins d'abeilles ;
Les raisins ont courbé jusqu'à terre les treilles.

Mais, pendant mon récit, jetez quelques boudjous ;
Bien vieux est le conteur, bien vieux est son bournous.

Le cheick est bien heureux, disait-on, il habite
Une tente dressée à l'ombre des figuiers ;
Tous ses plaisirs sont longs, ses douleurs passent vite ;
Il a de bons fusils et beaucoup de guerriers ;
Le blé dans ses silos ainsi que l'orge abonde ;
Ses troupeaux sont nombreux et sa femme est féconde.

Pour l'étranger le miel, la figue et le couscous ;
Au conteur les débris, avec quelques boudjous.

Tout bien nous vient d'en haut, malheur à qui l'oublie !
Or le cheick assembla les hommes, et leur dit :
Je suis puissant, pour vous ma sœur est trop jolie ;
Je suis puissant, ma sœur partagera mon lit.
Pendant quarante jours vous aurez grandes fêtes,
Et le vin des Roumis échauffera nos têtes.

[1] Hammam-Meskoutin est à quelques lieues de Guelma. C'est un ancien établissement thermal romain, *Aquæ tibilitanæ*. Les piscines pouvaient contenir 1,500 personnes. Les eaux sont salines et marquent jusqu'à 95° centigrades. La seule particularité qu'il nous importe de connaître est celle-ci : chaque source isolée laisse peu à peu déposer les sels calcaires dont elle est très-chargée, d'où il est résulté plusieurs centaines de pyramides blanchâtres, dans lesquelles l'Arabe superstitieux voit une foule joyeuse métamorphosée en pierres au milieu d'une fête impie.

Je conte beaucoup mieux, lorsque dans mon bournous
On fait de temps en temps tomber quelques boudjous.

Les sages des tribus, à cet affreux blasphème,
Répondirent : Malheur à qui brave les cieux !
Et des saints marabouts les têtes, le soir même,
De la porte du cheick ensanglantaient les pieux. —
Le peuple, cependant, dans la plaine s'écoule,
Et le bruit des tam-tams [1] rend joyeuse la foule.

Depuis bientôt dix ans je porte ce bournous,
Et, chaque hiver, je compte, hélas ! de nouveaux trous.

Jamais on n'avait vu de si vives danseuses
Tordre sur les tapis leurs corps demi-voilés ;
Du vin blanc des Roumis les cascades mousseuses
Éteignaient, en tombant, le feu des narguilés ;
Les hommes chancelaient, les femmes oublieuses
Laissaient à découvert leurs figures rieuses [2].

L'hiver est déjà froid, et, sous mon vieux bournous,
Le vent de tous côtés pénètre par les trous.

Le couple incestueux présidait à la fête.
Mais la lune pâlit, et le soleil naissant
Des touffes des palmiers déjà dore le faîte.
Les coupables époux se retirent, laissant
La danse, pour gagner la tente solitaire
Qui répandra sur eux son ombre et son mystère.

Je n'ai jamais passé, sous un si vieux bournous,
Un hiver aussi froid…. Jetez quelques boudjous.

Tout bien nous vient d'en haut, malheur à qui l'oublie !
Du danseur ralenti s'embarrassent les pas ;
Sous un manteau de roc bientôt ensevelie,

---

[1] Ce qu'on appelle vulgairement tam-tam, en Afrique, est le trabouka, espèce de tambour que nous avons décrit ; ce n'est pas le tam-tam de l'Indoustan.

[2] *Daoudi*, que je cherche à traduire mot à mot, fait probablement une supposition poétique que je dois relever de peur d'induire en erreur sur les mœurs et habitudes algériennes : c'est dans les villes seulement que les musulmanes se voilent ; elles se montrent à découvert chez les tribus nomades.

La danseuse s'arrête.... et déjà le trépas
Comme un suaire étend sa morne solitude
Sur les lieux où riait la folle multitude.

Écoutez ! les rumeurs parviennent jusqu'à nous,
Et je me sens d'effroi trembler sous mon bournous.

Voici le cheick, suivi d'un marabout parjure ;
Le cadi qui jamais ne sut mettre d'accord ;
L'aga pressant en vain les flancs de sa monture,
Et le tébib aimé des démons de la mort ;
Voici la mariée ; enfin, en longues files,
Marchent guerriers, enfants, femmes et jeunes filles.

Mais la rumeur grandit et s'approche de nous !
Observez le Koran.... et jetez des boudjous.

Ce grand roc allongé que deux bosses surmontent,
C'est, dit-on, le chameau qui portait les présents.
Les vieillards, accroupis sur leurs nattes, racontent
Que les troupeaux, le long des fontaines paissants,
Et le pâtre avec eux, durcirent sur la terre :
C'est ce groupe nombreux près d'un roc solitaire.

Déjà le bruit s'éloigne, et, sous mon vieux bournous,
Je tremble moins de peur.... Jetez quelques boudjous.

Quand, tout joyeux du soir, chaque brin de verdure
Se dresse pour humer les brumes de la nuit,
On entend dans les airs un étrange murmure,
Qui tour à tour s'efface, et renaît, et s'enfuit ;
Chaque pierre se lève, et, pour la ronde immense,
Prend sa place et bondit.... La fête recommence.

Croyants, jetez encor dans ma main un boudjous,
Et revenez souvent vous asseoir parmi nous.

Fuyez, fuyez alors ! la musique perfide
Pourrait vous attirer au bord du bain maudit.
Une fois entraîné par la danse rapide,
On ne s'arrête plus ! Allah ! c'était écrit !
Et lorsque dans le val le jour dissipe l'ombre,
Des immobiles rocs on augmente le nombre.

Merci, croyants, mes mains sont pleines de boudjous,
Et je m'abriterai sous un nouveau bournous.

La ballade de Daoudi, que j'ai tâché de rendre le plus fidèlement possible, nous a conduits jusqu'à Terni, où nous devons planter nos tentes, non loin de la source qui donne son nom à la plaine.

Terni est devenue célèbre par l'affaire du Sultan-Vert. C'était en 1845, lors de la grande insurrection pendant laquelle eut lieu le massacre de Sidi-Brahim. Le général Cavaignac reçut au jour, à Tlemcen, un messager porteur d'une sommation du Sultan-Vert. « Allah m'a choisi pour régner sur Tlemcen, disait-il. La puissance des Roumis est tombée, et la mienne commence. Il est écrit que vous ne pouvez pas résister. Venez donc me livrer la ville et déposer vos armes; on vous fera grâce de la vie. » Le Sultan-Vert était un pauvre marabout qui avait annoncé, un beau jour, qu'Allah s'était révélé à lui et l'avait chargé d'en finir avec les infidèles; et aussitôt toutes les tribus des alentours étaient accourues sous ses drapeaux. Il leur avait inspiré une confiance aveugle dans sa mission : la terre devait s'entr'ouvrir en gouffres profonds, et se refermer sur les Roumis, dès que ceux-ci tenteraient d'aborder les musulmans les armes à la main.

Le général Cavaignac n'eut garde de manquer une si bonne occasion ; il rassembla immédiatement toutes les troupes dont il put disposer, et marcha au rendez-vous. Arrivé à Terni, il prit ses dispositions avec la rapidité et la sûreté que chacun lui connaît, et ordonna à la cavalerie de charger l'ennemi. Les escadrons sont lancés..... Mais d'où vient que leur course se ralentit et que les chevaux hésitent et s'enfoncent? La prédiction du Sultan-Vert se réaliserait-elle ? L'adroit marabout avait mis un petit marécage entre nous et ses troupes. Déjà les siens poussent des cris de joie. Mais bientôt le marais est franchi ; la cavalerie reprend sa rapidité, et tombe sur l'ennemi qui cherche à fuir ; mais il trouve de tous côtés l'infanterie sur sa route. Les Arabes perdirent beaucoup de monde dans cette affaire ; ils étaient pourtant trois ou quatre fois plus nombreux que nous.

Le 23, nous arrivons à Tlemcen. Avant d'entrer dans la ville, nous passons une grande revue au milieu des immenses ruines marocaines du Mansourah. Le général d'Arbouville, commandant par intérim la province d'Oran, fut étonné de la bonne tenue et de l'air de santé de la colonne ; on eût dit plutôt des troupes fraîches sortant d'un commode casernement qu'une armée revenant du Sahara, où elle avait souffert le froid, le chaud, la soif et mille privations. C'est qu'une sollicitude éclairée et de tous les instants, une bonne entente des prescriptions réglementaires qui sont faites pour les cas ordinaires et doivent être modifiées dans des circonstances exceptionnelles, enfin une confiance réciproque, aussi grande que bien méritée, du chef dans ses subordonnés et de ceux-ci dans leur chef, avaient constamment maintenu l'armée dans une bonne santé et dans un excellent esprit. Nous n'avons perdu, dans nos deux mois d'expédition, qu'un seul homme par suite de maladie ; et, à notre arrivée à Tlemcen, il n'y avait que 12 hommes à l'ambulance, y compris les blessés, sur un effectif de plus de 3,000 hommes [1]. Ce résultat est réellement des plus remar-

---

[1] 2,300 hommes d'infanterie.
   400 hommes de cavalerie et autant de chevaux.
   100 soldats du train.
      Génie et artillerie.
   250 cavaliers du goum.
      Chameliers et conducteurs des troupeaux.
Nous avions des transports commodes pour 202 malades ou blessés.

quables, et le général Cavaignac semble avoir fait, pour les expéditions lointaines dans ces contrées stériles, ce que l'illustre Cook a réalisé le premier, pour les longs voyages de circumnavigation, autrefois si désastreux pour la santé des hommes.

Il faut que l'expérience acquise dans notre expédition profite à ceux qui nous suivront dans la même voie.

Trois capitales prescriptions hygiéniques, trois grands principes devront toujours être présents à l'esprit des commandants de colonnes :

1° Alléger le soldat autant que possible, en ne le surchargeant pas d'objets inutiles et en faisant porter les sacs à mesure que la consommation des vivres rend libres les moyens de transport. On ne saurait croire combien le sac ajoute à la fatigue, et combien il exerce de constriction sur la poitrine, qui pourtant a besoin de se dilater librement pour aspirer un air raréfié par la chaleur.

2° Ne pas restreindre les troupes aux vivres strictement réglementaires. La parcimonieuse ration accordée au soldat est évidemment insuffisante, quand il est soumis à de continuelles fatigues et qu'il se trouve dans l'impossibilité de se procurer des suppléments, à cause de l'absence de toute ressource ou de la cherté des vivres dont la vente est monopolisée par quelques marchands rapaces et fraudeurs. Le général Cavaignac avait accordé à chaque compagnie un chameau pour porter les vivres supplémentaires ; il avait aussi donné des facilités aux officiers, sachant bien que ceux-ci doivent toujours prêcher par l'exemple, et qu'il importe conséquemment au plus haut point de maintenir et leur intégrité de corps, et leur intégrité d'esprit qui est rarement possible sans la première.

3° Ne pas fatiguer inutilement ses troupes, les ménager au contraire avec un soin extrême, pour les trouver, au besoin, prêtes au combat et capables de grands travaux, de marches forcées, de longue abnégation.

Comme moyen de transport, le chameau est indiqué naturellement par sa constitution, par sa sobriété, par sa faculté de résister à la soif pendant un temps qui se prolonge plus ou moins selon les saisons, selon la nature des pâturages et l'état hygrométrique de l'atmosphère. Notre expérience et celle du général Marey-Monge ont établi que nos soldats parviennent assez rapidement à savoir charger et conduire les chameaux.

Dans les parages pauvres en eau, la cavalerie devra quelquefois s'écarter de la route de l'infanterie, de manière à aller boire à d'autres puits. La rapidité de sa marche rend cette mesure possible, toutes les fois que la présence d'un ennemi nombreux ne s'y oppose pas.

Deux ordres de marche peuvent être suivis dans le désert :

1° Partager la colonne expéditionnaire en trois groupes distants les uns des autres de 1 à 2 kilomètres, savoir : l'avant-garde, le corps principal, l'arrière-garde. Les bagages pourront marcher entre les deux derniers groupes, mais les chameaux et les troupeaux se développeront sur le flanc de toute la colonne, à droite ou à gauche, selon la direction du vent.

2° L'absence d'accidents de terrain nous a fait quelquefois adopter l'ordre suivant, qui présente beaucoup d'avantages lorsqu'on craint une attaque : le corps principal marche en deux colonnes parallèles et séparées par 100 ou 200 mètres ; l'ambulance et les bagages sont disposés perpendiculairement à ces deux colonnes, dont elles réunissent la gauche, c'est-à-dire la queue. Derrière les bagages sont massés les chameaux et les troupeaux, protégés par l'arrière-garde.

FIN.

TABLE DES MATIÈRES.

Préface i

CHAPITRE I.

LE TELL. — DE TLEMCEN A DAYA.

But de l'expédition. — Composition de la colonne. — Aperçu des zones de végétation qui se succèdent de la mer au Sahara. — Thyzy. — Oued-Chouli. — Ruines romaines de Hadjar-Roum. — Aïn-Tellout et les Beni-Amers. — Sidi-Hamet-Erradja. — Incendie des forêts et des plaines. — La Mekerra 5

CHAPITRE II.

LE TELL. — DE DAYA AU GOOR.

Daya. — Suite de l'aperçu des zones de végétation. — Aïn-Tamlaka. — Esquisse topographique. 31

CHAPITRE III.

LE GOOR ET LE DÉSERT DES CHOTT. — DE LA LIMITE DU TELL
A LA CHAÎNE DES CHOTT.

Aïn-Sessa. — Aspect et végétation du Goor et des Chott. — Chasse aux lièvres. — Puits d'Ammann. — Meldgat-el-Nouala. — El-Hamra. — Le cheval arabe. — Sounra. — Description du bassin du Chott-el-Chergui. — Géologie. — Les phélipées 47

CHAPITRE IV.

LE DÉSERT D'ANGHAD. — DE LA CHAÎNE DES CHOTT A LA CHAÎNE
DES OASIS, OU GRAND-ATLAS.

La chaîne des Chott, le Djebel-Anter et les collines de Merag. — Le mirage. — Les dunes, leur mode de formation. — Puits de Nebch. — Aïn-Fritis. — La neige 83

CHAPITRE V.

LES OASIS.

Le Grand-Atlas. — Aïn-Malhah. — Quelques mots sur les ruines qu'on rencontre dans le Sahara algérien. — Redirs de Guesmir. — Épidémie d'ophthalmies. — Oasis et ksar d'Asla.................................. 107

CHAPITRE VI.

LES OASIS.

Redirs de Kaouli. — Oasis et ksar de Thiout. — Défilé de Hadjej et légendes du Ksar-el-Krouf. — Moghard-Tahtania. — Le soldat, le sac et le pillage. — Moghard-Foukania.................................. 141

CHAPITRE VII.

LE DÉSERT-CENTRAL OU FALAT.

Ce qu'on doit entendre par Tell, Sahara algérien, Désert-Central ou Falat. — Documents nouveaux sur les caravanes. — Météorologie, topographie et géologie. — Les grandes caravanes. — Principales routes qu'elles suivent. — Représentation graphique de ces routes. — Comparaison de la grande ligne occidentale avec la grande ligne orientale. — La province d'Oran est naturellement destinée à être le principal lieu d'approvisionnement des caravanes dans le Tell. — Les Touareg. — Une bataille dans le désert................... 177

CHAPITRE VIII.

LES OASIS.

Retour à Thiout. — Un mariage musulman à Tlemcen. — Épisodes. — L'art de trouver les silos. — Portraits militaires.................. 215

CHAPITRE IX.

LES OASIS.

Aïn-Seufra. — Combat de Aïn-Seufra. — Daoudi-Boursali. — El-Bridj. — S'fissifa.................................. 237

CHAPITRE X.

COUP D'ŒIL SUR LE SAHARA ALGÉRIEN EN GÉNÉRAL, ET EN PARTICULIER SUR LE SAHARA ALGÉRIEN ORANAIS.

Populations : les Berbers et les Arabes. — L'harmonie est entretenue par le besoin qu'ils ont les uns des autres. — Le Sahara algérien est naturellement sous la dépendance du Tell. — Les céréales et les dattes. — Climat. — Les Hamian et les Ouled-Sidi-Chicks. — Formes gouvernementales des oasis du Sahara algérien. — Corporations religieuses. — Influence politique de ces corporations, notamment de celles des Tedjini et des Ouled-Sidi-Chicks. — L'autorité des Ouled-Sidi-Chicks est le lien qui réunit les diverses peuplades du Sahara algérien oranais. 259

CHAPITRE XI.

DE S'FISSIFA AU GOOR DE SEBDOU.

Puits de Lambâa. — Puits et fontaine de Taoussera. — Un épisode conté par Daoudi-Boursali. — Dunes de Adjar-Toual. — Aïn-Bou-Khlelil. — La chaîne des Chott. — Ogla-el-Nadja. — Ogla-el-Beida et le Chott-el-Garbi. — Ogla-el-Mera et la razzia du colonel Roche. — Quelques critiques. — Redirs de l'Oued-el-Hermel. 299

CHAPITRE XII.

DU GOOR DE SEBDOU A TLEMCEN.

Aïn-Sidi-Jaïa-el-Hadj. — Le Goor. — Le Tell. — Défilé de El-Kelb. — Sebdou. — Ballade de Hammam-Meskoutin. — Terni et le Sultan-Vert. — Le Mansourah et Tlemcen. 317

FIN DE LA TABLE.

AÏN-SEFRA

MOSQUÉE DE THIOUT.

SFISSIFA.

VUE DANS L'OASIS DE THIGGT

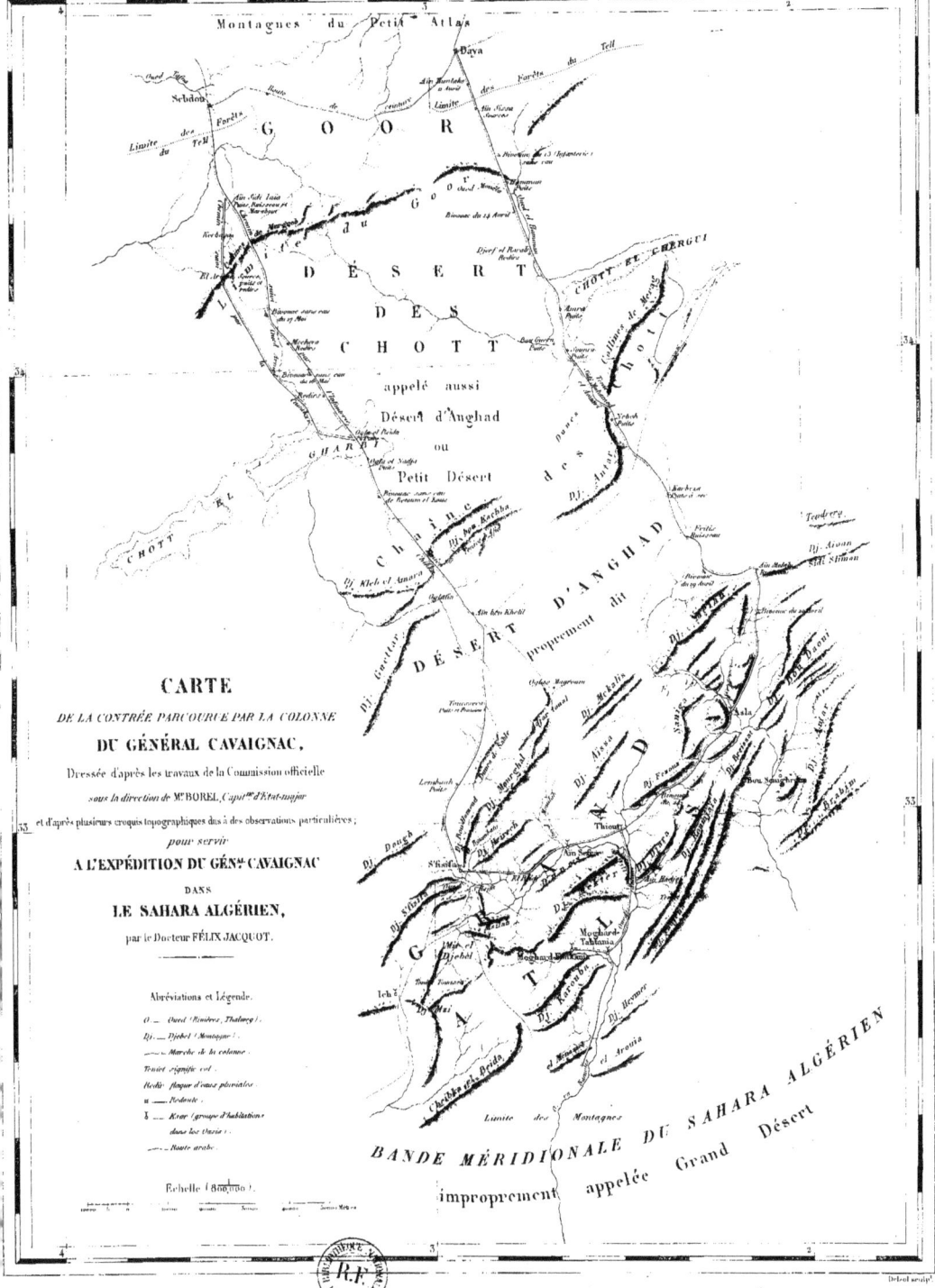

www.ingramcontent.com/pod-product-compliance
Lightning Source LLC
Chambersburg PA
CBHW060328170426
43202CB00014B/2704